韩国：没有强拆的国度 ………… 24
斯德哥尔摩：美得不像一个城市 ………… 125
芬兰：循规守法渗透到血液里 ………… 179
印度人的自豪与自尊 ………… 201
哪国幽默最高级 ………… 245

中国六名最长寿人瑞的养生经 ………… 194
关于衰老的十个谬误 ………… 225
疲劳的原因 ………… 42
身体的极限 ………… 218
悲伤持续时间远超其他情绪 ………… 85
菜单语言学 ………… 227
难吃的食物更养人 ………… 106
厨房"垃圾"有营养 ………… 34
男女睡眠各不同 ………… 246
为何运动之后体重反增 ………… 48
用笔写字有助身心健康 ………… 247
生孩子到底有多痛 ………… 103

作为互联网发展大国，中国该开放到什么地步

□叶 檀

保护本土企业，是政府的应有之义，但过度保护，并不能让本土企业健康成长。

中美之间信息技术协议谈判可能获得突破。11月11日，《华尔街日报》披露，知情人士表示，美国和中国的谈判人员已达成一项旨在扩大信息技术协议（ITA）内容的协定，该协定有望覆盖1万亿美元的贸易商品。

ITA是1997年生效的世界贸易组织框架下的多边协定，旨在削减信息技术产品关税，推进该产业贸易自由化。信息技术与创新基金会2014年最新报告显示，目前参与的成员涵盖全球97%的信息通信技术（ICT）产品出口额，中国ICT商品出口额以年均30%的速度增长，是所有主要类别ICT产品的最大出口方，在全球ICT产品出口中所占份额超过了30%（2012年数据）。ICT产业为中国GDP增长贡献20%的力量。

在该行业，中国应该开放到什么地步，实行零关税，处于产业链低端的中国企业，会不会因为失去关税保护而丧失价格优势，质优价廉的国外产品一夜之间铺满所有的市场。这是反对扩大ITA产品范围者最大的理由。

6月3日，在2014年国际工程科技大会上，曾担任中国常驻WTO首任大使的商务部中国世界贸易组织研究会会长孙振宇指出，中美之间已就二百多项信息技术产品达成一致，目前只剩多元集成电路、医疗器械、科学仪器等十几项敏感领域尚未完成。

中国可以放开部分市场，在医疗器械等不占优势的行业，分阶段逐步放开。如果十年的保护都无法促进本土企业占据优势，说明这个行业的发展存在制度性障碍，此时需要的是制度改革，而不是保护。

与其他行业一样，中国在该行业占据低端市场，进出口数量虽多，但附加值不高，基本上赚的是苦力钱。看起来是高大上的行业，但却是通过大量资本、劳动力投入的传统制造行业。

中国互联网行业发展之快有目共睹，其中也得益于ICT产业发展，事实上，华为代表的通信硬件行业、小米为代表的移动终端行业，使中

读者参考丛书
(121)
为什么我们需要友情
目录

作为互联网发展大国，中国该开放到什么地步 …… 1
亚太区域合作：为制度化安排贡献中国智慧 …… 3
全球最危险经济问题在欧洲 …… 12
美日印三边合作时代到来 …… 14
大国角力非洲 …… 16
人类正迈入"六个第一"的信息时代 …… 19

世上没有刚需房 …… 22
"分享经济"玩着挣钱 …… 28
民营银行是怎样炼成的 …… 32
绕开信用卡收费四大雷区 …… 35

全民免费医疗有无可能 …… 37
科研经费的腐败"黑洞" …… 43
一个户口政府需要支付多少钱 …… 45
再生水隐患 …… 51

父母爱情 …… 56
所谓恩爱就是好好说话 …… 62
全球离婚板块图 …… 68
婚前协议与分手费 …… 54

杨振宁：大家一定会认为这是罗曼史 …… 74
"赌徒"孙正义 …… 79

马可,彭丽媛背后的女设计师 ……… 10
我的外公梅兰芳 ……………………… 64
被误读的林徽因 …………………… 241
陈梦家:生当乱世如浮萍 …………… 39
布拉德利:敢把总统拉下马 ………… 77
美食家大仲马 ………………………… 57
艾扬格:把瑜伽从杂耍变成艺术 …… 82

我的少年时代那么美 ……………… 84
这三个90后,有意思 ………………… 72
人生这样你那样定律 ………………… 86
别挣扎了,你暴露年龄了 …………… 237
活得有品相才能有尊严 ……………… 88
过过极简生活 ………………………… 94
一起玩手机顺便吃个饭 ……………… 87
你的邻居是谁 ………………………… 96
为什么我们需要友情 ………………… 100
真相有时不重要 ……………………… 104
放松和力度 …………………………… 105
用菜谱传递生活温度 ………………… 107

想大问题,做小事情
　——对话钱理群先生 ……………… 109
别把孩子送进精英学校 ……………… 116
放养教育,自由价更高 ……………… 119
和孩子一起去探险 …………………… 121

给孩子一个从容 …………………… 127
我不会当着孩子的面抱怨教育制度 ……… 18
怎样对付熊孩子 …………………… 66
为何女孩成绩总比男孩好 …………… 134

音乐去哪儿了 …………………… 128
李宗盛：吉他与初心 ………………… 97
许鞍华：置身商业电影之外 …………… 60
说说林青霞 ………………………… 138
好莱坞收入大公开 …………………… 144

鲁迅在俄国两大文豪之间的选择 ……… 233
喧嚣与真实 ………………………… 148
王安忆的世俗与诗意 ………………… 150
"晒书单"，国外有冷有热 …………… 154

中国重返联合国历史细节 …………… 89
1986年，为何没能建立三峡省 ……… 29
红头文件里的治国密码 ……………… 160
蒋介石究竟有多少财富 ……………… 163
八旗子弟是怎样败家的 ……………… 166
晋商之败：一场难挣脱的宿命 ………… 230
"吃货"遗千年 ……………………… 91
中国最古老股票 …………………… 76
关于柏林墙的五大误解 ……………… 158

书籍和笔是世上最强大的武器 …… 168
60年来,中国公务员怎样发工资 …… 170
中西法律文化的特征 …… 180

十大地球神秘现象 …… 182
值得关注的南极七大实验 …… 183
表情与进化 …… 186

人类能否实现"虫洞"旅行 …… 188
当手机变成武器 …… 142

上海如何登顶全球城市 …… 190
三江源:宁静、危险和美丽 …… 135
中国最后的原始部落 …… 197
澳门,不是只有蛋挞 …… 198

美国民众如何看待中国 …… 200
养儿防老的中西方差异 …… 204
欧盟的摇篮——马斯特里赫特 …… 209
传奇书店 …… 164
重访巴黎 …… 212
英国没有国庆日 …… 217
东德为德国贡献了什么 …… 220
走进波兰最美的城市 …… 222
女性拯救日本经济? …… 176

国已经具备了全球竞争力。华为并不是保护出来的企业，而是中国最具竞争力的国际企业。笔者在加德满都、河内等城市街头，看到的大多是韩国、日本品牌。中国企业，华为广告最多，其次有海信等公司的广告。

随着中国企业的成长，继续对低端产品进行细致保护，对产业发展不利，逐步退出保护对双方有利。

目前中国互联网行业之所以活跃而进步，主要是因为互联网行业人士具有其他行业少有的国际视野，也因为这个行业存在剧烈的竞争，企业必须一刻不停进步，否则就会被淘汰。

即使在高端仪器等行业，永久保护并不是保护本土企业的好办法，让企业意识到竞争风险迫在眉睫，才能让企业保持足够的压力。

降低关税造福的是全球消费者，主要不是中国政府税收，我们不能仅考虑到税收而实行贸易壁垒。

今年4月4日，美国智库信息技术与创新基金会（ITIF）高级分析师斯蒂芬·爱泽尔接受《21世纪经济报道》采访时指出，据ITIF测算，ITA扩围一旦通过，取消关税措施会导致中国政府64亿美元的关税损失，但是他们认为中国信息通信技术产品会获得更大发展，这些出口企业能节省80亿美元的费用，大于中国损失的关税收入。中国税务部门似乎并不认可。在该报道中，一位不愿透露姓名的中国税务方面的官员表示，他们不清楚ITIF是如何得出64亿美元的损失，但是他们测算的数字远远要大于64亿美元。

中国作为互联网发展大国，需要的是开放的市场，以及随着经济发展逐步增加的自贸区。

（摘自《每日经济新闻》2014.11.13）

今日说法

政治正确思想，不管是来自左翼还是右翼，都是妨碍我们理解人类的最大障碍之一。双方的意识形态中人类所思所想所感是照着他们眼中人类"应该"的方式，而不是人类"实际"的方式。

——哈佛大学教授斯蒂芬·平克接受采访时说。

服装可以描述你生命中的某一时刻，或者一种完全渗入你内心的感觉。抚摸面料的材质，看着它怎么在身体上移动，那就是感情。知道店里卖得最好的衣服是你设计出的最极端的东西，这让人兴奋——人们想表达他们自身，服装能做到这一点。

——设计师莎拉·伯顿说。

我从小就有个梦想就是要唱歌，我电影演了二十几部还被说成花瓶，唱歌请也给我二十次机会。

——49岁的张曼玉一改往日优雅路线，大玩摇滚乐，即使被评嗓音难听、自毁形象，依然将摇滚进行到底。

亚太区域合作：
为制度化安排贡献中国智慧

——专访中国社科院亚太研究所李向阳所长

"除非中国自己内部出问题，否则外部很难阻止中国的和平崛起和发展进程，这种进程持续下去将决定中国的经济总量超越美国成为世界第一。这是一个大概率事件。这种前景使得大国对中国羡慕嫉妒恨的心态都有，所以，中国首先要实现自身的可持续发展，这就为我们在未来参与亚洲区域合作进程奠定了坚实的基础。"

不对称与断裂

三联生活周刊：全球范围内的区域经济合作在过去数十年获得了高速发展，是什么样的背景和原因诱使各国纷纷转向区域经济合作？

李向阳：我觉得有两个原因，首先是多边贸易谈判机制本身出现了问题，尤其是WTO关于国际规则的制定受到了阻碍。2001年WTO启动了多哈回合谈判，本应在2至3年内结束，但直到现在13年时间过去，多哈回合谈判都没有成功。今年上半年关于服务业的一次谈判，因为印度不同意，谈判也流产了。这种多边层面的谈判和规制制定出了问题，使得一些国家尤其是一些大国逐渐转向区域层面，利用FTA这种平台来制定能实施的规则。

另一个更重要原因是，在国际范围内出现的再全球化浪潮。一些西方发达国家认为在过去20年的全球化进程中，他们是利益的相对受损者，虽然他们也承认全球化给所有国家带来了收益，但跟以中国为主的新兴经济体比，他们获得的份额相对更小。至少从表面看，新兴经济体取得了高速增长，而西方国家经济增速相对比较慢，所以最近几年，西方谈再全球化的呼声越来越高。

所谓的再全球化实际上就是要重新制定或修改原有的国际经济规则，改变国际经济规则的本质就是要改变不同类型国家之间的比较优势。西方国家认为，西方的经济模式是自由资本主义模式，而新兴经济体是国家资本主义模式，即政府干预和国有企业相结合的模式，这使得西方国家处于不公正的状态下,所以要通过制定新的规则来改变这种格局。但这些要求在多边贸易体制中又没法达成共识,只能通过区域经济一体化这种新的平台和机制来制定新规则。正是由于西方大国对待多边主义和区域主义立场的转变,最终使得区域主义在过去十几年中取得了迅速发展,包括美国、日本这些多边主义曾经最坚定的支持者现在都转向了。

三联生活周刊:有说法认为,大国之间的竞争正在让位于区域经济合作组织之间的竞争,你是否认同这个观点?

李向阳:这个说法应该是能成立的。面对国际经济规则制定的平台从多边主义向区域主义转变,大国都在力图利用区域经济一体化的平台来扩大自己的影响力。传统上欧洲是区域经济一体化水平最高的区域,欧盟的东扩更是通过扩大一体化的范围和规模来放大自身的竞争力。美国从最初的北美自由贸易区,到上世纪末本世纪初曾提出的美洲自由贸易区,虽然因为巴西等国的不合作最终没有谈成,但都显示出美国在对待区域主义和多边主义的立场正在发生明显变化。由于对外依存度非常高,日本在传统上是一个对多边主义极为坚定的国家,但是近年来日本也在转向。由此我们看到世界上三大经济体对待区域主义的立场都在发生变化。

三联生活周刊:全球区域经济合作在发展速度和程度上存在着地区不平衡。作为全球经济增长主要热点的亚太地区,现有的区域经济合作处于什么水平?有何特点?

李向阳:亚洲的区域一体化水平是比较奇特的。按照一体化的机制或自贸区的协定来说,它的发展水平非常低;但是按照实际一体化程度来看又比较高。这是因为在过去几十年中,亚洲靠市场驱动自然形成了一个东亚国际生产网络,在这个网络里分工越来越细,形成了一个从高到低的产业链。日本处于产业链的顶端,接下来是韩国、新加坡,再往下则是中国。在国际经济学界有一个说法,亚洲的区域一体化程度是市场驱动型,跟欧洲、美洲的制度驱动型不一样。从制度驱动的角度看,亚洲并没有统一的区域一体化制度安排,可以说一体化发展水平很低。但从市场驱动的角度看,亚洲的实际一体化程度和经济相互联系程度又很高。这是亚洲区域合作的第一个特征。

第二个特征是亚洲区域一体化协定的数量和质量不对称。现在在亚洲地区的自贸区数量在几大洲里是最多的,但却是分散的,很多是双边或少数几个国家,并没有形成统一的涵盖整个区域的自贸区安排。

第三个特征是亚洲地区一体化的推动者跟实际经济实力不对称。在其他地区都是由最大的经济体来推动,而在亚洲,则是由一组小国组成的经济规模相对较小的东盟作为亚洲一体化进程的推动者和领导者,这是一个很怪的现象。

第四个特征是区域外大国跟区域内大国对亚洲区域一体化进程的影响不对称。在其他地区,区域一体化的主导者或影响力最大的都是本地区的国家,而在亚洲影响力最大的是区域外的国家,也就是美国。最近几年这种趋势越来越明显。美国的立场和政策在一定程度上决定着亚洲的一体化进程。

三联生活周刊:这一现状与亚太区域经济合作的历史进程息息相关,亚太区域经济合作经历了怎样曲折迂回的过程?

李向阳:亚洲促进区域一体化的动力一直存在,但直到本世纪初,亚洲区域一体化和区域经济合作才进入真正的发展阶段。起点实际上是中国政府在1999年正式表态要参与推动亚洲一体化进程,中国与东盟启动自贸区谈判,进而引发韩国和日本分别与东盟签署了双边自贸区,这就是人们常说的"10+1"进程。与此同时,中日韩也启动了三方自贸区谈判,虽然到现在并没有取得实质性进展。按照中日韩与东盟"10+1"机制下的发展逻辑,应该逐渐进入到"10+3"的发展阶段,形成一个能涵盖整个东亚地区的自贸区安排。但是由于美国的"重返亚太"战略和跨太平洋战略伙伴关系(TPP),这个进程被搅乱了,"10+3"演变成"10+6",也就是现在大家说的地区全面经济伙伴关系(RCEP),在"10+3"的基础上加上印度、澳大利亚和新西兰。加上一直延续下来的中日韩自贸区谈判,也就是说,现阶段亚洲区域一体化出现了三驾马车并存的格局。至于哪一个最终会成为亚洲未来区域一体化制度安排的核心,现在还不确定。

竞技场

三联生活周刊:传统的区域经济合作强调对成员国的静态经济收益,但近年来,越来越多国家参与区域经济合作的动因更多是寻求动态经济收益和非经济收益。这里的静态经济收益、动态经济收益和非经济收益具体是指什么?

李向阳:传统国际经济学强调的静态经济收益主要指贸易投资自由化所带来的贸易创造效应或贸易转移效应。贸易创造效益是参与一体化的成员国因引进投资数量增加而带来的收益,而在参与过程中受损的则被称为贸易转移效应。动态经济收益是考虑到了时间因素,比如说因为贸易投资自由化引发产业调整,劣势产业逐渐萎缩、优势产业迅速发展的动态过程。除此之外,尤其对一些大国来说,还有非经济收益,包括影响国际规则的制定、解决非经济领域的冲突和争端等。比如巴西跟阿根廷,两国在历史上有很多冲突,但是因为融入到南方共同市场这个区域一体化进程中,这种冲突都降低了。

三联生活周刊：那么，在亚太区域经济合作这个场域里，美国、日本、韩国、东盟等各大势力参与其中的实际动因是什么？各自寻求的真正收益又是什么？

李向阳：美国是世界霸主，同时也是亚太地区经济规模最大最有影响力的国家，所以美国的自贸区战略应该放在全球层面上来看。作为再全球化的主要倡导者，美国利用新的平台重新制定新的规则，应对全球范围内新兴经济体的崛起，在亚太地区是TPP战略，在大西洋就是TTIP战略。亚太地区是全球经济最有活力的地区，也是经济增长速度最快的地区，美国率先推出TPP，就是要主导亚太地区的秩序和规则的制定，防止中国成为主导者，这是美国的基本动机。

日本的情况就跟美国不太一样。之前日本一直在试图成为亚洲国际经济规则的制定者，但自从2010年中国的经济规模超越日本后，尽一切可能制止中国来主导亚洲国际经济规则的制定，是日本从民间到政府精英阶层的基本共识。但日本本身又没有能力单独跟中国竞争，只能采取"脚踩多条船"的策略，在中日韩自贸区、RCEP、TPP这三个亚洲最重要的自贸区协定中都有它的身影。"脚踩多条船"策略是和日本在亚太区域及全球的地位联系在一起的，日本既不想只跟着美国一家走，最后失去亚洲市场，又想依靠美国来遏制中国的崛起。

至于韩国，它在亚洲是一个中型国家，没有单独主导亚洲秩序和规则制定的能力，它采取的是在大国之间搞平衡的策略。韩国跟世界上主要大国的自贸区协定都已经签署，同时又在参与中日韩自贸区谈判，但由于中日韩自贸区谈判无法取得实质性进展，预计今年中韩的双边自贸区会取得实质性进展。对韩国而言，单独依附于某一个大国对它来说是不利的，只有跟相互矛盾的大国或者不一致的大国同时合作，才能获得最大利益。

而东盟是由亚洲的10个小国组建起来的共同体，它最重要的目标是防止被边缘化。由于亚洲的主要大国尤其是中日之间存在矛盾，客观上为东盟充当亚洲一体化的驾驶员提供了非常有利的环境，它在这一点上做得非常成功。

三联生活周刊：那么对于中国来说，积极推动亚太区域经济合作的动因又是什么？

李向阳：中国的情况比较复杂，对于中国的自贸区战略，实际上在国内学术界并没有形成共识，但有这么几个方面我想是能够得到多数人认可的。第一，随着中国的崛起，中国客观上必然要对现行的国际经济秩序尤其是国际经济规则的制定发出自己的声音，反映自己的利益。我们知道规则的基本特征是非中性，也就是说同样的规则对不同的国家带来的成本/收益是不一样的。因此每个国家都希望把自己的利益反映到规则里来,从而在国际分工中获得较大利益,中国自然也不例外。

第二,通过开放促进国内改革,是中国特有的目标。无论是参与多边合作还是参与区域合作,实际上都有这么一个连带的效应,通过更高程度的贸易投资自由化对国内管理体制和企业构成压力,促进改革。

除此之外,中国参与区域合作还有一个特殊的目标就是国家的统一,这是其他国家不存在的动机。海峡两岸之前签署的 ECFA,包括跟香港、澳门地区签署的 ECFA,都是为了促使国家统一而参与的准自贸区安排机制。

最后一点,既然世界上的主要大国都从多边主义转向区域主义,那么中国毫无疑问必须适应这个发展趋势,因而中国参与区域经济合作也是中国对外开放或对外经济关系的重要一环。与中国的外交战略一致,中国参与区域经济一体化的优先选择是东亚地区、亚洲地区,然后扩展到亚太地区。

中国的机会与风险

三联生活周刊:你刚才分析了不同国家参与区域经济合作的动机有很大的差异,那么,在亚太区域经济合作的进程中也必然存在对未来区域主导权的争夺。你如何看待这个问题?

李向阳:主导权毫无疑问是客观存在的,前些年我们好像不好意思承认,但实际上大国的所谓主导权并不是说让别的国家成为你的附庸,而是通过在自贸区规则制定过程中发挥更大的影响力。正如美国在组建北美自由贸易区过程中,也把美国的规则和理念贯彻进去,当北美自由贸易区成员在多边场合时,更多体现的就是美国人的理念,客观上把美国的影响力在多边层面放大了。实际上,在任何一个自贸区里都存在主导权,这是不需要回避的问题。我想中国不会致力于成为区域的霸主,但在客观上我们也不能否认区域一体化过程中有主导权的争夺。

三联生活周刊:那么在这种情况下,中国的机会在哪里?

李向阳:我想最重要的还是中国自身的可持续发展,这将为我国参与区域合作提供最坚实的基础。一个国家对国际规则的影响力取决于经济规模,但更重要的是取决于贸易规模。而贸易规模里更重要的则是进口规模,也就是能为其他国家提供多大的出口市场。随着中国的经济规模和市场规模越来越大,对其他国家的影响力也自然而然越来越大。另一方面,中国的经济发展模式在调整,我们不再寻求一种以贸易顺差为目标的贸易战略,而是进口规模增速会越来越快。这几年已经出现这种现象,我国的进口增长速度快于出口,这就为其他国家提供了更大的出口市场。市场规模将成为中国未来最大的机遇。

三联生活周刊：风险和潜在风险又是什么？

李向阳：我想风险有两个层面。一方面，亚洲未来的区域一体化安排高度不确定，存在几种合作机制并存的格局。如果将来不包括中国的区域一体化安排成为这个地区未来的主导机制，那么中国就面临着被排除在外的风险。另一方面，在未来区域一体化中不仅有商品还有资本、人员等的流动，这种流动可能会对我国现行的金融安全乃至政治安全产生冲击。比如说我们现在正在推行的丝绸之路经济带，会不会影响我国西部地区的安全和稳定，这些都是我们要考虑的因素。

三驾马车

三联生活周刊：亚太区域合作发展到今天，在合作路径上出现了多种竞争性构想。美国积极推动跨太平洋战略伙伴关系（TPP），而东盟则提出了新的东亚合作框架倡议——地区全面经济伙伴关系（RCEP），这是否意味着亚太区域合作实际上进入了一个框架重构阶段？

李向阳：还不能简单地说是重构，因为亚洲原本就没有一个统一的框架。只能说在框架形成过程中，区域外大国的介入使得原来的发展进程改变了，出现了三驾马车并存的格局。对于三者未来的前景，各方的评价也不一样，我个人认为，未来可能TPP还是最有影响力的。虽然中国在可预见的将来不会参与TPP，但TPP对亚洲的影响将会是最大的。按照TPP的发展势头，中国在东亚地区的主要贸易伙伴都将是TPP的成员。并且从制定的规则看，TPP的贸易投资自由化程度是最高的，这是美国人所标榜的"21世纪的高质量的规则"。

RCEP是一个涵盖中日韩、澳大利亚、新西兰、印度和东盟10国共16个国家的自贸区协定，可以说把亚洲主要的国家都涵盖进去了，包括的人口从区域来说甚至比TPP还要大。但是RCEP本身制定规则的质量跟TPP比起来档次较低，更重要的是，这16个国家能不能在预定的时间内完成谈判，仍然是未知数。从目前谈判的难度看，RCEP即使谈成了，它的自由化程度也会比TPP低。

第三个是中日韩自贸区，虽然它的经济收益潜力非常大，但是中日、日韩之间的矛盾决定了这个谈判短期内不可能有实质性进展。我把它称之为一场没有终点的马拉松比赛，三方都不会轻易放弃这个谈判平台，但是又谈不出结果。

三联生活周刊：未来我国该如何处理与这三驾马车的关系？

李向阳：这的确是一个巨大的难题。且不说陷入胶着状态遥遥无期的中日韩自贸区，如果2015年以后TPP和RCEP都谈成了，那么在亚洲就出现了一个不包括中国的TPP和一个不包括美国的RCEP并存的局面。在这种情况下,亚洲其他国家会如何选择,把合作重心放在哪个平台上,都是不确定的。对于中国来说,很显然我们不能消极等待。一方面从外交上我们必须要支持 RCEP 谈判进程,使它成为一个更具有活力和实际意义的自贸区协定。另一方面,我觉得要积极推行已经开始进入实施阶段的"一带一路"主张。无论是"丝绸之路经济带"还是"21 世纪海上丝绸之路",本身并不是一个严格的自贸区协定,更不是关税同盟或共同市场,而是一个适合亚洲发展多元化诉求的新型合作机制。"一带一路"并不排斥其他现有的自贸区,这可能是中国在未来的区域一体化里的一个新选择。

三联生活周刊:很多人认为 TPP 是美国"遏制"中国的一张牌,你怎么看?我国该如何应对?

李向阳:伴随着中国崛起,美国如何来应对,是美国 21 世纪对外战略里最优先的目标。我在这里没有使用"遏制",而是"应对",是一个更加中性的词。至于这种"应对"是采取遏制式的,还是竞争式的,我个人认为还是存在遏制因素的。TPP 有些规则跟我国现阶段的政治体制和经济体制无法相容,并且是根本意义上的不相容,所以我只能说在可预见的将来,中国还无法接受 TPP 这套规则。而从美国的角度,一开始就没打算接受中国加入,从 TPP 的框架设计到谈判进程,美国人很清楚中国人接受不了,并且美国已经明确表态,在 TPP12 个创始国谈判完成之前不再接纳新的国家,所以国际上有一种说法, TPP 是一个排除中国的俱乐部。从这个意义上来说,我倒是认可美国的 TPP 战略有遏制中国的一面,但并不是"冷战"时期的那种遏制,所以我更愿意使用"应对"这个词。

听上去中国是被排除在外,但从外部来看,中国的前景反而是最好的。因为最重要的是中国的经济在可持续发展,除非中国自己内部出问题,否则外部很难阻止中国的和平崛起和发展进程,这种进程持续下去将决定中国的经济总量超越美国成为世界第一。这是一个大概率事件。这种前景使得大国对中国羡慕嫉妒恨的心态都有,所以,中国首先要实现自身的可持续发展,这就为我们在未来参与亚洲区域合作进程奠定了坚实的基础。

(摘自《三联生活周刊》2014 年第 45 期)

今日说法

"来,同学们看黑板,我要变形了。""这又是一道送分题。""这道数学题就跟上一道一样,换汤不换药。""这道题肯定不选 A,C 也很明显,D 就不用说了,所以是 B 了。"

——记忆里老师的腔调

马可,彭丽媛背后的女设计师

□张 卓 等

第一夫人的影响力

听起来不可思议,当 2013 年第一夫人彭丽媛找到长期隐居在珠海的设计师马可女士,邀她为其设计一系列后来用于国事访问的定制服装时,马可曾一度考虑过拒绝。

拒绝并非没有足够的理由,2008 年之后就几乎销声匿迹的马可此时已开始在北京选址,决心在这一年正式推出她苦心孤诣筹划多年的品牌——无用。"当时时间已经十分紧迫。"马可回忆说,她答复对方说自己要考虑一下。

最终她说服了自己,"第一夫人穿什么是一个价值导向的事情,如果第一夫人穿国际名牌,那么全国人民都跟着穿国际名牌;如果第一夫人穿的是非常简洁朴素的东西,全国人民也都会跟着穿。"

一个多月,马可带着团队赶制出数套出访服装。设计延续了马可一贯简洁质朴的风格,没有夸张的造型和夺人眼球的色彩。彭丽媛随国家主席习近平出访俄罗斯的首次亮相,那件深蓝色的束腰大衣和线条利落的手袋即出自马可之手。

"我不属于任何圈子"

马可心存高远,意欲影响一个国家和时代背后的价值取向;她又处事低调,对此保持沉默是性格使然,并非来自高层授意。

在此之前,马可已经是外界公认的中国服装设计界最顶尖的设计师。这不仅指她所获得的荣誉——不计其数的业内奖项以及国际认可,2008 年,她又成为首位进驻巴黎高级时装周的中国设计师。但马可对名利抱持着一种异乎寻常的冷淡态度。

"我不在服装圈里混,也不在艺术圈里混。我不属于任何圈子。"马可强调。她不看秀,不逛街,对出镜持有常人难解的抗拒。

2007 年,贾樟柯拍摄的纪录片《无用》曾记录了马可第一次参加巴黎时装周的经过。4 个月后,《无用》获得了威尼斯电影节最佳纪录片奖。

马可在广东珠海城边的工作室被一些人发现了。一个从北京来的男孩在门口守了 3 天,希望能为马可工作,还有慕名而来的粉丝恳求留下做义工。那几个月,马可不得不从工作室的后门偷偷溜回家。躲避守在门口的媒体的长枪短炮。"我就是怕出名,没有别的目的。因为一旦成为名人,你就没有自由了。"

要的不是一个商业品牌

无用工作室的出品都是纯天然的手工制作,马可从西南山区请来了一些掌握传统女红技术的手工艺人。马可的设计从手织布的组织纹样开始、再到手工缝制和植物染色。虽然缓慢,但令人身心愉悦。她厌倦了此前令她成名的流水线成衣,曾经有老板给她开100万元外加一辆林肯车作为年薪,马可掉头就走。她不断放弃待遇优厚的邀请,因为没有一个企业能明白她想要的是什么。她只想制作真正的手做的衣裳,那些服务于人们的日常生活、为了真实地面对自己的内心,而不是向外界"炫耀或者建立某一种形象"的生活必需之物。

马可曾经参加过一个为期4天的论坛,起初并没有人知道她是位著名设计师。4天里,与会者都按现代社会约定俗成的惯例每天换衣,只有她始终身穿同一件春秋季的外套。当最后一天,众人得知她就是马可时惊讶地问她:你作为时装设计师,怎么不遵从每天换衣的惯例呢?马可反问:你们每天换下来的衣服都会洗吗?众人曰:否。马可说:衣服穿脏了才有必要洗,只要还干净就没有必要每天换衣,为什么要去遵从这种为了他人评价而自我设限的规定呢?再说,衣服洗得太勤要用掉多少水啊,衣服的寿命也会减少,一切应以适度为好。

"她正在做的更像一个道德项目"

有人批评马可的衣服价格过高,马可显得有些激动,"一件手织布的衣服从织布算起需要做3个月;一条床单4条缝,内衬两种不同缝法,耗费3天工时,时间难道不是最奢侈的吗?手工的价格就不应该低,粗制滥造的廉价品恰好是让手工艺迅速消亡的直接原因。买件国外数万元的名牌手袋眼都不眨,但一件耗时数日的手工床单却会嫌贵?手工艺人用心缝制的衣物已经远远超出其本身的功能性,它们是可以传世的艺术品,一个家庭血脉相连的回忆录!"

为产品定价前,一些员工认为价格应该定得更高,马可却坚持做合理的定价,并不会一律向国际一线大牌看齐。作为一家社会企业,无用不以赢利为首要目标,但是为了日后有足够的资金持续投入扶持发展民间手工艺,赢利也是必须的。

几年前,一个朋友拜访无用,带来一个商人,希望投资马可,马可立刻把他们请走了,"我就是那种黑白分明的。"她这样描述自己对金钱的态度,并非抗拒资本,而是怀疑其后的目的,"独立的精神很重要"。无用现在的资金全靠她的个人积蓄,"精打细算"维持着。

全球最危险经济问题在欧洲

目前,全球经济状况不佳。美国和英国传出的消息一直都还不错,但日本经济正举步维艰,中国的经济增长速度也放慢至2009年以来的最低水平。难以预知的危险大量存在,特别是埃博拉疫情。目前埃博拉在西非已造成数千人死亡,并在更广的范围内散播了恐慌的情绪。不过,迄今为止,最大的经济威胁来自欧洲大陆。

处于第三次衰退边缘

由于德国的经济增长出现了停滞,欧元区正处于6年来第三次衰退的边缘。欧元区领导人已经浪费了由欧洲央行行长马里奥·德拉吉承诺"尽一切可能"挽救欧洲单一货币所带来的为期2年的缓解期。法国和意大利回避结构性改革,而德国仍过于强调紧缩政策。欧洲8个国家的物价正在下跌。欧元区的总体通胀率已跌至0.3%,很可能在明年出现负增长。这个几乎占到全世界经济产出五分之一的地区正在朝着经济停滞和通货紧缩的方向迈进。

欧洲内外的乐观人士经常以日本为例。日本在20世纪90年代末出现通货紧缩,对其自身及全球经济都产生了不利影响,但这种影响并非灾难性的。欧元区所构成的风险要大得多。和日本不同的是,欧元区目前面临的局面不是孤立的:从中国到美国,通货膨胀率都低得让人担心,而且还在不断下降。此外,与日本社会不同的是,欧元区难以团结在一起。从意大利到希腊,债务负担都在激增,在这种情况下,投资者会落荒而逃,民粹主义政治家会越来越得到认可,而且,要不了

"马可这里就像一个乌托邦。"法国品牌咨询师勒何波尔认为,马可所做的努力与现实的中国相反。"我的法国朋友经常说,中国简直不像话。中国人想拥有大车,他们什么都买。而我跟他们说,中国就跟挨饿的孩子一样,他们需要度过这个阶段。"一个处在疯狂消费的国家,就像法国的昨天,马丁认为,马可正在做的更像一个道德项目,为这个国家输入她自己认为是正能量的价值观,"不会明天就改变中国,但有很多人会看到"。

(摘自《人物》2014年第10期)

多久,欧元就会彻底崩溃。

通货紧缩破坏性更大

虽然许多欧洲人、特别是德国人从小到大就怕通货膨胀,但通货紧缩造成的破坏可能更大。如果人们和企业预计价格会跌,就会停止花钱,而随着需求的萎缩,债务违约的情况就会增加。大萧条时就是如此,发生在20世纪30年代初的那次经济萧条对德国的影响尤为巨大。

因此,令人担忧的是,在央行设定了目标通胀率的46个国家中,30个都没有达到目标。有些价格的下跌是可喜的。尤其是不断下降的油价,这能提升消费者的收入水平。但是下降的物价和停止的薪酬更多地要归因于需求的疲软,而且在富裕的经合组织国家,大约4500万劳动者处于失业状态。投资者开始预计甚至像美国这种目前经济状况良好的国家也会出现通胀水平下降的情形。更糟糕的是,许多国家的短期利率已经接近于零,因此央行不能用削减利率的方式来推动消费。唯一有效的手段就是量化宽松以及其他相当于印钞的做法。

结构性改革难以推行

欧洲大陆的经济存在许多严重的潜在问题,从不容乐观的人口统计数字到沉重的债务,再到僵化的劳动力市场,但是它也犯了一些巨大的政策错误。法国、意大利和德国一直回避有助于经济增长的结构性改革。由于德国过于坚持财政紧缩政策,再加上欧洲央行的怯懦,使得欧元区尤其容易受到通货紧缩的影响。即便现在,在各国经济出现萎缩的情况下,德国依然一门心思地要求各国政府减少赤字,而它对放松货币政策的反对意味着欧洲央行在量化宽松方面所采取的行动远远少于其他大型央行,这样的局面显然让德拉吉感到绝望。

如果说这种渐进主义做法过去有其合理性,那么现在,这种合理性正慢慢消失。欧洲央行需要开始购买主权债券。德国总理默克尔应该允许法国和意大利放慢削减财政预算的速度;反过来,这些国家应该加快推进结构性改革。能够以负的实际利率借贷的德国可以将更多的资金用在建设国内基础设施上。

在这种时候,不彻底的解决办法只会让危机愈演愈烈。最佳的合法方案是,一方面大幅增加在基础设施上的投入,另一方面让欧洲央行购买债券。这样一来,欧洲投资银行就可以大幅增加在像建设跨境高铁线路或更加一体化的电网这类项目上的投资。另外一种可行方案是重新界定欧盟关于赤字的规定,从而将投资支出排除在外,这样一来,各国政府就可以有更高的赤字,这一方案同样需要欧洲央行作为后盾。

(摘自《参考消息》
2014.10.28)

美日印三边合作时代到来

□理查德·罗索　伊藤融　阿努帕姆·斯里瓦斯塔瓦
　布拉德·格洛瑟曼

经济安全利益趋同

在亚太地区,美国、日本和印度的经济和安全利益日益趋同,三边合作迅速发展。从许多方面来看,三国是天然的伙伴。它们是三个人口大国(印度排名世界第二,美国第三,日本第十),是三个民主大国,也是三个经济大国(美国排名世界第一,日本第三,印度第十)。将它们连接在一起的印度-太平洋战略构架彰显了它们共同的地理联系与交叉重叠。且三国都属于一个生机勃勃、不断发展的地区,每个国家的政府都渴望找到新伙伴或者具备新能力的老伙伴来提升其形象和延展其势力。每个国家都视彼此另外两个国家为拥有自己所重视的资产和资源的经济和战略伙伴。

印度谋求美日的投资和技术来加快其经济发展。印度正大力推进军队现代化,美国迅速成为其最大军火供应国。新德里和东京扩大了联合军演的范围,使防务对话更加着重于海上安全和反恐措施。

对美国和日本来说,印度对于其经济和安全筹划日益重要。美日公司可以将印度作为一个低成本制造中心,产品销往庞大且正迅速增长的印度市场,但也出口到亚洲、中东和非洲的新兴市场。安全方面,一个具有强大军事能力的印度能在南亚和印度洋地区提供稳定。印度还可以在印度洋地区参与维护和推进美日两国的利益,尤其确保航行自由和其他海上安全目标。反过来,随着页岩气革命将美国变成一个天然气出口大国,日本和印度把美国看作潜在的能源供应国。

东京和新德里新政府的干劲促进了利益和野心的联合。安倍和莫迪彼此都认为与对方志趣相投,两个人都渴望抓住机会。与此同时,在莫迪上月访美期间发表的联合声明中,美国和印度"致力于通过磋商、对话和联合演习与其他亚太国家更加紧密地合作"。声明强调了与日本的三边对话,三方都同意将现有的三边关系提升为部长级对话。同时,美国和日本也在推动它们之间的联盟与时俱进。

对华既合作又竞争

当然,深化印度、日本和美国之间的合作有一些障碍。各国根深蒂固的选民可以、而且往往的确阻挠迈向改革和制订外交往来所必需的对等措施。点燃那些经济和政治之火的是各国境内强烈的民族主义冲动。有时,这种民族主义在印度和日本以反美的形式出现。这种观念的持续不散使三边交往愈发势在必行,因为第三方的存在能驱散美国强迫他国服从其意志的错觉。最后一点,人们绝不能忽视的一个明明白白的事实:无论怎样趋同,美国、日本和印度是三个截然不同的国家,它们处于不同的经济发展阶段,在某些问题上的战略定位不同,因此有时候它们的利益必定背道而驰。

分析人士有时将这种三边安排描绘成是为了"抗衡中国"。这三个国家与中国的关系都很复杂,有合作也有竞争。三个国家都视中国为重要伙伴:中国是它们的最大贸易伙伴,每个国家都希望在安全问题上与北京建立相互信任与合作。今年,中国首次参加了以美国为首的环太平洋海上军演。

然而,每个国家也都与北京有着意义重大的争端。美国经常在各种安全问题上与中国较量。此外,三个国家都在努力缩减巨额对华贸易逆差。

尽管如此,三个国家建立正式联盟、哪怕是一个针对中国或明确以中国为关切焦点的组合的可能性很小。印度非常重视保护自己的主权和独立,绝不会参与有可能危及其外交政策自主性的行动。中国和印度是金砖国家的创始成员,都谋求一个在国际管理方面给予新兴国家更大发言权的多极世界。中印是邻国,谋求良好的对华关系将是任何一届印度政府的外交支柱。虽然美日都与中国有芥蒂,但它们也坚称愿与中国交好——关键要看北京如何选择。

换言之,反华联盟不可能推动美日印合作,但是它也不应必须如此。三个国家有许多共同利益和合作理由。以对三边合作所能达到的目的有着切合实际的期望为基础,务实地追求共同利益是确保这种合作发挥潜力的最有效办法。

处理三边关系是一个错综复杂、有时令人沮丧的过程。三个伙伴之间不大可能在任何一个问题上都利益完全一致,这一点适用于美日印三边关系,但这三个国家都希望亚洲及更广阔范围内维持安全和繁荣。三个国家可以采取切实措施让这种愿景变成现实。这样做不仅会推进它们的国家利益,而且会对亚洲所有国家都有利。

(摘自《参考消息》2014.10.24)

大国角力非洲

□张子宇　张嘉佳

尽管最近出现了埃博拉疫情,但这并不能阻止商人、工程师、外交官和青年志愿者涌向非洲。这块黑色的大陆曾经一度陷入了被抛弃的边缘,现在则是世界经济的热点。目前世界上经济增长最快的10个国家中,有6个位于非洲。

非洲不再只有长颈鹿和大象,还有石油、铜矿、旅游和基建工程市场。当然,除了非洲自身的资源外,中国等新兴国家的崛起也帮助非洲改变了其在世界经济版图中的位置。

美国重塑在非影响力

2014年8月4日,美国首都华盛顿迎来了50个非洲国家的领导人,他们与美国总统奥巴马一起,讨论非洲大陆的贸易、投资和安全。按照美国国务卿克里的说法,8月4日是"历史上的关键时刻"。

这样的胜景已多年未见。由于当日人太多,因而奥巴马没有和任何一位非洲领导人进行单独会晤,而是集体会见了他们。

20多年前,西方世界仿佛突然对非洲丧失了兴趣。大量公司撤出非洲。现在,非洲似乎成了"香饽饽"。甚至有非洲政府官员抱怨,非洲的高层官员患上了"峰会疲劳症"——全球大国竞相拉拢他们去参加永无休止的会议。

"美国认为非洲地区在最近的经济增长可能超过过去50年。还认为中国和其他'金砖国家'正加大投资力度和影响非洲,美国担心在竞争中处于下风。"出生于苏丹的英国伦敦大学亚非学院的菲尔·克拉克在接受采访时说。

在奥巴马的背后,是通用电气、摩根大通、可口可乐和IBM等著名的美国公司以及大量的资金。美国给出了让人遐想的许诺——奥巴马宣布,美国公司将在非洲投资140亿美元,这些投资将涵盖多个领域。其中,美国私人股本公司黑石集团承诺与非洲首富阿里科·丹格特旗下的工业集团签订50亿美元的投资合同,主要是关于撒哈拉以南非洲地区的能源基建项目。

另外,通用电气也将在非洲投资20亿美元。

中国的无政治条件投资

过去,美国在非洲的活动以"华盛顿共识"为原则展开,即在经济援助之外,对非洲国家附带人权要求,而中国则愿意在不附加政治条件的情况下提供给非洲数十亿美元的投资。这削弱了华盛顿共识的影响力。要重新获得影响力,美国需要更积极地参与非洲事务。

特别是在基建方面,过去美国对这一领域兴趣不大,但中国则让看似贫穷的非洲成为最重要的基建市场。中国往往通过向非洲贷款兴建基建项目,然后以相关收益或者其他商品来偿还贷款。

2008年,中国进出口银行就向刚果提供了90亿美元贷款,用于该国的基础设施建设,包括4000公里公路、3200公里铁路以及水坝(比如著名的英布鲁水坝)、机场、学校和医院。水利工程已经成为中国在非洲的一个新的基建重点。一些NGO人士对此也有好评,人权观察的刚果民主共和国专家安妮可·范乌德伯格就表示:"中国正帮助提供非洲国家真正想要的许多东西,比如公路、铁路和水坝。"

从美非峰会提出的项目来看,美国似乎也在向中国学习。"美国显然是关注并在学习中非的经贸合作形式。相对于中国的顺风顺水,美国正受困于如何平衡经济需求和对人权事务方面的压力,对此许多非洲国家政府很不待见。"菲尔·克拉克表示。

事实上,相比于美国,中国也在2014年表现出支持一种更为多边化的做法,与非洲开发银行设立一只20亿美元的"非洲共同增长基金",尽管这只相当于中非双边交易的一个零头。

欧洲受困两面角色

除了美国以外,欧洲、日本等都在加强自己在非洲的力量。甚至韩国也是,一位韩国外交官曾对记者坦言,初到非洲时感觉很震惊,觉得韩国在那里无论是经济还是政治影响力,与中国的差距都太大了。"日本二战后一开始对非洲的经营并不是很多,日本过去主要的市场是欧洲和美国,后来又有中国以及东南亚市场,所以日本不需要去非洲。"产业经济学家白益民告诉记者。

"但现在不同了,中国市场已经饱和了,日本对印度和拉美布局也做得差不多了。日本唯一还没有真正做好布局的是非洲。"白益民补充道,"而且非洲很多资源中国也需要,日本获得了这些资源以后,可以通过二次加工的方式再卖给中国。"

另一方面,作为非洲的前宗主国,英、法等欧洲诸国则在对非政策上陷入了一种两难境地。欧洲对非洲的经济援助有非常严格的监督要求,比如在尼日利亚,英国开发项目一直对尼日利亚联邦政府的预算进行公开监督,还赋予非政府组织跟踪石油收入的权力,英国财政部也设立了一个石油与天然气财务署。英国国际发展部拒绝向尼日利亚提

我不会当着孩子的面抱怨教育制度

□六 六

身为一位母亲,作家六六想跟家长们分享一些她的教子经验。

我其实很不愿意陪孩子读书,因为学习是他自己的事,他应学会自我管理。但我又不得不承认他秉承我的浪漫无条理拖沓和不专心的缺点,他如果离开我的监管基本就要天天被老师剋了。我是按学校要求天天检查他功课呢,还是让他在剋声中慢慢长大? 还有就是,孩子爱你不是因为他恰好在你家里,不是因为你教他们喊你爸爸妈妈,不是因为伦理,不是因为强迫或鞭打,也不是因为欺骗。孩子爱你是因为你付出的爱,你用心待他们,包容他们的小错误,修正他们的大错误,你是一个值得周围邻居朋友甚至敌人尊敬的人,他们发自内心依赖你信任你。

在对孩子的教育中,我觉得最累的是教孩子说谎话。比方说你贪污受贿了,怎么告诉孩子不要炫富? 这是很难的。唯一的方法就是自己不贪,过朴实日子,孩子不必过得躲藏,你也不必担心孩子因炫富不小心把你出卖。

我不太赞同家长当着孩子的面抱怨教育制度不好,或者在孩子学习的时候表现出同情和怜悯,这会给孩子什么印象? 我们在尽力推动更人性化更适合孩子的教育制度,但在制度改变以前,我们是不是要给予孩子积极乐观的态度? 无论是学习还是人生——不要忘记,你的表情、你的处世方法对孩子来说,都是山谷回声。

(摘自《文摘周报》2014.11.4)

供一项直接预算支持,因为担心资金可能被挪用和侵吞。这些行为导致英国在非洲的经济活动受阻。

目前的情况是,欧洲在非洲的经济影响力日益被中国乃至美国以及其他后来者超越。在非洲的建筑业,从2000—2005年,欧洲公司所占份额大幅度下降,而中国公司同期所占份额则增加了超过200%。

可能法国是一个例外,但法国在非洲的存在更多是通过军事手段来体现,而非经济行为。

(摘自《时代周报》2014.9.22)

人类正迈入"六个第一"的信息时代

□李世东

从全球层面看,继原始社会、农业社会、工业社会之后,在信息革命的强力推动下,人类已进入具有"六个第一"特征的充满活力的信息社会。抢占信息高地,建设信息社会,是时代的呼唤,人类的共鸣,历史的必然。

信息资源正成为推动社会发展的第一资源

物质、能源、信息是支撑人类社会发展的三大资源。纵观人类社会发展历程,农业社会的核心资源是物质,工业社会的核心资源是能源,信息时代的核心资源是信息。信息资源由于不受时间、空间、语言和行业的制约特点,而广泛应用于经济、社会各个领域和部门。信息资源是人类活动的最高级财富,从一定意义上说,现代市场经济就是信息经济,是信息资源集聚、交流、竞争、转化的过程;同时,信息资源能够提高人们的认识及素质,是促进社会进步的重要精神力量,让人们站在更高的视点上认识和改造世界。在信息时代,自然资源和一般劳动力资源的作用相对下降,而知识、信息等无形资源作为最重要的战略资源被嵌入了经济结构的核心。据预测,到21世纪中叶,知识、信息对经济增长的贡献率将由20世纪末的30%~60%上升到90%以上。现在衡量一个国家的综合实力和竞争力,不仅要看其物质和能源的拥有量,更要看其信息资源拥有量以及信息资源价值转化的水平。从一定意义上说,谁掌握了信息优势,谁就能在国际竞争中占领主动地位。

信息技术正成为促进社会进步的第一技术

20世纪最重要的技术发明就是信息技术。信息技术是发展最快、影响力最大、渗透力最强的高新技术,是推动经济发展和社会进步的关键性技术,它正以空前的影响力和渗透力,不可阻挡地改变着社会的经济结构、生产方式和生活方式。社会在加速迈进现代化的过程中,信息技术是最基础的技术,其他技术必须以信息技术为基础,才能得以发展,可以说,没有信息技术,就没有社会的现代化。同时,信息技术已成为改变社会现状、创新社会的关键技术,通过信息技术对专业领域的改造和整合,不断进行各个领域的创新,使人们的生活得到极大改善。

**信息产业正成为
支撑社会成长的第一产业**

当前,信息产业已成为全球发展速度最快、从业人员最多、规模扩展最为迅速、创造财富最多的产业,成为全球经济新的增长点。21世纪初,西方发达国家的信息产业增加值已占国民生产总值的一半或一半以上。美国目前拥有世界上最强大的信息产业,自2000年以来,每年以30%左右的速度增长,远远超过了汽车、建筑等传统产业,成为美国经济最大的支柱产业。20多年来,我国信息产业年产值平均增长率均在25%以上,2013年,我国仅电子信息产业销售收入就达12.4万亿元,占GDP的1/5以上,成为国民经济的重要支柱。信息产业具有带动性强、影响力大、渗透性广的特点,对整个产业链都有着直接或间接的影响作用。信息化既是现代农业的关键所在,也是工业化升级的根本。

**信息文化正成为
引领社会进步的第一文化**

近年来,信息文化已成为社会的主流文化,网络文化产业迅猛发展,网络游戏、网络动漫、网络音乐、网络影视等迅速崛起,大大增强了文化产业的总体实力。2012年统计,在互联网上推特一天新增2亿条微博、50亿个单词,几乎是60年来《纽约时报》单词量的2倍。全世界互联网上一天的信息量如果装在DVD光盘上,要装1.68亿张光盘。信息文化的迅速发展打破了文化垄断和文化特权现象,全球一体的信息网络改变了文化结构,这一网络将语言文字图像融为一体,易于理解和接受,大大消除了接受障碍。信息文化对任何人都一律平等,信息文化是最平等的文化。信息技术已成为促进文化发展的新引擎,正在对提升文化创新能力、催生文化新业态,发挥着日益重要的支撑和引领作用。以动漫、网络游戏、手机游戏、多媒体产品为代表的新兴文化业态,已逐渐成为继IT产业后最具潜力的产业之一,互联网、手机媒体已经成为具有重要影响的新兴媒体。

**信息生产力正成为
带动社会前进的第一生产力**

人类社会正在进入以信息生产力为标志的新阶段。信息生产力是由信息劳动者、信息技术和信息网络以及适应生产和生活需要的信息资源形成的新型社会化的生产能力,是当代最活跃、最重要、更加社会化的核心生产力。与传统工业生产力相比,信息生产力具有更优的技术基础,能更好地满足人的现实需求,更符合人类文明的发展进步。信息生产力发展的一个重要表现,不但表现在生产效率提高、生产出更多的产品,而且是整个社会在一种信息共享的更大前提下,实现整个社会效益的提高。信息生产力对社会经济的影响极其深刻,计算表明:资本投入量增长1%,将使GDP增长0.725%;劳动投入增长1%,将使GDP增长0.253%;信息化投入增长1%,将使GDP增长1.139%。三种要素中,信息化投入对经济增长的贡献率最大,是资本投入贡献率的1.6倍,劳动投入的4.5倍。

信息工作者正成为担当社会繁荣的第一群体

随着社会经济形态的演进,劳动力人口依次从农业部门流动到工业部门,在工业化后期,农业人口和工业人口又流向服务业部门,在工业社会向信息社会转型的过程中,信息技术的发展催生了一大批新的就业形态和就业方式,劳动力人口主要向信息部门集中。在信息社会中,信息的制造和生产成为主导产业,传统产业也通过信息化改造而成为现代农业、现代工业、现代服务业,信息型劳动成为主要的从业方式。从整个社会就业结构来看,从事信息化的人数越来越多,如美国从事信息劳动的人口已占总劳动人口的60%以上,信息化劳动者规模第一。信息工作已经覆盖到了社会、经济、生活等各方面,其工作涉及面广、关联度强、覆盖面大、渗透性强,已成为当今社会主要的劳动方式,可以说是无处不在。信息消费是拉动就业的大平台,到2015年,信息消费将实现900万个新增就业岗位,提供2500万个间接就业岗位。目前,淘宝网店客服人数已经达到284万人,但是仍有60万的岗位缺口,仅一个淘宝就直接和间接帮助超过1000万人实现就业。

总之,工业生产力虽然为人类文明的进步带来了不可磨灭的贡献,但本质上是一种不可持续发展的生产力。而信息生产力依靠的是具有"无限性、增值性、共享性"的信息资源,这便为生产力的可持续发展提供了可靠的后盾与基础。正如奈斯比特所说:"随着信息社会的到来,我们的经济才有史以来第一次可以建立在一种不仅可再生且能自生的重要资源上,再也不会发生资源枯竭的问题了。"同时,依靠信息技术,通过大力发展"高效益、低消耗型"的新型产业,促进经济规模与布局、产业结构、产品结构与就业结构,甚至社会结构的调整、优化与升级,信息生产力使经济增长方式发生了根本变革,将工业经济、工业社会推进到可持续发展的信息经济、信息社会。

(摘自《学习时报》2014.10.29)

世上没有刚需房

□刘远举

衣食住行，人都需要住房子，是刚需，而房子需要修建在土地上，与此同时，土地是不可再生资源，消耗了就没有了，所以房地产价格将呈长期上涨趋势。

这个判断耳熟能详，但是，真的是这样吗？

第一个疑问是：土地是资源吗？

土地作为人类生活、生产离不开的一个要素，包含建筑用地和耕地等类型，换句话说：土壤，的确是不可再生资源。因为土壤需要风化等自然力才能慢慢形成，形成1厘米的土层需要120年至400年，土壤流失或者沙化后几乎不可恢复，所以，土地，不能像氧气那样经过光合作用自然恢复，也不能像淡水那样经过海洋的自净作用得到补充，土地不能重新"长"出来，也就是说土地不满足狭义的再生概念。

但是，土地虽然不能像氧气那样狭义的再生，但它和石油、铜矿等不可再生资源不同的是：土地是不可消耗与不可毁损的。

所谓不可消耗，指土地，特别是建筑用地，在使用过程中并不会减少，是一种可以反复使用的要素，更接近可再生资源的特点。所谓不可毁损，指土壤、耕地之外的土地，无法被破坏、毁灭。纵观人类历史，能找到一块彻底毁损、消耗以至于不能建筑的土地吗？的确也有，但基本上可以忽略不计，能毁损建筑用地的只有活火山和核污染、核废料，比如苏联的切尔诺贝利核电站原址，掩埋核废料的地点。除了这些之外，甚至核弹都不能毁损土地——广岛和长崎仍然是日本的大城市。

当然，土地的沙化、海平面升高、冰川期地球变冷，都能使一些地方变得不适宜人类居住与活动。但是，首先，这是非常长期的历史过程，数万年的变动趋势，根本不会影响到数百年、甚至几年的房地产价格。其次，人类的技术在不断发展，利用土地的能力也在不断提高，人类目前难以利用的土地，在可预见的将来却是能够利用的。古人不能围海造田，但今人却可以，今人无法大规模利用沙漠、戈壁，但后人却可以。最后，从容积率的角度来看，随着技术发展，人类利用土地的效率大大提升，适宜人活动的空间，实际上是在不断增加，而不是减少——200年前，人们无法想象，5亩土地上可以居住上千人，而现在20层以上的高层比比皆是。

所以,既然如此,土地又怎么能被称之为不可再生呢?又怎么能说是"用完了就没有呢"?说到底,从更本质的角度看,土地的概念无非是人类可以利用的地球表面空间的能力与效率,这个空间一直存在着。所谓的土地不可再生,实际上是把土壤的不可再生偷换为整个土地资源的不可再生,把长期中地球的地质变动偷换为短期的建筑用地增减。一扩一缩之下,土地变为了不可再生资源。

那么,显而易见,从技术角度,土地并非不可再生资源。不过,人类不是生活在自然的性质之中,而是生活在人类的社会性质之中,所以,自然性质还必须放入到人类社会中考量,最终落实到真实的经济生活,落实到土地与房地产价格。

人对土地的占有、对土地的使用是排他性的:"我买下来了,就是我的,不是你的";"盖了房就不能再修路,一块地只能干一件事"。但是,经济中的排他性占有与使用,与资源的是否再生是两回事,长期看来,不管是个人对土地的拥有,还是对土地的使用,都不是恒定不变的,都在不断变换之中,而不可再生资源的性质则是,一旦使用,起码在以万年为单位的时间跨度上再也无法恢复。所以,即便在经济意义上,土地也不是一个不可再生资源。

当然,也必须承认,在短期内,土地是能被独占的,这就构成了土地在经济运行意义上的稀缺性,成为土地价格的来源。

从宏观的角度来讲,稀缺性是相对于人的需求而言的,与人口水平相关。一方面,在短期内,如前所述,地质情况不足以影响土地的供应量,而技术却能大大提高土地的使用效率,增加供应。另一方面,人口数量是长期变动的。由于中国近百年处于人口上升的过程,加之近30年的经济大发展带来的城镇化,让人们感受到乡村变城市、农田变高楼的不断变化,这使人们深信不疑这个变化将持续下去,从而产生每一个地区、每一个角落都必将开发,都必将增值的观念。但随着老龄化的到来,人口下降必然导致对土地需求的降低。也许,在20年内还开发不到的地方,在可预见的将来就很难再发生大的变化。

从微观角度来讲,决定房地产价格的三个因素,第一是地段、第二是地段、第三还是地段,即人们对特定空间的土地的需求。这就提出这样一个问题:对特定城市的房子的需求是刚需吗?

首先,一切需求以支付为基础。没有钱,就没有一切。生命肯定是第一需求,但是,在中国现在的医疗制度下,很多人不幸患上了大病,无钱求医只能眼睁睁地等待死亡降临,可见从来没有超越支付能力的刚性需求。

其次,对房屋的需求,更完整的表述是对特定地段的房屋的需求。而对地段的需求,从来不是刚性的。

韩国:没有强拆的国度

□徐 昕

一个新城市的崛起,竟然没有一起强拆。对于中国人来讲,几乎是无法相信的。

从新罗酒店看首尔,高低错落,就像一座山城,似曾相识,我甚至想起曾客居多年的山城重庆。令人印象最深的,不是远处稀稀落落的几座标志性大楼,反倒是成片的低矮房屋和传统建筑,由脚下四合院式的迎宾馆,往前往左往右伸展,一直消失于群山。

强拆？首尔政府做不到

首尔四面环山,汉江穿流,承载了韩国1/5以上的人口,人口密度几乎是纽约的两倍,市区人口1200多万,首尔首都圈2300多万,人口排名世界第三,寸土寸金。如此宽松的城市规划,令人意外。按照中

没有能力负担核心市区的房子,可以选择远一点的郊区；没有能力在北上广一线城市买房,可以选择到二三线城市发展,甚至回到老家。在地段的选择上如此之多,只不过在强烈的欲望下,人们通常努力挣扎着去实现更高的欲望,但是,这就如其他任何奢侈品一样,从来不是刚需。

第三,对房子的需求,从"质"上看,需要的是居住,而不是购买与产权；从量上看,需求的是面积,而不是有无。在上海,在内环内有套60平方米的婚房,对于大多数上海年轻人来说,都心满意足了,起码不会是不可接受的；而换到了重庆、长沙等其他城市,在核心市区60平方米的房子显然拿不出手。抛开其中的短期价格因素,一个地区长期的居住条件,也潜移默化地影响了人们对居住面积的期望,而且,这个期望的弹性非常之大。

实际上,在实际经济条件的束缚下,人们甚至可以进一步收缩自己的居住空间,上海有著名的亭子间,而直到今日,上海核心市区内,也有无数人挤在拥挤的房间内,三代人挤在五六十平方米的空间内,私人空间由仅仅一张床、一副帘子所构成。由此可见,人们对房屋的需求,哪有什么刚需,有的只是人需求的极大弹性！

(摘自《东方早报》2014.9.23)

国的城市建设思路，首尔完全可以拆掉这些低层建筑，代之以高楼大厦、规整弯曲的道路，从而大大提高城市的容纳率。

但首尔政府做不到。关键就在于，法治限制了政府的权力。这些低层建筑及传统建筑的保留，明显有赖于韩国的法治和坚实的产权制度。首尔城市计划局负责人提到，为了保护自然景观，曾拆除影响山区景观的高层外国人公寓。我问，被拆迁人是否同意？若不同意，政府是否有权强拆？他们的回答是，拆除的外国人公寓本属政府资产，对于私人所有的土地和房屋，必须通过协商解决，政府会尽可能进行沟通，以市场价格购买，为旧屋改造提供各种支持和优惠政策，而如果产权人最终还不同意，政府只能放弃，不会强拆。

没有强拆的政府似乎很弱，也不利于经济社会发展，但事实却非如此。首尔成为韩国的经济中心，GDP占全国21%，也是著名的国际大都会，数字机会指数排名全球第一。

在韩国拍了许多照片，最令我震撼的一张，不是雄伟的高楼，秀丽的美景，也不是明朝风格的景福宫、明洞拥挤购物的中国人，而是车上随手抓拍的一张路边四个教堂。教堂普普通通，十字架也不雄伟，但路边随手拍，就有四个教堂，在蓝天白云的衬托下显得格外庄严肃穆，触及心灵，显示了信仰的力量。韩国宪法保障宗教自由，政府提倡基督教、佛教等宗教信仰。韩国目前有一半以上的人信奉基督教，是继菲律宾、东帝汶之后亚洲第三个以基督信仰为主的国家。佛教和儒学的影响力下降。基督教对于韩国争取民族独立、促进民主转型皆发挥过重要作用。金大中曾说："没有基督信仰，韩国永远不会实现民主。"近年来，韩国基督教会也是帮助朝鲜难民脱北的主要组织者。从首尔到釜山，从城市到乡村，风格各异的教堂随处可见，最古老的大概是明洞圣堂。宗教信仰与法治、民主、儒家文化等一道，被视为韩国经济腾飞的关键因素。

没有强拆的另一重要原因，是韩国对传统文化的尊重和保护。参观景福宫，观看卫兵换岗仪式，真有些梦回大明的感觉。说起来都令人惭愧，中华文化保存最好的地区不在中国大陆，而在中国台湾，在日本，在韩国。韩国人申请了不少世界文化遗产，与中华文化相关，诸如端午祭，本源自中国的端午节，只是后来发展得与中国不太一样。弯曲的道路，道路两旁不规整的楼房，黄金地段的韩屋，高楼下低矮甚至破旧的建筑，或许不那么整齐，但却保留了传统文化和多样化，体现了法治、信仰、传统基础上自然演进的建筑风格和秩序。

世宗："五无城市"

首尔之外，我们还参观了世宗、

仁川和釜山。

世宗市,命名就体现了对传统的尊重,旨在纪念对朝鲜贡献巨大的韩文发明者世宗大王,增强韩国国民的民族自豪感。新城市的设立和建设涉及大量法律问题,诸如建设立法、宪法诉讼、征地拆迁,这些是我关注的主要议题。

2002年,卢武铉竞选总统期间提出迁都构想,上台后推动国会通过《新行政首都特别法》,以缓解首尔人口密集、交通拥挤、住房紧张、就业困难等城市病,促进经济均衡发展,避免首都离韩朝分界线过近。反对者提起宪法诉讼,2004年宪法法院裁定该法违宪。迁都计划搁浅后,卢武铉政府又提出建设复合型行政中心城市,2005年国会通过《行政中心城市特别法》,并在此后的宪法诉讼中获胜。2012年7月1日,世宗市正式启用为行政中心复合城市,包括国务总理室在内的17个政府部门陆续搬迁,总统府青瓦台、国会等重要国家机关仍留在首尔。

新城建设涉及大规模的征地拆迁。我的问题仍然是,世宗市建设过程中是否出现过强拆现象?世宗市行政中心复合城市建设厅发言人李延昊回答:"政府对征地拆迁提供充分的经济补偿,并给予新房安置、购房折扣、就业扶持等优惠政策。同时,政府前期做了大量沟通工作,有些当地居民不同意,就一直和他们协商,直到他们同意为止。我们没有强拆现象。"我继续追问:"如果当事人坚决不同意征地拆迁,你们怎么办?"他回答:"如果确实如此,那也只能通过提起诉讼,由法院作出判决,法院判决,政府和民众都必须遵守。但世宗市的建设过程尚没有出现这样的案件。"

一个新城市的崛起,竟然没有一起强拆。对于中国人来讲,几乎是无法相信的。我所兼职的北京圣运律师事务所号称中国第一征地拆迁律师事务所,业务繁多,仅北京还有类似的拆迁律师所五六家。我希望这些拆迁律师早日转行,中国成为一个不是"拆那"的社会。

世宗号称世界首座环状城市,六大功能区(中央行政、尖端知识基础区、医疗福利区、文化国际交流区、大学研究区、都市行政区)环状分布,环形快速路贯通各区,周边群山环绕,仿佛由中心湖水公园投下一石,波澜旋转扩散外围,似有太极之形。世宗市力图将自然与城市融为一体,并打造无电线杆、垃圾箱、围墙、广告牌、路边停车的"五无城市"。从展望塔俯瞰全市,工地遍布,世宗仍在大规模建设之中。生活、教育、医疗等条件远不及首尔,城市吸引力尚不足。目前约13万人定居,其中包括2万公务员及其家属。一些公务员家在首尔,来回奔波,难免不满。世宗市政策企划官安承大说,孩子得在首尔上学。不过,规划美妙,世宗的未来极具潜力,中国的参观者关注房价和购房政策就是例证。中国人走到哪里，就想把房子买到哪里，也不怕被强拆。我开玩笑说，世宗市应该吸引中国人来购房，说不定过段时间还得限购呢。

釜山甘川洞：亚洲最美村庄

釜山是韩国第二大城市。参观釜山，印象最深的不是釜山大桥的夜景、APEC会址、釜山电影节场馆，而是甘川洞文化村。从海港对面远望，坐落在小山丘上的甘川洞，色彩斑斓，错落有致，宛若海岸线上的一块宝石。走进甘川洞，小房子，阶梯式，互不遮挡，形态各异，绘画涂鸦雕塑，美术展博物馆，独具特色的建筑风貌，浪漫优雅的艺术氛围。小道通往山顶，天台俯瞰全貌，积木童话世界，形如太极八卦，五颜六色，绚丽多姿。

甘川洞，原本只是一个脏乱差的"城中村"。20世纪50年代，韩战难民逃至釜山，本想躲避，很快回家，故建房简单，可一战三年，很多人再也回不去了，只好定居。难民区注定是贫民区，房间狭小，破旧不堪，没有自来水，没有排污管道，喝水从山下运，使用公共厕所，消防车无法上去……对于这样的"棚户区"，中国的做法肯定是一拆了之，推倒重建。但鉴于产权保护、尊重传统等种种因素，加之看到此地的历史和艺术价值，韩国人选择了就地改造，重新整修，完善基础设施，注入艺术元素，打造文化品牌，使甘川洞最终变成了"亚洲最美丽的村庄"。

从半月岭眺望，甘川洞形似圣托里尼，故得韩国的圣托里尼之盛名。2009年，当地政府开展公共艺术项目，邀请艺术家装扮村庄，举办画展，开设店铺，甘川洞的名气继续扩大。借用该艺术项目的主题，甘川洞又有了另一个引人遐想的名字：梦想釜山的马丘比丘。尤其是隔海远望，山与房，海与桥，浑然一体，云低雾绕，真有几分马丘比丘之神韵。甘川洞是釜山乃至韩国必游之地，可惜当日下雨，我们被淋得不轻。

从釜山甘川洞的保护性改造，到世宗市的依法设立和建设，到首尔传统建筑的保护，韩国城市建设和治理的经验对于中国的城镇化建设具有重要的启示意义。城市规划应当考虑延续传统、回归自然、注入文化、以人为本。城市、自然与人和谐共存，生活才可能更美好。而作为基础，只有法治为产权提供充分的保护，民主对权力施加有力的制衡，城市才可能更美好。

回想首尔之夜，新罗酒店，看得见风景的房间，打开自动卷帘，斜躺床上，看灯火寥寥，如繁星闪烁，山城夜景，宁静怡人。

（摘自《世界博览》2014年第21期）

"分享经济"玩着挣钱

□陈 冰

社交网络中,人们愿意主动分享新鲜事、照片和个人信息,而这种"晒"的行为最终让"分享经济"成为可能。传统互联网时期,商家决定给用户什么信息,用户就只能接受什么信息。现在,不管是做饮料的还是做高科技产品的,都会受到各种各样的影响,因为我们不仅是消费者,也是决策者、参与者。

来看看一个冰淇淋的O2O之旅。通常麦当劳的广告都是优惠促销信息。这一次,麦当劳在广告牌上放了一个二维码,只要人们用手机扫描二维码,在屏幕上的冰淇淋化掉之前找到最近的一家麦当劳,就可以凭借完成信息免费领取一个冰淇淋。后来,麦当劳还在一个巨大的户外广告牌上设计了一个电风扇吹冰淇淋的画面,只要手机用户动手划动手机屏幕,户外广告牌上的风扇就会扇动起来,参与的人越多风扇就会转得越快,冰淇淋也会化得越快。当然,玩好游戏的结果就是所有参与游戏的人都可以分享一杯免费的美味冰淇淋。

没错,分享经济和社交网络一样,没有中心,任何人都可以参与进来。游戏着把东西卖了,是现在很多商家在做的挑战。

优衣库不仅在店内放置了智能穿衣镜,而且在手机微信里也提供搭配场景选择。也就是说,无论你是要选职业装,还是休闲度假装,既可以直接在店内的智能穿衣镜前选择相应场景,看看是否搭配得当,也可以在手机里选择场景拍照上传。在这场名为"搭出色"的游戏之中,上线两周,关注率提升了400%,分享率则高达85%。

《中国好声音》在电视直播的时候也推出了网络同步直播,而且在手机端有竞猜的活动。用户在看电视的时候,可以直接扫码获得赞助商真金白银的红包,还可以通过微信"摇一摇",猜测学员会选择哪个导师。猜中的人可以参与抽奖,并分享自己的收获。

腾讯网络媒体事业群网络媒体产品技术部总经理黄海介绍,目前手机用户60%~70%的碎片时间都被腾讯占据。从新闻、视频、音乐、游戏到微信、手机QQ,腾讯提供的基础性服务已经涵盖到手机人基本需求的方方面面。以新闻APP为例,体验式阅读的场景会是这样的:当人们在阅读需要献血的新闻时,马上配套周围可以献血的地图;阅读需要捐款的新闻时,马上链接

1986年,为何没能建立三峡省

□张立先

1983年,长办(原长江流域规划办公室)编制三峡可行性报告称:"三峡工程按正常蓄水位150米、坝顶高程175米设计。"

"150方案"实际上是低坝方案,它的优点在于:总投资低,可以基本满足防洪要求。该方案可装机1300万千瓦、年发电量677亿千瓦时,对解决华东华中地区2000年后用电要求有重要作用。

"150方案"1983年5月由国家计委组织审查,6月即上报国务院,后经长办、水电部组织专家再作论证和补充。修改后,国务院遂于1984年4月5日原则上批准了这个方案。

中央决定成立三峡省

为了搞好移民和规划、统筹三峡库区经济开发,中共中央原则批准三峡工程"150方案"后作出决定:筹建三峡特区,原则规定,三峡特区的区域范围限于与库区相关的县市;三峡特区行使省级职权,直属中央管辖。

与此相适应,国务院亦确定组

支付页面。

腾讯网络媒体事业群策划交付部助理总经理翁诗雅表示,移动互联网时代能够让大数据的拥有者准确还原用户画像,"我们通过上网IP的变动,可以判断手机用户到底是在家里,还是在单位;到底是通过地铁、公交车抑或是出租车、私家车去上班的,并且在对应的场景中提供相应的广告。"

"我们发现,在家里的时候,人们对食品、饮料、家居、汽车、化妆品等信息都非常感兴趣。但在上班的时候就会对IT产品、金融服务以及部分食品、饮料感兴趣。最有意思的一个案例是,有个车商找崔健代言一款汽车,我们通过大数据分析其实他的用户喜欢的是张杰。"

奔驰SMART曾经在微信中推出限量版销售,创造了三分钟三百多辆的奇迹。翁诗雅说,其实很多时候我们并不缺乏营销的点子,关键是企业跟不跟得上。比方说销售汽车,如何平衡原有分销体系、价格体系,售后如何支撑等等。也许对所有行业的人而言,以前的积累可能在一夜之间清零,打破既有思维才能玩出新天地。

(摘自《新民周刊》2014年第36期)

建三峡工程建设的总甲方——中国长江三峡工程开发总公司筹建处,指定水电部副部长陈赓仪任主任。该筹建处于1984年12月在湖北宜昌市挂牌办公。国务院规定:中国长江三峡工程开发总公司为国务院的直属局,由国务院直接管辖。该公司筹建处的职能是:组织三峡工程的各项科研活动,协调设计部门和施工单位做好三峡工程的各项前期准备工作。

铁道部宣布:开通北京至宜昌的直达列车。三峡特区地图,已经挂在了国家领导人的办公桌前。

1985年2月,中共中央取消设立"三峡特区"议案,决定成立三峡省,制定了改革一次性赔偿为开发型移民的方针来解决三峡库区艰巨的移民安置任务;从许多个候选人中"点将"确定:水电部副部长李伯宁牵头进行三峡省的筹备工作。

三峡省的区域范围是:四川的涪陵、万县两地区和湖北的宜昌市、宜昌地区及原恩施地区的巴东县。省会设在宜昌市,全省总人口约1600万。

三峡省委、省政府首脑,除李伯宁外,湖北、四川两省均委派两名副省长担任副手;三峡省人大、省政协也在组建班子。短短几个月时间,各局、办筹备组的负责人均欣然受命赶赴省会宜昌,宜昌地区和宜昌市机关亦抽调了部分工作人员到筹备组。

风云突变:"三峡热"再次降温

就在三峡工程正紧锣密鼓进行开工准备、三峡省各项筹备工作有条不紊开展的时候,北京出现了新变化。

先是重庆市建议改"150方案"为"180方案"的议案,直接捅到了中央;接着是全国政协副主席、93岁的孙越崎老人率众考察三峡,向中共中央提交了标题就是结论的长篇调查报告《三峡工程近期不能上》;跟着就是著名的三峡工程反对派代表人物李锐的专著《论三峡工程》,由湖南科技出版社公开出版;再便是各式各样的座谈会、吹风会、辩论会,为数众多的政协委员、专家学者纷纷发表演讲,撰写文章,反对上三峡工程,指责长办提出的、国务院已原则批准的"150方案"是"好大喜功",是继葛洲坝工程之后的又一个全国最大的"钓鱼工程"。

与此同时,海外舆论大哗。美国环境政策研究所布拉克·韦尔特博士以《中国卷入大型水电和大坝的巨浪》为题,说中国在本世纪内将修建三峡电站,已向美有关部门寻求技术帮助,向世界银行贷款,说像这样突出发展水电,将重复美已犯过的错误,断言:中国如建设此大坝将严重影响生态环境,毁坏文物古迹,造成巨大债务。

美国《工程新闻记录》亦发表《中国人进行巨大的水利计划》的

文章,对"150方案"评头品足;其他国家传媒对三峡之争亦大肆渲染;香港等地区的传媒,则着重报道有关三峡工程反对派意见和文章……

本来国务院原则批准的"150方案",中央打算在修改补充后提交全国人大审议。

这一来,工作便无法进行了。中共中央决定放缓三峡工程建设步伐,以重新论证的最后结果促使持不同意见者明白真相,取得共识。

1986年3月31日,中顾委主任邓小平在人民大会堂会见美国《中报》董事长傅朝枢先生。谈话中,傅向邓小平询问海外备受关注的三峡工程问题。邓小平神情严肃地望着傅,十分慎重地告诉他:"有了一个好处最大、坏处最小的方案时,才会决定开工。三峡是不会草率从事的。"这个讲话,迅速被传往海外……不久,中共中央、国务院发出了《关于三峡工程论证工作有关问题的通知》。这个通知,就是被长办和三峡省筹备组有关人士戏称为"六月雪"的"15号文件"。

撤销建省计划,改设国务院"三经办"

困惑的李伯宁表示:"无论三峡工程的命运如何,我们都要将三峡的建设搞上去!我已向国务院请命,将三峡省筹备班子转为'国务院三峡地区经济开发办公室',不要行政级别,就干一件事——让三峡的老百姓富裕起来!"

于是,三峡省筹备组撤销,大部分人员"从哪里来仍回哪里去"。国务院宣布成立"三峡地区经济开发办公室"(简称"三经办"),委任李伯宁为主任,负责指导和协助川鄂两省进行三峡地区经济开发和三峡库区移民试点工作。三经办设在北京。为了工作顺利开展,三经办在宜昌市宝塔河保留了一个办事机构——宜昌办事处。

从此,宜昌与北京,北京与川鄂两省,就三峡库区的经济开发规划和移民试点工作紧密联系,相互支持。伴随着三峡工程长达3年的艰难论证,移民试点工作在整个库区逐步展开。

开发型移民试点工作成效显著。他们将国务院划拨的首批移民试点经费2000万元,在库区组织兴办了28个小厂,安置农村移民劳动力2421人,取得了宝贵的经验。此后,又相继实施工厂拆迁试点,开荒兴建柑橘、茶叶、蚕桑地经济园等多种试点。

中央对"开发型的移民试点"的成功经验评价甚高,决定进一步增加经费投入,以期取得移民试点更为辉煌的成果!

1992年4月3日,全国人大通过三峡工程议案。翌日,国务院成立三峡工程建设委员会,李鹏总理任主任,李伯宁任副主任,仍分管三峡库区移民工作。

(摘自《文史精华》2014年10月[下])

民营银行是怎样炼成的

□李静瑕　夏心愉

9月29日,银监会宣布,批复同意浙江网商银行和上海华瑞银行两家民营银行筹建。加上两个多月前批复前海微众银行、天津金城银行、温州民商银行筹建,首批试点的五家民营银行已全部获准筹建。

然而,民营银行的破壳并非一帆风顺,其中不乏发起人变动、经营模式转换等曲折。

筹建之路

2013年6月,国务院常务会议将设立民营银行列入金融改革的重要内容。一时间,各地掀起民营银行申报热潮。

银监会此前披露的民营银行试点标准显示,试点方案当中要有自担剩余风险的安排;考量发起人、股东有办好银行的资质条件和抗风险能力;股东自愿接受监管的条件,防止自担风险责任落空;有差异化的服务,实施有限牌照;有可行的风险处置计划安排。

"优中选优",这是银监会对从各地民营银行申报方案中最终挑选出这五家银行的评价。那么这五家民营银行究竟"优"在哪里?

真正"打动"监管层的,可能在于这五家银行在差异化服务方面提出来的发展模式。

2014年3月,五家试点民营银行的名单首次披露时,涵盖了四种经营模式:阿里发起的浙江网商银行定位为"小存小贷";腾讯定位为"大存小贷";天津定位为"公存公贷";其他两家则体现特定区域,服务当地的小微企业、金融消费者。如今,除了腾讯发起设立的前海微众银行改为"小存小贷"之外,其他模式均未发生变化。

"(浙江)网商银行会坚持小存小贷的业务模式,主要满足小微企业和个人消费者的投融资需求,具体来说是指主要提供20万以下的存款产品和500万以下的贷款产品。"该行发起人、浙江蚂蚁小微金融服务集团副总裁俞胜法表示。

上海华瑞银行筹建负责人则表示,该银行将为中小企业的融资难、融资贵探索解决模式。其他三家方面,前海微众银行定位为重点服务个人消费者和小微企业;温州民商银行则为温州区域的小微企业、个体工商户和小区居民、县域"三农"提供普惠金融服务;天津金城银行则是"公存公贷"模式,重点发展天津地区的对公业务。

破壳不易

不过,尽管五家民营银行全部破壳,但其间也有诸多"曲折"。

在这段民营银行破壳的过程中,复星或许是在媒体上"出镜率"最高的一家发起人:其先后与均瑶和阿里谈了两场"恋爱"。

在2014年7月开始的变局之前,复星与均瑶一起,是上海华瑞银行的共同发起人。在股权方面,自单一股东持股比例上限被放宽至30%以后,均瑶和复星一度都坚持这一最大持股比例。平分秋色的股权背后,或会产生的议题是双方在董事会的话语权,以及董事长和行长的人选落定。

这个"议题"最终没有答案,取而代之的是复星的离场。最终在上海华瑞银行的发起过程中,均瑶牵手了美邦服饰。

不过,复星集团并未就此退出民营银行试点的舞台,其旗下的上海复星工业技术发展有限公司出现在了浙江网商银行的发起人名单中。"过去五年来,复星作为阿里小贷的发起股东,一直深入参与其运营发展,这使得我们对于网商银行的模式有着较为深刻的理解。因此,我们对申请设立的浙江网商银行充满信心。"复星集团针对为何成为网商银行的发起人回复称。

除了股东的变化,如前文所述,前海微众银行的发展模式也发生了变化。在2014年3月银监会披露的信息中,腾讯发起设立的民营银行是"大存小贷"模式,而批复筹建方案中,前海微众银行已经将发展模式悄然变为"个存个贷",重点服务个人消费者和小微企业。

监管"呵护"

根据银监会的批复文件,民营银行筹建工作需要在6个月内完成,如果未如期完成,可以提前1个月申请延期。仅有一次筹建延期机会,最长期限为3个月。这意味着,民营银行筹建工作最长必须在9个月内完成,否则筹建批准文件将失效。

面对破壳不易的民营银行,无论是发起人还是监管机构,也都在小心翼翼地"呵护"其成果。

其中,对于民营银行这样的"新生事物",记者在对上海银监局的采访中发现,银监部门的角色不仅仅有"父爱"部分——进行筹建审批、开业审批和日后对经营及风控的监督管理,还有"母爱"部分——扶着"小宝宝"成长。

从上海银监局的工作安排来看,其已在内部专门设立了一个"民营银行试点监管工作组",目前正从行业经验等方面对民营银行进行事前辅导。这一工作组也负责进行内外部协调。上海银监局希望"引导和帮助发起方顺利完成民营银行的设立工作,并在现行法律法规的框架内持续稳健经营"。

(摘自《第一财经日报》2014.9.30)

厨房"垃圾"有营养

□任秋凌

不管你信还是不信,从香蕉皮到洋葱皮,水果和蔬菜里的丰富的营养素,反而就藏在这些被我们随手丢弃的"垃圾"里。很多水果和蔬菜拥有比果肉更加鲜艳的果皮和叶子,这暗示着它们包含更高水平的营养素,例如对人体具有保护作用的抗氧化剂,而且果皮、菜梗、叶子和果核里还富含膳食纤维。如何才能让这些厨房"垃圾"吃起来美味可口呢?饮食专家为我们支了几招。

研究人员在最近的一项研究中发现,香蕉皮的提取液富含血清素,这种能够安抚情绪的化学物质具有减轻抑郁症状的潜能。香蕉皮还富含叶黄素,这种对人体具有保护作用的抗氧化剂,有助于防止紫外线侵害眼细胞,从而可以降低罹患白内障的风险。

吃香蕉皮可能会味如嚼蜡,你最好把它做熟了吃,或者是榨成汁。饮食专家提供的妙招是:把香蕉皮的两端切掉,浸泡几天,记得每天换水一次。然后把香蕉皮用水煮软并捣成泥,把香蕉皮泥加入到面粉中,按照一般做蛋糕的步骤,就可制成美味而有营养的香蕉皮蛋糕。

洋葱最外层的皮像纸一样,它所含有的抗氧化剂比洋葱内层的要高得多。一种名叫槲皮苷的类黄酮在洋葱皮里的含量尤其高。它不仅具有抗氧化和消炎的功效,而且有研究指出,它或许有助于降低血压,并防止动脉凝块形成。

干洋葱皮没法直接吃,不过在炖肉或煲汤的时候,可以把洋葱皮如同香叶、桂皮等香料那样来使用。因为槲皮苷可溶于水,通过烹煮,我们就能获得其中所有对健康有益的成分。

姜是厨房中常用的一种调味食材,不过许多人都会把鲜姜富含纤维的外皮扔掉,鉴于它对健康的好处,我们有必要把它从垃圾桶里"营救"出来。生姜含有一种名为姜辣素的有效消炎成分,这正是很多患有骨关节炎或风湿性关节炎的人在经常食用生姜后,疼痛程度得到缓解、关节灵活性也有所改善的原因。

姜皮该如何利用呢?你可以在煮汤时放上一些姜皮,这样煲出来的汤味道会更好。姜皮可以用来制成鲜姜汁,也可以把姜皮放入沸水中浸泡几分钟,制成一杯香茶,这是一种很好的滋补饮品。

菠萝是一种富含维生素C的

绕开信用卡收费四大雷区

□唐元春

赠送物业管理费、餐饮打折、积分兑换礼品、电影票买一送一、购物返还刷卡金……如今信用卡的优惠活动越来越多，商务人士、白领钱包中有两三张信用卡是再正常不过的事。但是，许多持卡人没有意识到，如此便捷的信用卡业务却隐藏着收费雷区，一旦持卡人掉以轻心，就会被收取高额费用。

雷区一：
特殊卡种未激活也收费

在日常生活中，消费者"办卡不开卡"的现象普遍存在，有时是为了帮朋友完成考核任务，有时是想获得申请时附赠的礼品，但殊不知部分特殊卡种即使未激活仍需交纳年费、制作工本费。

持卡人周先生介绍，他在某国有银行申请的一张信用卡还没激活就被收取了588元的费用。对此，该银行信用卡中心有关人士表示，周先生办理的这张信用卡是银行和其他单位合作推出的，由于该卡具有打折、送赠品等优惠服务，因而建卡时就会被收取每年588元的会员费。

此外，一些银行的白金卡及特殊卡都存在不开卡也要收费的情况。例如，某股份制银行的"星座卡"是按照客户的星座制作的，由于材质好、功能多，因而信用卡审核通过后60天内，持卡人必须刷卡消费一次，否则即使不开卡也会被收取40元工本费。

雷区二：
分期付款实际年息

由于能减轻还款压力，信用卡分期付款近几年很受消费者欢迎，银行一般都打着免息的幌子收取一定的手续费。以分期12个月为例，银行目前比较普遍的手续费利率为7.2%，但实际上，分期付款的实际

（摘自《百科知识》2014年第10期）

年利率远高于这一数字。

如果持卡人把1.2万元的消费进行12个月分期,假设手续费是7.2%,消费者需要支付给银行864元的手续费。但需要注意的是,信用卡分期需要消费者每个月都偿还部分本金和利息,资金占用是分段的,第一期还的资金,消费者实际上只使用了1个月,第二期的资金只使用了2个月,但是消费者每个月付出的手续费都是按照1.2万元的本金来算的。

据银率网分析人士测算,1.2万元的消费信用卡分期12个月后,消费者实际上需要承担的年利率高达22.34%,而不是7.2%。

雷区三:
未还金额超过10元要收利息

据了解,中国银行业自律公约虽然要求银行应提供容差服务,但多数银行提供的容差服务仅针对10元以下的未还清欠款。其中,建行、中行、交行、广发银行、民生银行、中信银行、浦发银行、招行均可以享受最高10元的容差服务。如果未还金额在10元以内,银行并不会收取利息,未还款金额会自动转到下个月账单。工行虽然没有10元的容差服务,但已经取消全额罚息,只按欠款部分计提利息。即超过信用卡最后还款期限之后,工行对未还款项从消费日起收取每天万分之五的利息。

雷区四:
"容时"绝非百试百灵

众所周知,信用卡还款马虎不得,即便还款晚了一两天或少还了1元钱都可能会被全额罚息。中国银行业协会2013年公布的修订版《中国银行卡行业自律公约》要求,从2013年7月1日开始,各银行应向信用卡持卡人提供容时服务,延期3天以内还款的即视为按时还款。

由于该规定仅为自律公约,并没有强制性,因此各家银行对于容时服务的执行力度并不一样。例如,中行、广发银行、交行、民生银行、中信银行、浦发银行、招行可以延期3天,建行延期时间最长,可自动延期5天,而农行只能延迟2天还款。

虽然多数银行都可以执行自动推迟至少2天以上的容时服务,仍要注意的是,信用卡用户必须保证在银行延迟还款的最后期限将还款入账,如果没有及时入账,仍会产生罚息。中国银行客服表示,虽然信用卡用户可以自动享受3天的延迟还款期,但是必须在20时之前将欠款到账。如果采取的是第三方支付,比如使用拉卡拉等设备进行信用卡还款,到账时间可能需要2天左右,这样会出现款项没有及时到账,从而导致超过期而产生罚息的情况。

(摘自《大众理财顾问》2014年第9期)

全民免费医疗有无可能

□郝 模

> 2013年,全国的医疗卫生总费用达3.1万亿元,超过了城市居民人均收入的13%。这些钱作为筹资的基准的话,可以支撑"全民免费医疗"。

这轮医改的目标是八个字——"基本医疗卫生制度",但是,任何改革的目标都不是为建立制度而"制度",而是期望通过建立"制度"来实现改革的目标。

对各级地方政府来说,"基本医疗卫生制度"形成共识难,操作上也有很多难题,所以,需要明确建立"基本医疗卫生制度"的动机和目的。我们认为:应该通过建立"基本医疗卫生制度",最终实现全民免费医疗的目标。

按照我们多次调查的结果,因病致贫依旧是各个地区(包括富裕地区)的百姓最担忧的问题之一,这种担心是目前所谓"看病贵"的原因;而因病致贫的根源在于:缺乏一个合适的医疗保障制度。

免费医疗不是不花钱

免费并不等于不花钱,免费跟全免,是完全不同的两个概念。

免费,是指针对老百姓看病的经济风险,根据筹集的资金多少从高到低逐层解决的过程。比如说,因病导致的家庭灾难性支出的风险是老百姓最大的担忧,当政府筹集到一部分钱的时候,首先就要针对这类高额费用风险的人群进行补偿、实施免费政策;其次是对中间部分——诊疗人数较多、费用中等的风险部分进行补偿;而低诊疗费、低风险的部分,由于诊疗人数很多,所需要的费用是非常庞大的,免费的部分也相对较小。

免费也不等于政府负担所有的钱。根据国际规律和中国国情得出的结论:在全部的医疗卫生费用中,国家、社会、个人三方应该承担的比例是:40%、30%、30%。个人承担比例过高意味着负担和风险,过低则意味着浪费。同时,应该有一个长期稳定的机制,以维持三方的筹资职责。但在目前的医疗卫生总费用当中,各方的筹资职责无疑是不适合的,主要是老百姓承担过多,而政府承担太少。

消除不同层次的风险要筹多少

钱是不一样的,这是可以测算清楚的。经过我们的计算分析,如果要保证一个人的医疗费用支出不超过全家收入,消除这种高额的经济风险,全民平均只需要筹集人均收入的0.2%,也就是每人贡献人均收入的0.2即可。

无论是从中国国情出发分析,还是从全世界普遍规律来分析,我们均得出几乎是一致的结论:国民生产总值的5.5%用于医疗卫生是适宜的。中国的医疗卫生总费用已经达到了这个值。2013年,全国的医疗卫生总费用高达3.1万亿元,超过了城市居民人均收入的13%。也就是说,这些实际已经支付的钱,作为筹资的基准的话,已经足以支撑"全民免费医疗"了。

因此,全民免费医疗不是一个梦,中国离全民免费医疗并不远。

可以终止的市场化医改导向

关于全民免费医疗的争议中,有一个观点需要纠正,也就是市场化医改导向,我个人觉得这种做法可以终止了。

之所以医改面临各方的种种指责,以及出现各种问题,包括医患矛盾的加剧等,均是长期的市场化操作倾向所致。而且医疗卫生行业的特征就是垄断。因为医患双方不可能做到信息对称、自由买卖,双方也不可能坐下来讨价还价。借用市场的规律调整医疗卫生事业的发展,这纯粹是一个梦想。

推出健康产业新政需要慎重,因为8万亿元市场规模太诱人了,以市场为导向的医改不是医疗卫生事业最终发展的方向。

把医疗卫生作为新的经济增长点,是很危险的事情。我们不能期望追逐利润的资本会为了百姓的利益合理控费。医疗卫生事业应该追求的是"公平优先,高效率的公平",而不是纯粹的高效率。当公平和效率有矛盾的时候,公平优先,同时追求高效率的公平。

实际上,我国三十多年的经济改革已经提供了有效经验,也就是通过"宏观调控"把握医疗卫生事业的发展方向,解决其中出现的突出问题;为了追求高效率的公平,可以借助一些市场手段来促进改善服务的效率和质量。

医改要防止三种病,第一是美国病,即费用无休止地大幅上涨。第二是英国病,效率过低、看病需要长时间地等待和排队。第三尤其要解决中国病,也就是浪费型补偿机制。如果浪费型补偿机制不改变,目前医改所期望的目标,恐怕是梦想。

必须根除浪费型补偿机制

长期以来,医疗机构的收入主要有两种途径,一个是财政差额补贴,另一个是服务收费。当财政补贴受阻、政府鼓励服务收费时,医疗机构从增加服务收费上获得补偿,服

陈梦家：生当乱世如浮萍

□朵 渔

燕园的神仙眷侣

陈梦家，著名新月派诗人，同时也是古文字学家、考古学家。他是前南京金陵神学院提调（相当于院长）陈金镛的儿子，早年师从徐志摩、闻一多，是新月派重要成员。大学毕业后，陈梦家曾在安徽芜湖中学任教半年，其后赴京在燕京大学神学院修读，半年后转燕京大学中文系就读，并在该系任助教。正是在燕大期间，他邂逅了与其相伴一生的"神仙妹妹"——赵萝蕤。

赵萝蕤自幼长在苏州，其父赵紫宸是世界知名的基督教神学家，任世界基督教理事会的亚洲主席，早年曾留学美国。到她上学时，赵紫宸已是东吴大学教授兼教务长了。1926年，赵紫宸接任燕京大学宗教学院院长一职，赵家迁往北京。这一年，赵萝蕤14岁。1928年，她直接升入燕大中文系，翌年，转系攻读英国文学。1935年,赵萝蕤从清华外国文学研究所毕业,转入西语系任助教。

1936年,陈梦家与赵萝蕤结婚。陈、赵的结合,与两人的家庭出身有一定关系。相似的家庭背景,加上才子佳人的相互吸引,使两人很快就走到了一起。

七七事变后,北平已放不下一张平静的书桌,夫妇俩辗转跋涉到昆明,陈梦家任教于西南联大。联大虽由清华、北大、南开组成,但仍循清华旧规:夫妻不能在同一学府任教。这样,赵萝蕤便作出牺牲,一面在家操持家务,一面做些翻译工作。

当时,美国芝加哥大学东方学院与西南联大有一个交换教授的规划,陈梦家被选派为交换教授之一,于1944年首度赴美。赵萝蕤也一同前往,并进入了当时全美一流的芝大英语系学习。在美期间,陈、赵夫妇会晤了当时已名声大噪的著名诗人艾略特。艾略特是陈、赵都非常崇敬的现代派大诗人,早在清华读书时,赵萝蕤就应戴望舒之约,翻译了艾略特的长诗《荒原》,她也是《荒原》的第一位中译者。

1947年,陈梦家先行回国后,任教于清华。同时担任文物陈列室主任,为校方多方搜集青铜文物,干劲十足。赵萝蕤回到北平后,任燕大西语系教授,后又兼系主任,为建设一个一流的英文系四处奔走,延聘人才。

"反右"中应声落马

应该说,刚回到北京的陈梦家和赵萝蕤生活是愉快的,对新政权也是充满憧憬的。然而到了1951年,"知识分子思想改造运动"从天而降。市委工作组进驻燕园,要求知识分子特别是高级知识分子,改造自己的资产阶级思想,清算"美帝文化侵略"。

在群众性政治运动面前,作为新月派浪漫诗人、小资情调严重的陈梦家自然难以躲过。陈梦家表现出明显的不适应,经常在私下里讥评时弊,品题人物。果然,"思想改造运动"一兴起,陈梦家就被揪了出来。

此时,身在燕大的赵萝蕤也好过不到哪里去,作为西语系主任,她不仅要检讨个人的"资产阶级思想",还要参加各种会议,没完没了地检讨在领导教学工作中"重业务,轻政治"的错误倾向。此时,其父赵紫宸已经被揪了出来,要求人人与他"划清界限",其夫陈梦家也正在清华遭受猛烈批判,一向镇静自若、从容不迫的赵萝蕤一下子憔悴了。随后,陈梦家离开学校,被"分配"到中国科学院考古研究所,赵萝蕤调入北大西语系任教授。

刚调入考古研究所的前几年,是陈梦家生命中相对平静的时期,也是他学术丰产的时期。他不仅第一次在考古和古文字领域引入了现代西方学术规范,同时还完成了由浪漫派诗人向古文字、考古学专家的蜕变。然而1957年"反右"斗争一开始，陈梦家便应声落马。

陈之所以被打成右派，与其才情、性情、学问均不无关系。论才情，陈是旧时代的浪漫派诗人，天纵英才，风流潇洒，恃才傲物，不免让人又忌又羡；论性情，他的诗人气质极浓，与制度时相冲突，又口无遮拦，好指点江山、臧否人物。另外，他当时的稿费收入很高，生活条件优越，容易引发"仇富"心理。据《夏鼐日记》记载，当时陈家中已有电视机，他"几乎每天都看电影、电视，有时还加评语"。他搜罗明式家具，也多在此一时期。陈梦家不喜好结交朋友，更不会拉拢投靠，因此人缘较差，在群众性运动中最易落马。

当年院系调整时，陈梦家由于口无遮拦，被迫离开清华，去了中科院考古所；岂料考古所的官僚作风更让他难以忍受。陈梦家到了考古所后，反对政治挂帅，批评当时学术界的行政领导是"外行领导内行"，甚至反对学习马列。划成"右派分子"后，对陈梦家的惩罚是"降级使用"，妻子赵萝蕤受到过度刺激，导致精神分裂。他曾经一度被下放到河南农村劳动，种田、踩水车等等。1960年，由于夏鼐的关照，陈梦家得以借调到甘肃整理新出土的"武威汉简"，并在那里干出了一番成就，这也许是不幸中之大幸。

考古学家的陨灭

被贬兰州后，陈梦家以惊人的毅力和才华，完成了《武威汉简》和《汉简缀述》两书。在兰州待了两年后，60年代初期，政治气候回暖，陈梦家又被召回考古所，《汉简缀述》也得以出版。正当他准备大展身手的时候，"文革"却爆发了。1966年8月，"死老虎"陈梦家在考古所作为"资产阶级反动学术权威"，被重新揪出来"批判""斗争"。

8月的北京，烈日当头，陈梦家被强迫长时间跪在考古研究所的院子里。有人往他身上吐唾沫，有人往他身上扔脏东西。他的家被抄，他苦心收藏的那些明清家具、古玩器具、丰富的藏书被一扫而空。他们夫妇的房子住进了别人，陈和妻子被赶到一间本来是车库的小破屋里居住。此时，赵萝蕤的病情更加严重，曾两次发病，但是送不进医院。

8月24日傍晚，在被"斗争"了一整天后，陈梦家离开考古所，来到住在附近的一位女性朋友家中。那个晚上，陈梦家悄悄写下了遗书，吞下大量安眠药片自杀。由于安眠药剂量不足以致死，他活了下来。9月2日，陈梦家再一次自杀。这一次，他选择了自缢，一种更绝望的死法。

"文革"结束后的1979年，考古所为陈梦家举行了追悼会。

（摘自《同舟共进》2014年第10期）

疲劳的原因

维生素 B_{12} 水平低

维生素 B_{12} 是负责维护运送氧气的红血球的"发电机"。缺少它可出现肢体拖沓、疲惫，甚至引发便秘。健康专家指出，身体缺少维生素 B_{12} 时，如不及时补充，可能导致手脚麻木刺痛、平衡感和记忆力减退、情绪失控等症状。

维生素 B_{12} 主要来自动物性食品，如牛奶、鸡蛋、猪肉或鱼肉。素食主义者可通过喝豆浆来补充维生素 B_{12}。

缺乏维生素 D

很多女患者总是陈述自己胸痛或精力跟不上，原因在于缺少维生素 D。维生素 D 水平越低，罹患心脏病、高血压、某些癌症或神经紊乱的风险就越高。

吃鱼、鸡蛋、鱼肝油可以补充维生素 D，但大多数女性还需要额外补充维生素制剂。晒太阳有助人体合成维生素 D。

甲状腺机能紊乱

如果你体型肥胖、皮肤干燥、心跳减缓、月经变化或者怕冷畏寒，同时精神不济，那么可能是因为甲状腺功能减退。10 个甲状腺疾病患者里有 8 个是女性，约 5% 的女性在怀孕期间会并发甲状腺功能减退。

遗传是甲状腺疾病的重要风险因素。做个甲状腺激素血检，如果是阳性，你可能需要终身接受激素补充替代治疗。不过，这种治疗的效果非常好。

抑郁症

疲惫是抑郁症的常见症状。全世界抑郁症患者达到了 3.4 亿，女患者数量较男患者高 2 倍。

如果你的情绪越来越焦虑或者悲伤，身体上的不良反应也更明显，去看心理医生，积极治疗吧，还应多进行体育锻炼。

心脏病

女性易疲劳有 3 个最常见的病因：心脏病、充血性心力衰竭、瓣膜疾病。

糖尿病

糖尿病患者的血糖升高时，葡萄糖会随着尿液冲走，使细胞缺乏运转的能量。血糖高会促使患者多喝水，以稀释血液中的高血糖。结

科研经费的腐败"黑洞"

□陈晓英

头顶"中国最年轻的工程院院士""中国动物克隆体系创始人"等光环,担任国务院常务会议批准经费约200亿元的重大科研专项副总工程师,中国工程院院士李宁近日因侵吞科研经费被批捕。

这个曾被公认为前途无量的科学家为何卷入腐败?是什么原因让学术这片净土变得不再干净?

院士集"运动员""裁判员"角色于一身

中国农大生命科学研究中心的数据显示,2006年至2010年的5年间,在国际论文、省部级奖项等"学术产出"中,李宁占据其所在院系全部奖项的一半多。与之相应的是,其获得经费的"吸金"能力在业内也"屈指可数"。

同一时期,李宁所在的生物学院获得科研项目达374个,获得国家及各类经费达6.8亿余元。"李宁最受争议的,就是他既是专项主要负责人、把关者,也是数十个子项目的负责人或顾问。"一位知情专家表示。

据业内人士透露,身兼"运动员""裁判员"是一批课题的普遍做法,以强化个人拿项目、抢经费的能力。

长期担任重大课题负责人、国家重点实验室主任的李宁,还参股或控股开办了多家企业。正是通过"空壳公司"参与课题、捞取公款,直接导致其"出事"。

成立于2009年1月19日、注册资本为1000万元的"北京三元济普霖生物技术有限公司",就是一家以李宁为法定代表人的公司。

根据巡视整改通报,李宁等人承担的、农业部牵头组织实施的"转基因生物新品种培育"重大专项有关课题,是套取经费事发的导火索。在一份《转基因生物新品种培育科技重大专项重点课题申报指南》中,该科研专项旗下单个子项

(摘自《家庭保健报》2014.10.9)

目的规模为200万元至300万元。同时承接多个项目的济普霖公司，掌握的经费估计至少上千万元。

科研经费腐败
掀开"冰山一角"

就在李宁被依法批捕的消息传出6天之后，10月16日，中央纪委监察部网站再抛出重磅消息：教育部近日组织召开了直属高校科研经费管理情况第二批专项检查动员部署会，对30所直属高校的科研经费管理情况进行专项检查。会上通报了4起典型案例。

浙江大学原教授陈英旭利用关联公司贪污945万余元，便是其中一例。

检察机关指控，2008年8月至2011年12月，陈英旭利用自己课题总负责人的身份，将关联公司列为课题外协单位，再通过授意关联公司开具虚假发票、编造虚假合同、编制虚假账目等手段，将专项科研经费套取或者变现非法占为己有，两家关联公司的实际控制人均为陈英旭的博士生。

另一起典型案例是，北京邮电大学原教授宋茂强借用他人身份证冒领68万元。

据宋茂强供述，当时分给其团队的经费包括设备费50万元、劳务费150万元。他的团队并没有具体任务，通过正常途径没法花出去这笔钱。于是，他就借用别人身份证把钱套了出来。据了解，宋茂强与身份证上的人"补签"了劳务合同，套出了钱。

科研经费管理
存诸多制度漏洞

中国科协一项调查显示，科研资金用于项目本身仅占约四成。这意味着大量科研经费流失在项目之外。"在高等院校教职工收入偏低的背景下，经费结余是校方默许的额外收入。"有高校负责人如此表示。

一位科研人员说，当前，科学界存在一种不正常的现象：评价科学家的标准不是看其学术水平、业界口碑，而是看其是否能吸引和占有大量资金，由此也造就了一些"科学家富豪"。由于缺少公平专业的评估监督机制，一些科研人员为获得经费不择手段。"院士涉案是科研界共同的损失和污点"。

专家认为，应尽快改革项目评审专家遴选和管理机制，推动建立公开透明的项目形成机制，加快建设统一的国家科技管理信息系统，强化对项目审批权及管理权的社会监督。法律专家认为，立法的缺失，直接导致科研项目管理的混乱。只有科研经费财权和审批权分离，建立科研投入基金制度，引入公正、公平、公开的专家评审制度，才能有效遏止这些乱象。

(摘自《法制日报》2014.10.21)

一个户口政府需要支付多少钱

□张 琰

一个户籍人口,北京市政府一年需要为其支付的基本公共服务成本为:下限22769元,上限34769元。

与户籍状态捆绑的市民待遇,如何在自由迁徙、财政困境和基本公共服务不均衡之间获得一个制度化的"最优解",一直是中国城市化进程中公共治理的难题之一。从改革初期的"暂住证"到近两年实施的"积分制",围绕着户籍制度改革的放宽进城居住限制、外来人口市民化,在过去30年城市化进程中进行了多次探索。

在城市户籍改革权限下放、落户决定权在中央确定的分类原则下各自决策、公共服务成本主要由地方支付的大背景下,如何才能更好地推进建立新型户籍制度,实现有序转移中的落户?

复旦大学社会发展与公共政策学院教授张力曾做过相关研究。根据本地户籍人口与非户籍人口在享受市民待遇上的差别及公共财政需要负担的市民待遇,量化出全国不同区域、不同经济发展水平的45个城市自由落户的财政成本。

政府提供的基本公共服务包括:义务教育、基本医疗保险、城镇居民社会养老保险、最低生活保障、廉租房租金等五项。

根据2012年度各地的基本公共服务开支,一个人在某地落户,政府需要支付的基本公共服务成本从3555元到34769元,两者相差近10倍。

排名最高的是北京,一个户籍人口,北京市政府一年需要为其支付的基本公共服务成本为:下限22769元,上限34769元。这一数据远远高于其他城市。

排名第二的是深圳,深圳市政府需要为一个户籍人口一年支付14300~16814元;上海紧随其后,为11940~23325元。此后是天津、杭州、苏州等城市,支付成本低于1万元的是排名第八位的哈尔滨,最低的是西宁,为3555元。

从上述数据中不难看出,城市落户控制最严的上海、北京和深圳,基本公共服务成本水平也最高;落户门槛较低的城市,基本公共服务成本水平排名也相对靠后。

自由落户意味着
政府要花更多的钱

《瞭望东方周刊》：什么是落户成本？

张力：一个人落户某地，该地方政府就要承诺给予其相应的市民待遇，享有相应的公共服务的权利，落户成本就是指政府提供这些公共服务需要支付的费用。

自由落户意味着政府要对公共服务进行更多的投入，要花更多的钱。

《瞭望东方周刊》：落户成本的高低与哪些因素有关？

张力：落户成本与经济发展水平之间的相关性基本符合预期，成本高的城市多数位于经济总体发达的东部地区，低的城市大多属于相对落后的中西部地区。

跟城市落户的难易程度相较，落户控制最严的上海、北京和深圳，基本公共服务成本水平也最高；落户门槛较低的城市，基本公共服务成本水平排名也相对靠后。

此外，落户成本和流动人口也有关，但主要取决的不是流动人口数量，而是流动人口的结构。因为，如果外来人口是就业人口，政府并不需要出钱为其支付公共服务，这部分费用是由其本人和单位共同承担的。只有当外来人口是非就业人口（失业者、老人或小孩）时，就需要公共财政来负担了。

因此，对一个城市而言，只简单考虑外来人口总量，而忽视外来人口结构，就会低估自由落户的资金缺口。

《瞭望东方周刊》：大部分流动人口应该都是劳动力吧？

张力：不能这样说。现阶段是不能自由落户，因此城市的外来人口是以劳动力为主，而一旦实现自由落户，或者落户门槛降低，就不能保证进来的都是劳动力人口了，他们很可能会拖家带口。

比如，2003年，郑州市曾经大幅度降低落户门槛，实施之初就引发了大批外来人口投亲靠友落户，人数高达10万，其中18岁以下的学龄儿童超过50%。造成了当地公共服务资源的供求矛盾急速加剧，半年后该政策不得不取消。

形成落户
门槛有多种因素

《瞭望东方周刊》：什么因素造成地方政府设置不同的落户门槛？

张力：影响落户门槛的因素很多，其中背后有一个关键的问题是，中央政府和地方政府财权和事权的分配问题。这涉及中国的财政制度，1994年开始实行分税制，财权事权不匹配，提供基本民生服务的这一块大部分都得由地方政府来负担。

在这种情况下，给一个外来人口落户，意味着地方政府就要多一份负担、多一份财政支出。因此，地方政府不得不设置落户门槛和落户人数,限制外来人口涌入。除非地方政府觉得,外来人口创造的财富大于落户成本,才愿意给他落户。

关于户籍改革,很多人都喊要公平,这些大道理很容易理解,但实际问题是,地方政府的钱从哪里来?如果落户成本完全由中央出钱,地方政府设置落户门槛的意愿就会减弱。

还有一个不容忽视的因素,就是大城市,特别是特大城市的人口承载能力。有的特大城市人口压力已经很大,难以再消化吸收新增人口,很难再扩大人口规模。此外,由于一些特大城市的功能定位还有待完善,人口只进不出的现象还比较突出。严格控制特大城市的人口规模,有现实的必要性。

《瞭望东方周刊》:怎么才能让政府主动在外来人口落户上多花钱?

张力:这就涉及一个老生常谈的问题——政府职能的转变。西方国家政府的职能基本上是提供公共服务和城市管理,但在中国,地方政府什么都要做,发展经济、基础设施建设、民生服务等,需要花钱的地方很多,在某方面花得多,一些地方就要投入少。

另外,对地方党政领导而言,是解决一个户籍在政绩考核中更重要,还是上一个经济建设项目更重要?目前在政绩考核中是没有关于户籍方面的考核的,地方政府或者政府领导也就没有动力去做,除非有利益驱动,比如能增加当地税收或引进人才。

最大的障碍
在于利益不一致

《瞭望东方周刊》:落户门槛就是户籍改革的障碍吗?

张力:不能这么说。这要看你认为户籍改革的目标是什么。如果说户籍改革的目标是自由落户,对落户不设任何限制的话,有落户门槛就说明没有实现自由落户,从这一点说,落户门槛是户籍改革障碍的一个体现。但其实,户籍改革最大的障碍在于政府的利益跟民众的利益是不一致的。

现在户籍改革的方向是,尽可能向外来人口开放一些公共服务,但是开放公共服务也是有条件的,比如居住证满一年可以享受某些服务,交社保三年又可以享受更多一些,是阶梯式的。改革的逻辑是把享受的服务和个人的付出挂钩。

《瞭望东方周刊》:是不是越来越多的城市会实行积分制落户?

张力:应该是肯定的。积分制落户就像高考,通过打分来评价落户条件,但不是说分数够了就可以落户,每年还有名额的限制。就像高考录取分数线一样,要按照名额来划定每年的落户积分线。所以不管用哪一种落户制度,落户门槛肯定是要设置的,只不过形式上会有变化。

为何运动之后体重反增

□范志红

人们都知道,要想减肥,绕不开"管住嘴,迈开腿"这条经典道路。但很多刚刚开始通过运动减肥的朋友都会"纠结"一件事:为什么开始运动之后,同样的饮食,体重反而增加了呢?

身体成分和减肥目标

"为何运动之后体重反增?"这个问题其实很复杂,先要从身体成分和减肥目标说起。

人人都知道,用体重秤可以称出自己的重量,但"体重"到底是由什么构成的呢?恐怕很多人就没有仔细想过了。那些体重秤上的数字其实是由人体以下几部分组成的:骨骼、肌肉(包括内脏肌肉和四肢肌肉)、血液、淋巴液和细胞间液,当然还有脂肪。以上每一类身体成分是多少,它们的比例怎么样,就可称为"体成分"。

减肥自然不能减少骨骼重量,因为骨骼强健是极大的健康优势,如果某人骨骼重量太轻,往往意味着他有骨质疏松的风险。

那么通过减少肌肉来降低体重是否合适呢?内脏肌肉减少,意味着代谢功能下降;四肢肌肉减少,意味着体能衰弱和生理衰老。整体来说,肌肉的衰减与代谢率的下降直接相关,而代谢率下降,意味着能量消耗减少,会让人形成"易胖难瘦"的体质。

身体中的水分如果减少了,又会怎样呢?体液对人体的健康极为重要,体内水分也和人体的年轻程度密切相关。婴儿的身体水分比例最高,而老人的身体水分比例最低。

了解这些基本原理之后我们就能明白,减肥的时候要减的其实只有脂肪。只有过多的脂肪才会给我们带来疾病的风险。降低体脂肪的比例,让它达到合理范围,才是真正的减肥。

打分体系是能反映政府偏好的。政府是想让更多的高学历人才进来,还是想让更多的有钱人来,或者是更年轻的人来,都会在积分体系中体现出来。但这一指标体系是否与民众的想法一致,则又是另外一回事了。

(摘自《瞭望东方周刊》2014年第42期)

如果仅仅追求减少重量,而不去降低身体脂肪比例,甚至减少骨骼、肌肉等身体有用部分,那就是损害自己的健康,加速自己的衰老,降低自己的代谢率,和减肥的根本目标是背道而驰的。

减少脂肪和减少肌肉速度不同

减少脂肪和减少肌肉相比,速度完全不同。减少1千克纯脂肪,需要消耗掉9000千卡热量,而在体重秤上会显示出约1.2千克的体重下降(人体的"肥肉"不是纯脂肪,1千克"肥肉"大概含7700千卡热量)。即便一位女性一天当中什么都不吃,热量摄入是零,而且正常生活,消耗1800千卡,也只能减少200多克纯脂肪,这点体重变化,基本在家用体重秤的误差范围当中。

但是,减少1千克的纯肌肉蛋白质,却会有3千克以上的体重下降。这是因为,蛋白质在体内不是以干粉形式存在的,它总会结合大量的水分。肌肉中含有20%的蛋白质和70%的水分。也就是说,减少1千克肌肉蛋白质,就会同时减掉3.5千克的水,带来4.5千克的体重下降。但是,1千克纯肌肉蛋白质,只含4000千卡的热量,而不是1千克纯脂肪所含的9000千卡。所以,从热量效率来说,减少1千克脂肪的能量,可以减少2.25千克的蛋白质,同时减少更多的与蛋白质相结合的水分。同样9000千卡能量如果用来减少纯脂肪只能减少1千克重量,而用于减少蛋白质所带来的体重下降却可达到10千克。

不言而喻,减蛋白质的减肥方法,会带来非常神奇快速的体重变化;而踏踏实实减脂肪的减肥方法,速度是非常缓慢的,缓慢到让那些浮躁的减肥者无法忍受。一般来说,凡是饥饿、半饥饿减肥所减少的体重,除了脂肪的分解,还有很大比例来自蛋白质的损失。而在体重秤上所表现出来的体重下降,大部分来自蛋白质和水分的损失,所谓减肥时体重下降的"水分"就是这么来的。

问题是减少蛋白质之后,人体不仅健康受损,体能下降,身体也会变得松垮。肌肉严重耗损的人,胖则臃肿,瘦则干瘪,身体缺少活力,肌肤缺少弹性。相反,有了充实的肌肉和旺盛的代谢,身体胖而紧致,瘦而润泽。大家可以想象肚皮舞演员和艺术体操运动员的身材,无论丰满还是苗条,怎样都是健康而美丽的。

运动减肥会增加肌肉比例

说到这里,又回到了本文的主题——为什么运动减肥会增加体重。其实,对于那些原本体能很差的人来说,运动不仅消耗了脂肪,还加强了内脏功能,提高了肌肉在体成分中的比例。然而,肌肉的比重大于水,脂肪的比重小于水,如果减肥者的身体减少了脂肪,却增加了蛋白质，那么就必然会表现为体重上升。在运动的初期，这种情况最为明显。等到了运动减肥的中期，人体代谢率恢复到高水平的时候，身体分解脂肪的能力就会加强，然后就会看到缓慢但持续的体重下降。

一位女士告诉笔者，她开始运动两个月后，体重增加了2千克，穿衣服时却明显感觉体型好了，原来穿不进去的牛仔裤，现在能美美地穿上了，而且腰围更小，腹部更平，臀部更翘。这是应当欣喜万分的减肥成果，因为这意味着她所减少的几乎都是脂肪。只有脂肪率降低的减肥，才是真正意义上的减肥，才是让体型变美的减肥。

但是，大部分为体重发愁的朋友并不是这样的心情。曾有一位女性朋友向笔者诉苦："为什么我辛苦运动两个月，体型也确实变瘦了，但体重还不下降？我太郁闷了！"其实，如果你辛苦节食两个月，体重下降了好几斤，体型却没有变好，你会感觉更愉快吗？完全没必要如此烦恼，人们看到的是身材线条，体重数据乃是"浮云"。

非常可惜的是，正因为忘记减肥的根本目标，因为对体重的过度执着，大部分人在运动的早期就因看不到体重下降而陷入沮丧，然后让"减肥大业"半途而废。

运动减肥会反弹怎么办？

也有人会问："运动的确能改变我的体型，但是一旦停下来就会反弹啊！"这个说法没错，但是不选择运动，换成其他减肥方式，会更好吗？

其实我们不妨这样想一下，不运动，换成节食方法，一辈子忍饥挨饿的生活也非常痛苦。只要停止节食，三餐吃饱，体重反弹更快、更"可怕"。如果换成药物减肥法，又如何呢？你会一辈子吃减肥药吗？所谓"是药三分毒"，所有减肥药都有明显的副作用，至今还没有什么灵丹妙药能让人变瘦而不付出任何代价。

所以，饥饿、服药这些方法都不可持续，而且都严重损害健康。相比之下，每周运动3次，对身体健康、精神活力和身材保持都极其有益，为什么不可以终生保持下去呢？即便不是为了减肥，仅仅为了维持健康，预防慢性疾病，每周也应当保证做至少150分钟的运动。在远离青春之后，直到70岁之前，随着年龄增加，代谢率逐渐下降，人体会越来越容易发胖。维持健康身材是一辈子的事业，绝不可以急功近利。

高高兴兴地吃足营养，高高兴兴地运动健身，忘记体重是多少，把注意力集中在塑造和维护健美身材上——这才是高质量的减肥，真正的降脂瘦身。

（摘自《百科知识》2014年第10期）

再生水隐患

□王元元　宋　佳

对于再生水产生的负面效应,业内时常争论,但现实中却鲜少被提及,更很少被重视。

游人如织的圆明园内,人满为患。铺满湖面的荷花、悠然戏水的天鹅,都让初来此地的游客颇感欣喜。但很少有人知道,湖里的水来自附近的污水处理厂。

奥林匹克森林公园、龙潭公园、玉渊潭公园、陶然亭公园等北京市内大型公园也在使用再生水作为补充水源。在这些景点,很少有人知道湖里的水是再生水,更不知道这些水是不能与人体接触的。

2014年4月,北京市水利局原副总工程师朱晨东写了一篇文章《北京市水污染,祸起再生水》:"北京河流劣五类水质占44.1%,这是因为再生水的注入而造成的。重金属和有害物质会在地下积蓄,影响下一代甚至几代人。"

现实是否真这么可怕?

隐藏的污染物

"很多人觉得再生水对水源没有要求,这是不对的。"清华大学环境学院教授、国内再生水研究专家胡洪营告诉《瞭望东方周刊》,如果污水处理厂进来的水质很差,即使经过常规二级处理或者深度处理,也难以达到要求的回用水质。

理想情况是,再生水水源以生活污水为主,尽量减少工业废水所占比重。但实际是,我国工业废水排入城市污水收集系统,生活污水和工业废水混合处理的现象很多,特别是在工业园区更为普遍。

城市污水收集系统由于接纳了来自家庭、医院等地的污水,因此在污水中存在数目繁多、数量巨大的病原微生物,还存在各类病毒,包括肠道病毒、肝炎病毒、轮状病毒,等等。某些肠道病毒在水中比较稳定,对自然环境条件和消毒剂的耐受性比一般细菌强,因此经过处理的水中有时虽然已经不能检出大肠菌群细菌,但仍有可能检出病毒。

某专家团队曾随机对北京市内三家污水处理厂原污水中总异养菌群、总大肠菌群和粪大肠菌群进行检测,均有检出。

相较病原微生物,污水及再生水中的化学污染物危害更大。"这跟人们生产生活使用化学品的增加有很大关系。"胡洪营说,化学污染物可分为有机污染物、无机污染物和微量有毒有害污染物三类。

常见的无机污染物主要包括氮磷和重金属。比如铅就是一种能够作用于全身各个系统和器官的毒物,可以与体内的蛋白质、氨基酸结合,干扰身体的生理活动。

不过,令众多业内专家担忧的还是微量有毒有害污染物。这其中,备受关注的是持久性有机污染物、内分泌干扰物、药品和个人护理用品等。

拿内分泌干扰物来说,该种物质主要是农药、涂料、塑料增固剂等,一般具有类似激素的结构和功能,可以干扰生物体的正常生理功能,损害人体神经系统、降低人体免疫力,长期作用可导致人类生殖系统癌变率增加和不育夫妇增加。

胡洪营说,包括COD、抗生素、内分泌感染物在内的微量有机污染物都进了污水处理厂,处理完就排到自然环境中,"我们的污水排放标准没有这个指标,再生水标准里也没把这些必须执行的标准标明,这是缺陷。"

"污水及再生水中含有的这些污染物会影响生态环境和人体健康,并且污染物还会不断增加,其中很多是现有的技术手段去除不掉的,或者说因为成本太高而被忽视的。"一位不愿具名的业内专家对本刊记者说。

潜在的生态影响

2005年,圆明园东区的防渗工程曾引发全民关注。彼时舆论焦点是,在湖底铺设防渗膜,会阻碍水的自由流动和循环,破坏生态环境。但很少有人关注到,圆明园耗资几十亿元打造防渗工程的原因在于其湖区使用的是再生水。

朱晨东的结论是:因为再生水的进入,圆明园福海等湖区必须防渗,以防止湖水与地下水的交流,因为这里是城市地下水水源地的上游,一点都污染不得。

地下水利于再生水中微量污染物的长期积累。病原微生物也是再生水回灌到地下的潜在污染物之一,它们较难在地下水中生长繁殖,但具备一定的迁移能力。同时,再生水中存在大量具有抗生素抗性的微生物,严重的会产生具有很强抗药性的超级细菌。

中国矿业大学(北京)教授黄占斌曾带领团队,就再生水对植物生长的影响作过为期三年的实地观测。他告诉本刊记者,再生水灌溉会带来重金属的累积效应,土壤中的重金属(主要是铅和镉)含量会随着再生水利用的年份逐年增加,"用再生水浇灌的土壤和植物,其中的重金属含量高于清水浇灌的。"

黄占斌说,如果农田使用再生水和清水交替灌溉,会稀释土壤中的有害物质,提高土壤的质量,起到增产的作用。"比如在苗期时多用清水,在生长中后期多用再生水。"

在环境景观用水中,再生水中的余氯、氨氮和一些微量有机物成分,都会对鱼和其他水生生物产生毒害作用。英国专家 Jobling 团队曾针对污水处理厂出水中的内分泌干扰物对英国八条河流中鱼类的影响进行过调查研究。结果表明,这些河流中均发现了成年雄性拟鲤性状发生变化的现象,雄鱼雌化的比例从16%到100%不等,明显高于无污水处理厂出水排放的湖泊。

"再生水中各种各样的污染物对于生态环境的影响是一个潜移默化的过程,因此要防患于未然。"上述专家说。

景观水不宜触碰

对于民众来说,再生水对身体有直接影响吗?

胡洪营的研究表明,在再生水的利用过程中,人体接触化学污染物和病原微生物的途径主要有经口摄入、呼吸吸入和皮肤接触渗入三类。

再生水进入环境水体或者回灌地下水时会污染地表水、地下水等水源水体,从而使得化学污染物和病原微生物进入饮用水系统。

当再生水用于农业灌溉时,其中的污染物特别是重金属和疏水性有机物,容易在食品中积累。胡洪营给本刊提供的资料显示,某专业人员对再生水灌溉花生与非再生水灌溉花生中的铅含量作了测试对比,结果是前者显著高于后者。

同时,利用再生水灌溉或者洗涤作物时,再生水可与农作物食用部分接触,病原微生物会污染食品,尤其是一些不去皮水果以及生食蔬菜,都残留有化学污染物和病原微生物。北京市水务局给《瞭望东方周刊》提供的数据显示,2013年北京农业利用再生水量为2亿立方米,是8亿立方米的再生水利用总量的1/4。

除了经口摄入,再生水还会通过呼吸进入人体。当再生水用于园林绿化、道路浇洒、农业灌溉、水景喷泉及洗车时,会因喷洒而产生雾化现象。在雾化过程中,再生水中的化学污染物和病原微生物会进入空气中,形成气溶胶,被吸入人体。

美国环境保护局2008年的研究数据表明,再生水喷灌可使下风向至少200米距离内的空气中,粪大肠菌群、大肠杆菌等病原微生物浓度明显高于周围环境的背景值。

不过,再生水最受关注的影响还是来自与人体皮肤的接触渗入。

北京市水务局的数据显示,2008年,北京市排水集团中水公司便向清河、清洋河、西土城沟、小月河、陶然亭、圆明园等景观及河湖补水3200万立方米,占再生水供水量的16.8%。而在2013年,北京市用于河湖景观补水的再生水已达4亿立方米。

再生水在景观环境中的利用,

婚前协议与分手费

□叶倾城

商品社会，一切都有标签，家务有价、爱情有价、养儿育女有价，那么，集这一切于一身的婚姻——还包括了每晚的喁喁细谈、病中的嘘寒问暖、软弱时的支撑、老去后的陪伴——有没有价格？

不久前，英国《每日邮报》报道：俄罗斯一名富翁近日与妻子离婚，为此支付的分手费为280亿元人民币，成为世界上数额最高的离婚案。这种新闻，更让年轻女子想嫁入豪门。

但至少在中国，想想就算了，法律、习俗与人心，都不支持这种分手费。理论上，婚姻中的财产要平分，但我所知道的男人，一旦起意离婚，莫不会大动手脚，到最后，留一套房子给女人，号称净身出户——当大家都是傻子呀，谁信千万以上的富翁只有一套房子？但，没有证据，有罪推定是不成立的。下堂妻们的生活，完全取决于这个男人的良心。

为了抵御离婚风险，中国式婚姻的对抗策略就是加高结婚门槛：传统的男出房子，女出装修或车子，已经不时兴了，房子是升值品，车子是贬值品，至于装修——离婚了你能扒下来吗？我所听过的几例结婚谈判都是这样：男方全款买房，女方完全不管，带几件床上用品就算大仁大义；女方的嫁妆是另一套小房子，租金算女孩子的零花钱。要两

主要包括观赏性和娱乐性景观河道、景观湖泊及水景等。其中，娱乐性景观项目最容易与人体发生接触，如可能发生偶然接触的垂钓、划船项目以及与人体发生全面接触的游泳、涉水项目等。

"景观使用的再生水必须有明确标识，以提醒民众避免直接接触再生水，以免带来危害。"胡洪营说，日本在再生水使用的地方有清晰的标注提示民众，但在中国很少见。

本刊记者在圆明园注意到儿童在湖边玩水，甚至有游客用湖中的水冲脚，但园区内并无任何醒目的再生水使用提示标牌。而在奥森公园，虽然设置有标牌告知游客湖中的水是再生水，但并未起多大作用。

"游客根本不会注意到，即使看到了也很少有人知道再生水是什么。"公园管理部主任王谦说。

(摘自《瞭望东方周刊》2014年第40期)

套房子有什么用?总比离婚时,女孩子一无所有飘零街头来得好吧。

倒是坏孩子罗比·威廉斯比较真性情,为了保证八千万镑的身家,避免被分身家,"逼"女友签协议。双方拉锯很久,终于,女方妥协,签下这不平等条约,然后,幸福地结为眷属。

听起来,似乎滑稽可笑。但中国人一向说得好:先小人后君子。谈钱固然伤感情,但你侬我侬之际,山盟海誓容易,感情一消失,就伤钱了。问题再往深处上溯,大概就必须问:一场婚姻,到底谁的牺牲更大?女性会认为答案毫无疑问:十月怀胎、一朝分娩、三载哺育,为此,职业生涯终结、身材与外形走样——也就令再婚的可能性极大下降。更不用说家务、以女性为主的孝顺老人;但男人们的反驳也一样毫不客气:生孩子这件事是你自愿的。你做饭我还上班呢,即使你也上班,高收入女性毕竟少得很,说起来还是我养你……

这种互不相让,以及法律的貌似公允事实上极其偏向男性,使得中国女性在婚姻中处于劣势位置。如果把婚姻视为职业,一种拿不到退休金、没有遣散协议的职业,你能多希望员工爱岗如家?还不得没事儿多攒私房多看下家呀。

婚前协议与分手费,听起来就兆头不祥,"没结婚就想着离婚吗?"这观念,真是老土得令人耻笑。那人寿保险呢,还活得好好的就想到了死亡;失业保险呢,上着班就要为失业做准备。而这两者的相关性——往往提示我们,离婚至少不像死亡那么无可回避,至少也像失业一样司空见惯。

中国的离婚率逐年攀升,当然是跟世界大潮接轨的。而在欧美等国家,中产阶级大部分婚姻稳定,这显然跟他们离婚成本巨大有关,你再嫌弃家里的黄脸婆,考虑到甩掉她要损失的巨额财产,就得三思了。但在中国,发达人家的男的离婚轻而易举。而中流阶层应该是社会的根基,连他们都风雨飘摇,整个社会还怎么能保持一种安定状态?毕竟,有恒产者才能有恒心。

只是,还有没有人,在结婚的时候,就已经认定对方是自己一生伴侣?决定与对方厮守,直到死亡将他们分开?不用考虑到钱,因为你的就是我的,我的就是你的,我将与你融为一体。应该还有这样的人吧?但是不是,越痴情,越容易幻灭得彻底。

到底是该鼓励冷静、理性、有节制的私己主义,还是仍然歌唱那付出一切、舍弃一切的爱情?到底哪一种更容易得到幸福?我真的不知道。

曾经,有人云:爱你的邻居,但不要拆掉篱笆。到现在,这句话要变成:爱你的夫/妻,但不要拆掉床中间的篱笆。

(摘自《北京青年报》2014.9.20)

父 母 爱 情

□猫 噗

我向来以为父母那代人中并不会存在爱情这样的东西,成长相亲结婚生子柴米油盐的流水线下,有什么情愫那大概只是亲情,再有什么只怕也会立时三刻淹没在长久的生活中。我总以为所谓婚姻只是两个互相不算讨厌的人一起搭伙过日子。

小时候,我问过妈妈:"你爱不爱爸爸?"妈妈迟疑一会儿,只抛来一个白眼,说:"什么爱不爱的,又不能当饭吃。"我带着这样的回答悻悻离开,继续翻开《围城》,似懂非懂地看着方鸿渐周旋在与孙柔嘉的婚姻之中。那时觉得爱情可真是奢侈啊,爱的人离开了,不爱的人却时时出现甚至要一起走过一生。"结婚仿佛金漆的鸟笼。笼子外面的鸟想住进去,笼内的鸟想飞出来;所以结而离,离而结,没有了结局。"也就是那时候吧,我便在心底坚决地在婚姻与爱情之间划了一条鸿沟。看过再多的童话偶像剧也不能改变我的想法,只觉得那些你情我爱的故事总在两人紧紧相拥时戛然而止,可生活总会将两人从温暖的怀抱中分开,前路如何从来没有人会提及。

自小我就没见过爸爸对妈妈有过明显的爱意表达,每年的情人节,我总是被爸爸塞50块钱推出门,在众人瞩目下窘迫着狠狠地攥着花和巧克力回家。后来在我16岁时,爸爸去世,起初那几天我和妈妈总是不能平复,晚上睡觉的时候,两个人躺在床上总会睁眼到天明却一夜无话。头七那天凌晨,我睁眼望向窗外的月亮,期待早点睡着有斯人入梦,却听到妈妈突然开口:"生你的时候我是顺产,疼得不行,当时你爸就在我旁边,汗流得比我都多。我一边使劲儿一边掐你爸的胳膊,生完你我都快背过气儿去了,你爸的胳膊也青了一块儿。后来听你奶奶说,你姥姥还跟他们道歉说对不起啊没生个儿子,你爸就在旁边抱着你傻笑,你当时又紫又皱可你爸就是不撒手。等我再睁眼,你爸就把红糖水递上来了,他说啊,亲爱的,你辛苦了,女儿真可爱。那是你爸这辈子唯一一次叫我亲爱的,我也被这句话骗了快20年。可是这个混蛋怎么就抛下咱们两个走了?"我想,那眼泪也是爱情吧,那句"混蛋"也是爱情吧,那个记了20年的"亲爱的"也是爱情,那都是我曾不相信的婚姻里的爱情。

我突然想起问过妈妈的问题,

美食家大仲马

□龙 隐

苦出身的大仲马靠手中生花的妙笔,养出了一张精致、细腻且无比挑剔的美食家的嘴巴。

肉呈棕色,调味很重的阿尔腊肠,鲜红耀目的带壳龙虾,色彩鲜明的大虾,外面有刺而里面细腻上口的海胆,还有为南方食客所极力赞美、认为比牡蛎还香美可口的蛤蜊——这一切,再加上无数从沙滩上捕来的,被那些渔夫称为"海果"的各种珍馐美肴,都呈在了这次婚筵席上。

这是基督山伯爵的婚宴。阅读大仲马的作品,你会发现一个共同的特点,那就是频繁涉及餐饮、饮食习惯和食品。这足以证明吃是大仲马的一大爱好,苦出身的他靠手中生花的妙笔,养出了一张精致、细腻且无比挑剔的美食家的嘴巴。

大仲马的厨艺

以《基督山恩仇记》爆得大名后,大仲马每年能挣上20万法郎,在其事业的巅峰时期,他在巴黎近郊附近建了一座气势恢弘的大厦——"基督山伯爵城堡",把写剧本写小说赚的钱大把砸在上面,邀朋聚友,很多潦倒的艺术家、作家都成了"基督山城堡"的座上客,他专门雇人烹饪供他们吃喝,夸张的说法是他在此招待了整个巴黎。1848年7月25日,大仲马在新居举行了一次有600人参加的大型宴会。由于他慷慨好客的本性,举债消费,进而债台高筑。不久,"基督山伯爵城堡"只得被法院拍卖。大仲马也因此被世人评为"写作使其富有,耽吃使其贫困"。

那么大仲马本人是否擅长烹饪呢?其证据并不多见,乔治·桑在1866年2月3日的日记中有这样的记载:"大仲马做了整整一餐饭,从汤到色拉!都极其美味。"他的传记作者大多会提及他的妙手之炊——1884年,跟大仲马同居的那不勒斯女人把家里的的厨子和仆人都辞退了,大仲马竟能用大米、黄油和剩下的几个西红柿和一点香肠,做成了让十来位客人都满意的西红

突然觉得那时接到的那个白眼充满了无限傲娇的羞涩。

(摘自《三联生活周刊》2014年第38期)

柿焖饭。

还有一次大仲马和他的朋友们带着新打捞的海鲜去一个朋友家吃饭，朋友家的厨娘厨艺不精还爱念叨，让大仲马很不满，于是将厨娘吆喝到旁边当助手，他开列了"主菜：番茄小虾浓汤，美国风味龙虾，诺曼底酱鲽鱼，青鱼蘸麦特里调味汁，香槟白葡萄酒炒牛腰；烤炸：吊烧鸡两只，油炸章鱼；小食：普罗旺斯烩番茄，牛腰汁煮蛋花，糖渍芦笋尖，西班牙莴苣心，水果"以及"四种葡萄酒、两种饮品"的菜单。

他的做法也是花样百出，比如美国风味龙虾，需要"选鲜活个大的大螯虾或龙虾一只，串在烤扦上，烤扦固定在烤叉上。抹上香槟、溶化的黄油、胡椒粉和盐，在明火上烤。虾壳很快被烤脆，用手指一捻即成粉末。待虾壳跟虾体分离，表明虾已烤熟。此时，将滴油盘里的汁液撇掉浮油，加入塞维利亚橙汁和混合香料后淋在虾上即成。这道五香烤虾，尤其是在诺曼底，永远让人食之难忘。"别人都觉得这份菜单需要三个小时才能烹调完成，而实际上大仲马只用了一个半小时就创造了奇迹。菜肴上桌后，大家竟吃了四个小时，仍然意犹未尽！这顿饭，让大仲马的厨艺美名广传。

大仲马是如何习得精湛的厨艺的呢？他说，我爱上烹饪，一如我爱上诗歌一样，乃是天赋。当然也要靠后天的吃多识广。在这一点上，他就是笔下的基督山伯爵，"对于像我这样一个随缘度日，在那不勒斯吃通心粉，在米兰吃玉米糊，在法国城市瓦朗斯吃大杂烩，在君士坦丁堡吃抓饭，在印度吃咖喱饭，在中国吃燕窝的旅行家，这种事您想都不会想的。我无论到什么地方，什么饭菜都能吃。"这就是大仲马的夫子自况。大仲马每到一个地方，都会主动去结识当地著名的厨师和美食家。他的一位厨师朋友曾经为他特别设计了一份接风菜单，从汤到甜品，都以他的作品命名。

对于世界各地的美食，大仲马有自己的品评，他说，我曾周游世界，到过一些其国民饮食很差的国家，如意大利和西班牙；也曾走遍高加索和非洲那样人们食不果腹的地区。这让我有一种特别的冲动，想让前一类国家的人们懂得怎样才能吃得更好，教会后一类国家的人们怎样解决食物来源的问题——假如他们为自己准备好了一支猎枪的话。大仲马本人在年轻的时候，就曾靠着沿途打猎一路从家乡走到了巴黎。

美食轶事

大仲马曾为一家名为《新潮》的期刊开设专栏《美食漫谈》，这是一档类似聊天的栏目，话题经常会转到厨艺方面。对此大仲马说"我很开心地看到，我在烹饪艺术上如此之快就出名了，甚至盖过了我在文学方面的名气"。

可以说创作《美食词典》是大

仲马多年的夙愿。在他人生接近终点时,他跟阿尔丰斯勒梅尔签下了合同。那是在1869年,大仲马觉得自己已经老了,本已打算封笔,但因为需要钱,更主要的是想完成夙愿(我决定写这本书,想为我四五百卷的文学作品收一个豹尾),于是带上一整套烹饪书籍去了布列塔尼地区菲尼斯特雷省的海边小城写作。1870年,大仲马在法国迪埃普辞世。1873年,其《美食词典》出版。

在书中,大仲马凭着记忆把巨量的、五花八门的信息传递给读者,包括他旅行国外时见到过的千奇百怪的食品,以及他耳闻目睹的许多让人忍俊不禁的逸闻趣事。比如,你吃过永久锅煮出来的牛肉或鸡肉吗?永久锅就是一口锅架在炉子上,日日夜夜永不熄火,取出一只煮熟的鸡,马上又放进一只,煮熟一块牛肉,马上又放进一块生牛肉,舀了肉汤则即刻加水。这样,不论煮什么肉,都会把精华留在汤里,而新加进去的肉在吸收这些精华的同时,也把自己的精华留下一些。在永久锅里煮肉要严格控制在所需的最短时间,才能保持肉味的鲜美。

该书还为某些大仲马在小说中未能细说的食物加上有趣的注解。比如在《三个火枪手》中,达达尼昂和他的三个朋友吃完了国王赏赐的四十个金币后,吃了上顿没下顿,他们饿着肚子带上跟班,奔波于沿河一带和各禁军队部之间,千方百计到外面的朋友那里找饭吃。至于达达尼昂,他在京城里没有什么熟人,只在一个同乡神甫家里找到一顿巧克力早餐,在禁军的一个号手那里混了一顿午餐。

《美食词典》就对巧克力早餐进行了详细介绍,大仲马在此告诉我们巧克力于16世纪末引入西班牙,迅速普及开来。女人,特别值得一提的是还有僧侣们,对这种全新的、香气扑鼻的饮品趋之若鹜,巧克力很快就成了时尚之物。这种情况延续至今。在当时的西班牙,当客人需要来点儿醒脑提神的饮料,主人能送上巧克力被认为是很有品位的事。但凡有点面子的家庭莫不如此。说到冲巧克力的正规方法,也就是即冲即饮,每杯放一盎司半,冲上热水,用木勺搅拌,让其慢慢溶化,然后煮15分钟。这样煮出的巧克力又浓又稠,要趁热喝。而想要喝到真正的好巧克力,头晚就得把它煮好,装在瓷咖啡壶里。经过一夜的浓缩,巧克力会变得丝般润滑,口感会好得多。

正如大仲马所言,要论对烹饪艺术的理解,无人比得过文学家——因为他习惯了对任何菜肴都精益求精,比任何人都更能品味各种之妙。这也正是大仲马美食书的迷人之处,它让人读到的是一种乐趣,一种喜爱美食、因美食而快乐的生活享受。

(摘自《世界博览》2014年第20期)

许鞍华：置身商业电影之外

□王 菡

许鞍华一直想拍一部讲述创作者人生的电影，比如画家、作家。他们的个人经历怎样在大时代下展开，并滋养出艺术作品，是她筹拍《黄金时代》的初衷。

有人问许鞍华，对目前《黄金时代》略显低落的票房会不会有些意外。她回答："卖座不好，对于投资的老板和演员，我觉得抱歉，可是我自己已经非常满足。"她感谢这次机会，因为拍萧红，回顾那个时代，重新开启了她的眼界。

夹缝中长大的一代

许鞍华1947年出生于辽宁鞍山。母亲是日本人，抗日战争时期随哥哥来到东北，却不顾家人反对，嫁给那时是中国军队翻译官的父亲。战乱中举家南下，许鞍华幼年时先被安顿在澳门，后来迁居香港，在这里成长。

那一代香港人，需要在文化夹缝中寻找自我。有人全然西化，讲英文比讲中文更流利；有人坚守传统。她却两者都喜欢，华洋中西，在缝隙中反而感受更丰富。

许鞍华的家庭非常重视子女教育。当时比较好的学校是教会学校，许鞍华13年的教会学校生活，从受洗、信天主教开始。在学校接受全英文教育，中文成了第二语言。从饮食到社交礼仪，也要重新学习。这一切，都和回家后的中式生活、上茶楼、看粤剧平行存在。

"我这一代，不学殖民地的东西不行，可是对中国的东西了解太少也觉得惭愧。在这样的夹缝中长大，但也在其中慢慢生长出属于自己的认同感，对这一切都有不可言说的怀念。生命中好像不能没有这个感觉。"她在个人纪录片《去日无多》中说。

1966年，许鞍华进入香港大学比较文学系，读硕士时经常去看午夜场电影，学术上没有什么进展，机缘巧合，有导师劝她不如去学电影。"因为我所研究的文化和现实生活太分裂，完全无法统一。最后找到电影这个媒介去投入，对我来说非常幸运。"她说。

不甘被生活磨平的锐气

1975年，许鞍华从英国伦敦电影学校毕业回到香港，在当时著名导演胡金铨的电影公司工作，3个月后进入香港无线电视台担任编导。"盲打误撞"地成了香港电影新浪潮的一员。

那是一个香港电视台开始用胶片拍戏的黄金时代。受法国新浪潮影响，他们对电影艺术抱持严肃态度，视其为表达个人思想和情感的作品，而不纯粹是娱乐大众的商品。无论题材选择、叙事方法、影片节奏、表演，都与胡金铨、李翰祥等老导演有所不同。

"新浪潮"虽然不出几年就被主流商业电影吸纳，但它的影响历历可见。当时的副导演、编剧，后来纷纷成长为优秀导演，如关锦鹏、王家卫、舒琪（导演、影评家，现为香港演艺学院院长）等。后来的30年，新浪潮一代中有人转战国外，有人从事影视教育，许鞍华是留在香港仍然活跃在一线拍片的导演之一。

从影近40年，许鞍华四度获得香港金像奖最佳导演奖。从1979年的处女作《疯劫》，到近年的《桃姐》《黄金时代》，她向来以喜欢尝试不同类型、题材的影片著称。

1983年拍完改编自张爱玲小说的《倾城之恋》，她渐渐开始感觉低落。那时正是香港电影业最蓬勃的时候，其他导演进度飞快，一年拍两三部，她却很慢。在电影工业流水线般的生产方式下，她多少感到压力巨大。

直到1994年拍完《女人，四十》，许鞍华才重拾信心。《女人，四十》带给她的，不仅仅是囊括第15届香港电影金像奖最佳电影和最佳导演等六个奖项，而且那是一个新的入口，是一种沉浸在琐碎生活中，却不甘被生活磨平的锐气。

《天水围的日与夜》是继《女人，四十》后许鞍华的新高峰。这部戏不是以情节取胜，没有某种仪式性的结尾和感慨，好像可以随时再继续，就像生活本身。天水围地处香港边缘的新界元朗。许鞍华常去那里闲逛。她熟悉那里的人，他们平日其实过着与其他香港人并无差异的生活。《天水围的日与夜》中相依为命的阿贵与她的儿子张家安便是如此。

镜头里是从观众心里长出的真实

许鞍华的镜头对生活、对人性深入精准的把握，如同爱丽丝·门罗的小说，认出了生活中的风暴。2011年，《桃姐》再次让许鞍华成为意料之外的赢家。叶德娴饰演的桃姐，是侍候了李家数十年的老佣人，把第二代的少爷罗杰（刘德华饰）抚养成人。桃姐中风后在养老院的生活，是香港老人生活的真实写照。

王家卫的香港，是高度风格化的；许鞍华的香港，更趋近真实。吵闹扰攘的茶餐厅，是她最爱的地方。"我自己一到茶餐厅就觉得心里特别静，常常在这里分镜头、写剧本"。

"凉风有信，秋月无边"，袅袅的粤曲南音时常浮荡在许鞍华的电影里。她喜欢这种儿时熟悉的调

所谓恩爱就是好好说话

□佚 名

早起上班,身后有对中年夫妇和我一路,一直听到他们在细细碎碎的聊天,很有趣。

男:"一会吃包子吧,好不好?"
女:"好啊。"
男:"吃肉的还是素的?"
女:"肉的吧,肉的好吃。"
男:"那就要两个肉的,素的想吃吗?"
女:"也有点想吃,你想吗?"
男:"我也想,一会我先去占座,你去买包子。"

就是这些琐碎得不能再琐碎的事,但两个人说得津津有味,有商有量,不急不躁。

我不禁回头看,那两位真的是扔到人堆里找不到的两个普通人,模样普通,衣着普通,但面色平和,笑容绽放。两个人没有挽手,只是头颈相靠,暗藏属于中年人的那一点缠绵。

或许我有点武断,我觉得凭他们的交谈方式,他们一定是一对恩爱夫妻。虽然我只看到了有关他们生活的最简单的一个断面,但这个断面所蕴含的意义和所具有的象征却叫人不能忽视。我有个表姨,老两口都80多岁了,说话就是这样,

---

子。在她的记忆里,香港老旧的街道,阳光泼落下来,把一片片树影投在斑驳的墙上。"我离不开这个基础,老是希望拍到这种感觉。想起小时候的画面,全是静止的"。那样的色调、气味,是许鞍华后来镜头中的本土元素。

许鞍华从出道就坚持实景拍摄,为了《黄金时代》更是跑遍大半个中国。美术指导赵海说,他们找到了所有历史事件发生的原址,有的已经破旧不堪。许鞍华要的"真实感",绝不是借助3D效果制造的身临其境,而是从观众心里长出来的真实,包括对自由的渴望,和那看着危险却有些得意的经历,是能勾起人对自由渴望的那种光线和色彩。

许鞍华对电影有极高的热情,直到今日,她没有结婚,没有孩子,只有电影。像那些寻找过归属感的边缘人,很多都放弃了,他们的独到之处太强,只能做自己。而他们在世俗生活中的升华,却温暖了更宽广的人群。

(摘自《博客天下》
2014年第28期)

他说什么,她都觉得好,有道理,她要做什么,他都支持,就算有不同意见,也是商量着来。听他们说话,有一种温润的松弛感。不像我爹和我娘说话,身为旁观者都要替他们捏一把汗,因为你不知道他们什么时候会吵起来。他们讲话永远不投机,你往东我往西这种都是小事儿,动不动就翻扯出陈年旧账互相指责才是常态,此种婚姻也不是不能长久,但要说质量多高绝对谈不上。

可能有人觉得他们说的都是一些小事,谈得来算不得什么。可如果换一种心态来交谈,就算这样的小事都可能跑偏。

比如这样:

男:"一会吃包子,行吗?"

女:"就知道吃包子,吃包子,你不能换个花样吗?"

男:"那你说吃什么,每次都让我说,说了你还不同意。"

女:"你是我老公,连我爱吃什么都不知道,我还有什么可说的?"

男:"那我爱吃什么你知道吗,凭什么每次都得依着你?"

以上对话可不是虚构,而是我的一位亲戚和老婆的真实生活场景。他向我抱怨,他们两口子之间经常连最简单的吃饭都很难达成共识。这里的"包子"可以任意替换成饺子、馒头、面条,这不重要,反正就是什么都得听她的,她还不明示,让他自己猜。猜错了就不高兴,你让她先说她还没说意见。总之很头疼,很伤害感情。

我还在包子铺里听过这样的对话:

女:"吃包子吧?"

男:"到包子铺不吃包子吃什么啊?"

女:"吃肉的行吗?"

男:"不知道天热少吃肉馅啊,不新鲜,没常识。"

女:"那就吃素的。"

男:"别磨叽了,快点,都快迟到了,没点时间观念。"

看看,每句话后面都跟着疑问、指责、批判,两个人最终耷拉着脸吃完这顿饭。他们的负能量太强大了,强大到我连路过他们身边都踮着脚尖,轻轻溜走,唯恐引爆这压抑到极点的气场。

任何小细节都能变成大伤害,只要两个人都存了一颗互相不耐烦的心。任何小细节也都能暴露大恩爱,因为唯有被感情浸透了整个生活,才可能会有每一刻的心平气和。

作家刘震云说过:人生在世说白了也就是和七八个人打交道,把这七八个人摆平了,你的生活就会好过起来。

夫妻关系也是如此,无需将爱总是挂在嘴边,只要把所有的细节都摆平,比如一天三顿吃什么饭,放假是看电影还是看录像,到底是早起散步还是晚上遛弯这些小事,大家都能做到夫妻同心,有商有量,那么自然而然就变成了一对恩爱夫妻。

(摘自《新华每日电讯》2014.10.17)

我的外公梅兰芳

□范梅强讲述 李 肖整理

外公梅兰芳和外婆福芝芳共生育了九个孩子,活下来的是老四、老五、老七和老九,我妈妈是老七,老九就是梅葆玖。

爷爷不会说扎人家耳朵的话

我是1957年生人,生在上海马斯南路(今思南路)87号。两岁和妈妈到北京,我一直生活在梅家,所以我这个外孙也随着其他孩子一起叫外公外婆为爷爷奶奶。

我印象中的爷爷特别谦和。那时候住在北京护国寺,为的就是离人民剧场近,演出方便。我还有些印象,大人演戏我就在后台玩,有一次还差点儿爬到台上去了,搞得观众笑场。还记得我小时候很喜欢到爷爷屋里,从他的展示柜里找好玩的东西,那些都是他从世界各地带回来的纪念品,我经常找一样拿在手里坐在爷爷的怀里摆弄。

爷爷梅兰芳过世的时候我四岁。他是心脏病突发去世的。之前已经约好越南总理范文同来家里拜会,虽然爷爷突然离世了,这个约还是要进行下去。我记得是周总理陪着范文同到家里来的。我奶奶说,我那个外孙和你一个姓,也姓范,抱他出来和你见一见吧。于是把睡梦中的我叫起来,换了身衣服,出来见客。周总理和范文同都穿着浅灰色的衣服,见我被抱出来,就过来逗我说话。

我们在护国寺一共住了十多年。到1966年8月8日,我记得非常清楚,就被红卫兵抄家了,并且勒令一星期之内搬出。正好之前我奶奶在西城区旧帘子胡同买下了一处小四合院,于是全家搬到了那里,从此就没有再回护国寺旧居。后来落实政策政府曾经问过我们家要不要再回去,奶奶觉得是伤心之地,不愿再回去,但提出了一个请求,希望将护国寺旧居建成梅兰芳纪念馆。

梅家都是性格温和善良的人。比如有人想请爷爷给指教一下,他从来不会说你这么演不好,那么演不对,而是说我在台上是这么演,我觉得这么演更合理,从来都是建议的口气。爷爷碰到票友向他请教,他会说,你是业余的,唱到这样已经非常棒了,我演出的时候这个地方是这么唱的,我觉得这样行腔更合理。如果是专业的演员向他请教,他会说,今天因为我在这儿,你有些紧张,以后多多实践就好了。总是鼓励人家,不会说扎人家耳朵的话。

你没有你先生的仙气儿

艺术本身就是相通的。梅兰芳一度非常迷恋画画,花费很多工夫。他画画得很好,像虞姬戏服上面的兰花、梅花都是他自己设计的。齐如山就劝他,说你是唱戏唱成梅兰芳的,画画不成梅兰芳,它可以作为你戏之外修养的辅助,画画有张大千、齐白石呢。

还有一个故事,也是我奶奶总津津乐道的。言慧珠是爷爷最喜爱的一个女弟子,学梅派学得最为完美。言慧珠学了一出《洛神》,没公演之前进行了一次小彩排,请了好多老先生去看,演完就请老先生们指教一二。其中一位老先生说,扮相、身段哪儿都好,就是没有你先生的那股仙气儿。言慧珠回家一想,我演的是洛神,没有仙气儿,那不是最大的失败吗?

之后言慧珠专门去请教那位老先生,请他说说仙气儿是怎么来的。老先生让她问梅兰芳去。言慧珠就去问,梅兰芳说,我也没什么特殊的,就是你那么演的。后来老先生指点言慧珠,说你先生会画画,会写字,会弹钢琴,这些你会吗?你有没有你先生的这些素养?所以素养是滴水穿石的,不是立竿见影的。

梅兰芳喜欢养牵牛花,他到处去搜集种子种在小院里。牵牛花的颜色是渐变的,演《天女散花》时长绸就借鉴了牵牛花的渐变色。每当牵牛花盛开时,爷爷就会把齐白石老先生请来观赏,齐白石画牵牛花就是到家里看花后得到的启发。

扇子合起来,胡子刮掉了

在梅兰芳蓄须明志时期,有一段时期梅兰芳和家人在香港住了一段时间,主要也是为了躲避战乱。当时香港日本驻军找到梅兰芳说请您过去。去之后在大厅里坐了一天没人理,第二天还叫你去,还不理你,实际上就是日本人的心理战。没办法,梅兰芳只好辗转回内地。日本人知道他上了飞机,很不高兴。

梅兰芳回到上海为了不参加日本人组织的演出,故意不惜伤害自己打伤寒针高烧不退。日本人不相信,派了个军医到家里亲自查看。其实军医一看就明白是怎么回事了。但是他说我们都非常崇拜梅先生,敬重您的艺术,请您好好养病,我给您开最好的药,不能总这样烧。结果他回去就说梅兰芳是真的病了,我们家才逃过一劫。所以奶奶总是说:梅兰芳的人缘儿真是好啊!

抗战胜利那天,好多人到我们家里庆贺。爷爷下楼时拿了一把扇子挡着脸,到大家面前时,"啪",扇子合起来,胡子刮掉了!

梅兰芳的艺术,如果没有那场战争,他应该会有更多了不起的创造。

1924年爷爷第二次去日本,在那儿得了肠胃炎。经人介绍认识了

怎样对付熊孩子

□查小欣

很体谅儿子的反应，在一个完全陌生的地方，身边没有成人在，给欺凌了，没人可以帮他，最容易的解决方法是逃避。但逃避不是办法。

儿子毛毛头第一次被欺凌发生在念小学一年级时，有个高年班的男生，多次趁着放学、所有学生齐集操场、老师忙于安排同学上校车时，跑去推撞儿子，有几次儿子给他推跌地上，幸而没受伤。

我非常气愤，想了一夜，希望想一个和平简单直接的解决方法。向老师告状当然是最容易的方法，但对方会被学校记下小过或大过，对他的操行会造成影响。此事让我想起念小学时，也曾遭高年班的女生欺凌，母亲怎样保护我，我决定抄袭母亲的方法来保护她的外孙。

翌日，我特意提早到学校去接放学，但不现身，躲在一角，看到毛毛头从楼上的教室走到操场，离他不远处，有个比他高出一个头的男生不怀好意地从儿子后边跑过去，我跟在这男生后面，当他预备出手推毛毛头时，我搭着他的膊头，他伸出去的手仍悬在半空，男生回头望向我，我叫毛毛头认人，是不是这男生推撞他，毛毛头认出是他。

"你叫什么名字？"男生紧闭着嘴。"你不说没关系，我带你去见校长，他应该知道你的名字和念哪一班。"男生不再争持，将他的名字和班级告诉我，是个三年级的学生，我将他的名字和班别重复一次，跟他说："你不要再欺负任何人，我每天都会来躲在不同的角落看着你，

一位叫今井的汉方医生。这个老医生特别好，让梅兰芳住到他的家里，给他配专门的药，悉心调理。病好了分别时，梅兰芳挺动情，说老先生您对我这么好，不知道怎么感谢您。以后我再来日本时给您带点什么好呢？老先生说喜欢中国景泰蓝的袖扣。1956年，梅兰芳第三次组团到日本演出。到东京后，梅兰芳就请人寻找今井老人，但老人已经去世了，老太太还在。于是爷爷到老先生家中探望，在老先生灵位前，拿出那副准备了多年的景泰蓝袖扣说：我一直记着这个事，我来晚了！

（摘自《北京青年报》2014.10.22）

如果你再欺负他或其他人,我会带你去见校长。"

当年母亲逮着欺凌我的人,就跟她讲了同一番话,数十年后,我竟能用上母亲的智慧,自此毛毛头没再被欺凌。

在毛毛头升小二的暑假,我安排他参加一个本地夏令营,藉此让他接触学校以外的孩子,训练他的外交技能,怎样与陌生人相处和习惯群体生活。夏令营为期两个星期,第一天回来,他兴高采烈地讲述午膳膳食怎样、玩了什么游戏。但第三天回来,他第一时间要求,我不要再去夏令营了。

我直觉知道有事发生,用闲谈方法旁敲侧击,知道真相了。

原来夏令营有个小胖子,趁导师更衣未到泳池前,从后用力将毛毛头的头按入水中几秒才放手,导师来了,小胖便若无其事走开。连续两天毛毛头都遭受小胖子同样的欺凌,令他愤怒和害怕会被伤害,无助之下唯有拒绝再去,避开小胖子。

很体谅小儿子的反应,在一个完全陌生的地方,身边没有成人在,给欺凌了,没人可以帮他,最容易的解决方法是逃避。

他不去夏令营,我不用管接送,省下不少时间,但问题没有解决,他日长大了,去上班,遭到欺凌,难道马上辞职不干?这样他会变得懦弱。

弃用懦弱逃避的方法,另一解决办法,是再像他念小一时,暗暗跟随他去夏令营,将小胖子逮个正着,但这难以做到,因夏令营离市区一小时车程,而且夏令营不准外人进入。

或许这是儿子学会保护自己的时机。我提议五个方法给他:"一、等候导师更衣完毕才跟着导师去泳池;二、是向导师告发小胖子,让导师教训他;三、是避开他,他在东,你在西,不给他机会欺负你;四、是他动手时,你大声呼救;五、是反抗,让他知道你不是好欺负的,但这方法又是最不可取的,因为你若还手,就变成互殴,你也会受罚,你自己想想哪个方法适合你。"

当天儿子从夏令营回来,问他用了哪个方法解决问题,他愉快地回答:"我跟他做了朋友。"方法很简单:"我走过去跟他聊天,讲大家喜欢的玩具,讲自己学校的事,就这样做了朋友。"没想到毛毛头想出了第六个方法。

翌晨,送他去夏令营集合地点,小胖子已到了,早已坐上专巴一个窗旁的位子,见到毛毛头到来,大力挥手招呼,示意毛毛头坐他身旁。目送儿子上车,小胖子欣喜地站起来迎接,两人似有说不完的话题。每天从夏令营回来,毛毛头都欢天喜地,到了最后一天他显得不舍。

此事,毛毛头反过来提醒我,沟通可化干戈为玉帛。这份礼物是他送给我的。

(摘自《南都周刊》2014年第42期)

全球离婚板块图

□刘 攀

离婚似乎已不再是两个人之间的事情,当干这件事的人多了,似乎整个世界都在颤动。

今年有专家调查后指出,英国是欧洲离婚率较高的国家之一,有1/3的婚姻以离异而告终。为减轻由于离婚率过高而带来的社会补贴的负担,英国政府在1999年通过了一项新的法案,规定离婚后的妇女有权得到前夫退休金的一部分。作出这样规定的理由是,很多妇女的美满婚姻尽管中途夭折,但她们多年来给予大夫的支持是很大的,为前夫的退休金也做出了贡献。所以婚姻结束后,对这部分贡献给予承认是公平合理的。

欧洲:
离婚率焊死经济杠杆

已实施多年并被称作可以快速离婚的《英国婚姻法》规定,一对夫妇只要无16岁以下的未成年子女,就可以在提出离婚申请的6个月后办妥离婚手续,正式解除夫妻关系。而新的法案则将6个月期限延长为一年。女权主义者雅克尔女士对这一修改大加赞赏,认为新法案将产生重大的社会影响。

这样做的好处在于,首先,它可以使申请离婚者有更长的时间冷静下来做一番反思,不至于急于办理离婚手续。第二,可以减少夫妻间的相互指责与冲突。第三,夫妻双方可以得到从法律咨询到帮助的各种资料,并做出正确的选择。可见,婚姻破裂对于欧洲人经济生活的影响,已经日益成为左右该国社会环境的重要因素。

除了英国外,这种情况在波兰更为严重。报道称,受到经济不景气影响,目前波兰年轻人愿意结婚的比例越来越少,晚婚族和离婚人口也开始增加。波兰中央统计局数据指出,1980年当地离婚率为13%,2012年已增加到32%,同为欧洲的其他国家目前离婚率远高于波兰,例如拉脱维亚与葡萄牙为70%。波兰政府为了表扬经营婚姻有成的夫妻,只要结婚满50年的夫妻,都可以获颁总统致赠的国家勋章,等同战功彪炳。

这项结婚满50周年可获颁勋章的传统,自20世纪60年代开始实施后,据波兰总统府统计,每年约发出6.5万枚勋章。只要夫妻结婚满50年,就可以获颁等同战功彪炳的勋章,开创了全球之首。美国夫妻结婚满50年,白宫会致函恭贺,英国女皇也会写信恭喜结婚满60年的夫妻。对此,波兰华沙大学教授萨伦巴表示,"50年代的社会普遍认为女人应该在家相夫教子,时任波兰共产党领导人的哥穆尔卡本身也婚姻美满,因此,出现这样的勋章,某种程度反映出他的想法。"而一名2014年结婚满50年的波兰民众诗兰丝卡说,"我的家族里都没有人离婚,我祖父与父母亲结婚都超过50年,好像他们帮我们后代的婚姻建立了一项标准。"

而说到世界上离婚率最高的国家,今年的统计结果是俄罗斯,媒体将原因归结为目前俄罗斯是世界上离婚程序最简便的国家之一,夫妻只需要到户籍登记处办理手续就可以解除婚约,因此根据报告显示,俄罗斯也是世界上离婚率最高的国家,达到了54%,因此俄罗斯政府也在考虑要大幅提高离婚税,提高到3万卢布也就是约合6千元人民币,这就高于了俄罗斯民众的平均月薪。纠其原因其实主要是因为俄罗斯人大多是早婚早育,很多年轻人的思想不够成熟,因此结婚后无法承担较大的家庭责任。

德国就是欧洲离婚率最低的国家,这个也与日尔曼民族比较严谨和理性有关,统计显示,在2012年德国只有37%的夫妻离婚,而离婚夫妻的平均持续时间也是14年7个月,专家分析夫妻婚姻持续时间的长短与孩子的状态有关,很多德国女性也希望在孩子独立之后再离婚。此外在欧洲会有很多跨国婚姻,不同的民族文化和成长环境也可能是造成离婚的因素。根据统计在欧盟的5亿人口当中,有160万跨国婚姻,其中每年大概有17万对夫妇要离婚,其实从婚姻问题也能够发现,在欧洲一体化进程的多层次与多样化发展中,也是充满着妥协与曲折的。

中国:
离婚数量看傻俄国人

别看俄罗斯人爱离婚,他们却对我们自己的婚姻状况吃了一惊。根据"俄罗斯之声"广播电台的说法,中国每年约有1万个家庭分崩离析,年年都呈增长之势。离婚的原因既有情感方面的因素,同时也有经济上的考虑。据民政部资料,2013年,中国有350多万对夫妇提交了离婚申请,这几乎比上一年增加了13%。最近10年的统计令人沮丧:离婚数量从未在原有水平上停留过,一直呈增长势头。

中国有句古语:"宁拆十座庙,不毁一桩婚。"几十年前,大多数中国家庭都秉承着这样的立场。"但目前的形势发生了变化,婚姻神圣的理念松动了,人们开始理解,离婚可以让某些人摆脱极端不幸的局面",北京大学社会学系教授佟新这样指出。根据非官方统计,中国离婚的主要原因是夫妇不忠。在中国,传统的性观念早已渐去渐远。现在,有70%多年轻人在婚前已有性行为。社会学家认为,这种青年时期的放纵,只会带来对非婚性关系的漠视。在中国,在很多情况下,拥有情妇,与其说是一种欲望,还不如说是一种地位问题。对于很多高官或商人来说,没有"小三"是一种很丢脸的事情。另外一个撼动中国婚姻基础的原因是"一个家庭一个孩子"政策。独子成年后,通常很难战胜自己的自私想法并寻求让步。

2011年,中国通过了新法规:婚前某方购买的所有财产或婚后夫妇某方用父母资金购买的财产,将归付款方所有。要想分割共同财产,需证明确实是夫妇双方共同出资。这份法律出台的目的是为了降低为了钱财而结婚的数量,这样,也可以降低离婚数量。但不管怎样,过去一年中的离婚案件都以长时间的法庭诉讼而告终。离别之时,夫妇双方很难和平分割财产与孩子。另外一项法律倡议,也为那些想离婚者们开了绿灯,导致离婚数量剧增。2003年,中国对《婚姻法》进行了巨大修正。取消了应由单位或居委会向法庭提交"婚姻已无法挽回"的证明材料要求,此前,没有这些文件是不能正式离婚的。社会学家和法律人士认为,正是此项规定的取消,才为很多不幸的家庭松了绑。因为在此之前,他们不想将家庭不睦公之于众。

此外,纯经济因素也对中国的离婚统计带来了负面数据。2013年春通过了税法修正案。根据新规定,一个家庭如果卖掉自己两套房产中的一套,需要支付20%的销售税。如果离婚,从前夫妇中的任何一方,都可以分得一套房产,这样,在销售房产时也就无需赋税了。因此,此项调节房地产市场的举措又带来了负面效果:使那些冲金钱使劲的离婚者数量增加了。

据中国之声全球华语广播网报道,有媒体报道称去年北京离婚率高达39%,今年则高达40%。真的有这么多家庭解体吗?实际上这是部分媒体的误读。北京市民政局回应:错就错在将离结比(离婚和结婚的比率)当做了离婚率。目前北京市的离婚率实际上是2.1%,低于全国2.3%的平均水平。

韩国:
老年人离婚率居高不下

离婚的没那么多,不必紧张。不过,离婚率增长是近年来的趋势,由于涉及隐私问题,工作人员无法获知离婚背后的深层原因,但绝大多数当事人都表示离婚是因为"夫妻感情不和"。那么,其他国家的离婚率是否也有快速上升的阶段?又有怎样的原因?在韩国生活多年的南黎明女士介绍说,同样受传统东方文化影响的韩国人,离婚率的升高也是近二十年的事。她说,韩国是一个十分传统保守的国家,以前人们一直把离婚看作是十分丢人的事情,不仅自己丢人,而且还给父母亲人丢人,所以即便是夫妻俩再不合也很难考虑离婚。但是从20多年前起,女性逐渐开始在各个领域赶超男性,维权的呼声也是越来越高,于是在女性的主导下离婚开始大量出现,导致韩国曾经一度是经合组织成员国当中离婚率最高的一个国家。

韩国人离婚近年来有一个新特点,就是老年人离婚率居高。按照不久前韩国大法院发表的一个统计结果,结婚20年以上的人的离婚占全体离婚的第一位,就是说,每四对离婚的夫妻当中就有一对是黄昏离婚。在韩国,黄昏离婚潮也是女性为主导,由于各种原因曾经忍气吞声一辈子的妻子,宁愿在人生的最后时光自由快乐的自己度过,也不想再委曲求全。

一个78岁的老奶奶,丈夫今年82岁,年轻的时候丈夫是教师,经常因为婚外恋伤透了妻子的心,为了孩子妻子是忍气吞声数十年,就在几年前丈夫70多岁的时候又在跟一个曾经是弟子的女性发生婚外恋。这件事情被妻子发现,妻子忍无可忍,提出跟丈夫离婚。丈夫万万没有想到一辈子都对自己不弃不离的妻子到了人生的黄昏会提出跟自己分手。如今离婚在韩国已经不再是需要遮遮掩掩的事情了,很多人都认为轻率的离婚虽然不值得提倡,但是死守一桩病入膏肓的婚姻更是不可取的。但无论如何离婚都是人生的一大伤痕,因此人们依然还是十分慎重。按照韩国生活专家的警告说,如果妻子对丈夫爱搭不理的,那么四年之后离婚的几率就会非常高了,丈夫要加以警惕了。

无独有偶,近年来,美国出现了30年之痒一说,即许多60岁以上的老年人,甚至80多岁的老夫老妻也加入了离婚行列。美国专家将美国人越来越长寿也列为离婚原因之一。美国统计机构对美国离婚率和结婚率的官方统计由于预算和各州的执行能力的局限,已经于1996年正式停止统计工作,但是各个民间组织和机构则因不同的需要,仍然在对包括离婚和结婚率的统计进行记录,但是准确性则会因为统计的目标和标准不同而有所偏差。在历史上官方统计显示,80年代时期美国离婚率高达50%,而进入20世纪之后逐渐下降到40%,但是近期根据美国传染病防治中心的统计,参加统计的每一千人当中,2000年离婚率为4%,2011年则为3.6%,明显大幅下降。

专家们认为目前这种下降的趋势,有提升的教育程度和生活水平以及登记结婚人数大幅下降为主要原因,还有专家认为是跟人口的年龄变化有关。年轻人离婚率相对比较高,50岁以上的就比较少,但是

这三个90后,有意思

□洪 晃

钱、地位、权力对90后都不重要,重要的是"乐子",必须好玩,有意思。终于,人文思维又走进了一代中国人的生活。

我公司里有三个90后。三个跟我都是萍水相逢,90-1是我在微博上看见他做的视频,觉得很有感觉,然后游说来的。90-2是我的学弟,一个北京文青,在我大学母校Vassar图书馆的一个偏僻角落得知我是他学姐,之后毛遂自荐要来实习。90-3大学学了一半,弃学投入社会,去给摄影师当学徒了。

媒体曾经花了不少笔墨诋毁90后,说他们脑残。而我跟这三个90后的接触却觉得他们是希望,就是在这一代,中国的生活方式会大有转变。

先说90-2吧。在我这里实习之后就回去上学了。毕业后拿到了一笔艺术奖学金,资助他周游世界12个月去考察各个国家的某一种艺术形式,我们的90-2选择了当代舞蹈。这个项目带他足足绕了一圈地球,回北京后又去一个艺术家工作室做了策划。再之后,小家伙邀请我喝茶。

"晃姐,我觉得我需要找一个工作。"他说。"那你是学什么来着?"我问,之前我只知道是个学弟。"大学一年级我学的电影,纪录片主要是之后学了哲学,后来还学过摄影,还学了东方哲学与宗教……"

我仔细想了一下这个孩子的经历,玄的他都学了,哲学宗教什么的,好玩的艺术他也都摸了,什么摄影、摄像、纪录片的。但是不会写程序,不会做销售,看他介绍自己的感觉,明显连吹牛都得现学。

"你啊,"我笑着跟他说,"真把自己培养成完全不适合就业的人才了。"90-2并不在乎我开他玩笑。"姐,那我也得去找个工作啊!"就

美国的婴儿潮时期的主要人口群目前都进入了五六十岁的阶段,婚姻状况相对来说就比较稳定。再有,离婚律师和婚姻调解服务目前在美国也是非常广泛并且日益增多,所以在他们的调解和仲裁下很多婚姻因此就被保住了,这也是导致离婚率下降的另外一个主要原因。

(摘自《世界博览》2014年第20期)

这样我就把90-2收编了。当时我也不知道他能干什么。

90-3是个巧遇，我本来是招他的一个姐们，结果晚了一步，姑娘去了一个网站，他们就把90-3推荐给我了。我和90-3见面的时候发现关于拍片子这事情，这孩子已经比我专业了，什么流程、策划、预算他都门儿清。我问他哪里毕业的。他乐呵呵地说："姐，我可没文凭，我这都是经验之谈。"他说。

牛！老练得让我一边乐一边冒汗。90-3说他上了两年大学，觉得什么都学不到，所以干脆弃学投奔社会了。等我见到他的时候，已经在摄影圈混了四五年。

90-1是个愤青，我是在微博上跟他聊时事认识的，记得他经常有比较尖锐的观点，说话也够狠，经常被转发。偶尔知道他会做视频，就把他给招进公司。但不久他就辞职了。90-1说要回家，实在受不了北漂的生活，肮脏的空气，北漂的寂寞，几乎大量时间囚在几平米的空间上网。他不要这么活，要活得更有点人样。我不舍得90-1走，但不知道怎么留他，我想让他不那么愤青，小资一点，找生活中的乐趣。就这样，90-1走了。

90-2带着他浑身的书生气和文艺范在我办的杂志和开的店中间徘徊了一阵子。有一天，他突然跟我说，带你去五道营走走吧。我就跟着他走进了另一个年轻人的世界，这些小年轻都放弃了大公司的工作，有的玩照相机，有的卖衣服，有的做蛋糕，虽然也是在雾霾笼罩的帝都，也是毫无根基的北漂，他们却活得有声有色的。他们的生活让我想起了中国道教的传统，多少有点出世的感觉。返璞归真，接近自然。

"我想报道这种人，"90-2说，"还有很多。"他又给我讲了他做茶道的朋友，做陶瓷的朋友。这次五道营一日游，就是90-2做"中国新手工"专题的前奏。为了这个专题，90-2扛着一个摄像机在全中国走了十几个地方，访问了二十几个年轻的手工艺人。

90-3的能干则让我每次都对他刮目相看，他会看人，知道用什么语气去哄人家干活，更知道用什么语气让我这种老太太高兴。这个弃学的孩子似乎天天欢天喜地的。我不了解他的生活，只能从微信朋友圈里去猜测他的生活，似乎有一群小伙伴，经常吃吃喝喝。

三个90后给我的感觉是他们对生活的重视，不管是放弃都市，还是追寻中国生活的细节，甚至是被媒体歪曲为脑残的欢天喜地。90后的中国已经不是政治挂帅了，只有钱多钱少的问题，没有阶级斗争的问题。钱、地位、权力对90后都不重要，重要的是"乐子"，必须好玩，有意思。终于，人文思维又走进了一代中国人的生活。

(摘自《南都周刊》2014年第39期)

杨振宁：
大家一定会认为这是罗曼史

2004年，82岁的杨振宁与28岁的翁帆登记结婚。国内各大媒体均难得一致地对此事保持了较为严肃的报道角度，甚至连李敖也收起毒舌表示："很正常，这是任何一个82岁男人的愿望。""三四十年后，大家一定会认为这是罗曼史。"此后接受采访时，被要求定义自己与翁帆婚恋的杨振宁这么说。如今，十年已经过去，两人锡婚纪念日将近，杨振宁已满92岁。

"我们不宜要孩子"

杨振宁好友江才健透露："杨老虽已年迈，但身体硬朗，极少卧榻，盖因其先天身体素质好。"杨振宁除了听力不太好，需要常年佩戴助听器，其余身体指标都很正常，除了十多年前做过一次心脏绕道手术。

2005年，杨振宁曾谈及自己身体对婚姻的影响："跟她结婚使得我的生命有了延续，但永远有一个问题，我的身体发生问题是迟早的事。不过照我目前的情形来看，五年之内不出毛病应该是可以的。"如今，两个五年过去了，老者依旧矍铄。

由于常年佩戴助听器，杨振宁常需重复"我听力不行，你们说慢点"，他只需望妻子一眼，翁帆便会用略带潮汕腔的普通话把问题重复一次。

有时候听音乐会，音乐厅台阶的拼木地板有些晃眼，翁帆细心地告诉他注意台阶。音乐会册子上的英文字较小，翁帆会不时转述给杨振宁。近几年，杨振宁时有小恙。冬天出门前，翁帆一定为他系上围巾。逛公园，走十几分钟路，翁帆就坚持要歇一歇。

杨振宁好友、新加坡世界科技出版公司主席潘国驹说："翁帆可以很好地照顾杨先生，我认为她照顾得非常好。"

而在翁帆的记忆中，杨振宁做的有两件事让她感动。"有一回我们在日本，早上我病了，头晕、肚子疼，没法起床，振宁到楼下帮我拿一碗麦片粥上来，喂我吃。""还有一次是在三亚的酒店，那天他不想开灯吵醒我，就到洗手间去看书。我醒来后跟他说，你可以开灯的。"

不过，弄璋弄瓦，似乎并不在两人的计划之中。"其中的原因实在太复杂，我也无法详细说。"杨振宁说，"翁帆应该和我一样，都长时间考虑过，但我们从来没有就此展开讨论，准确来说，这是一个没有结论的讨论……我想我们不宜要孩子，因为我一直在想，如果我不在了，翁帆一个人带着一个或者两个孩子，那将是很困难的事。"翁帆则表示，"顺其自然吧"。

不上课了，结婚去

杨振宁发妻杜致礼离世于2003年10月，仅14个月后杨振宁便与翁帆结婚，似有薄情之嫌。不过，很多人在看了三人的合影后，便有所释怀，两位杨夫人，长得确有几分神似。

1995年8月，汕头大学举行海外华人物理学会大会，英文系大一生翁帆是杨振宁和太太杜致礼的接待向导，杨振宁曾说，"那是一个只有上帝才会做的安排"。

夫妇俩对翁帆都有好印象，杨振宁后来回忆道："致礼和我立刻就喜欢翁帆，她漂亮、活泼、体贴而且没有心机。她是英文系学生，英文说得极好。"离开汕头后，杨振宁夫妇和翁帆偶有联络。这期间，翁帆曾结婚再离婚。

2003年12月，杨振宁从美国返回北京，任清华高等研究中心主任，开始晚年生活。2004年12月22日，杨振宁主讲的物理基础课，座无虚席。老人突然停顿下来，微微欠身，对130余名学生说道："抱歉，我下周有事，将由中科院院士赵忠贤代课，今天的课就到这儿。"

这是杨振宁给清华本科生上的最后一课，两天后，他和翁帆在汕头登记结婚。

一封杨振宁写给亲友宣布与翁帆订婚的信被公布，其中一段写道："请读一下下面的句子，这些句子说明了我对于她在我生命中扮演的以及即将要扮演的角色的感觉：噢，甜蜜的天使，你真的就是上帝恩赐的最后礼物/给我的苍老灵魂/一个重回青春的欢喜。"

2008年元旦，新书《曙光集》发布会上，杨振宁称："结婚以后通过这几年的接触，我就知道与翁帆间有代沟，我的经历较于她，个中感受完全不一样。"

两人有自己填补代沟的方式。杨振宁喜欢穿色调明快的T恤和衬衫，还喜欢扎上皮带，他认为这样显年轻，更有精神。而翁帆婚后的装束比以前更为成熟。

每次去餐馆、博物馆或美术馆，他们一定会玩测试默契程度的游戏。"如果这家美术馆要送你一幅画，你选哪幅？"无论是不是选择同一幅画，两人都会有话题可聊。"我们都不喜欢太现代主义的画。"杨振宁说。翁帆也表示："很多现代画作，抽象过了头，只是一团色

中国最古老股票

我国有档案可循的最古老的股票是乾隆四十四年(1779年)自贡人签订的《同盛井约》,由此将中国股份制出现的时间上推了100多年,被著名经济学家厉以宁称之为"中国最古老的股票"。

《同盛井约》是一份关于盐井开采的盐业契约。该契约用土地、劳动力、资本入股,明确相互的责权利,用契约形式固定下来,各方分别签字画押作为共同遵守的约章,不得随意更改。凭具有公证作用的中间人在上面签字证明各方商妥入股的合作意愿和条件。表现形式为股票证书,属于无面值股合约(股票)性质,与比例股股票相似。与现在股票相比,《同盛井约》虽不具有股票的全部特征,但其制作程序(格式)、记载内容和记载方式都符合中国传统的订约方式,是合法有效的。

自贡井盐要开凿几百上千米深的井,取出卤水熬制成盐才能产生利润,投资大、周期长、风险高。为分摊风险,让一些本小力弱者也能参与到凿井中来,盐业契约应运而生。按盐业契约,井盐股东由三部分组成:"地主",即井基的土地所有者;"承首",通过经营管理技术而获得股份的职业经理人;"合伙",即货币投资者,只要你有积蓄,都可以在开凿盐井时"入伙",成为股东。

(摘自《中国日报》2014.9.28)

彩,我们都不能接受,我们的审美观相差不远,虽然不一定选同一幅画,但是小范围还是一致的。"

杨振宁也是这样和发妻杜致礼一同参观博物馆的,杜致礼曾说:"他(杨振宁)一到博物馆,便知道我喜欢什么作品。"

杨振宁还常出一些数学题给翁帆做,如果答对了,杨振宁就会说:"答对了,加10分。"

他们也常常在一起朗诵诗歌,将一些经典诗歌进行改编。两人有时会到香港中文大学寓所小住,会去石澳旁的小岛游玩。杨振宁开一辆1980年买的老式日产车,甚是醒目。

(摘自《文摘周报》2014.10.31)

布拉德利:敢把总统拉下马

□陈 墨　陈丽丹 等

曾因报道"水门事件"将总统拉下马的布拉德利堪称美国新闻行业的标志性人物。美国总统奥巴马2013年曾亲自为他颁发自由荣誉勋章。

10月21日,布拉德利去世,享年93岁。当晚,奥巴马通过一份声明,追忆了布拉德利的一生。他说:"对布拉德利而言,新闻业不仅是一份工作,还是对我国民主制度至关重要的公益事业。"奥巴马对布拉德利称赞有加,称其是"一位真正的新闻人"。

战场里走出的新闻人

1921年8月26日,布拉德利出生在马萨诸塞州波士顿。儿时的布拉德利患过小儿麻痹症,饱受病痛折磨。但他不仅战胜了病魔,更是考上了世界顶尖学府哈佛大学。二战期间,他在一艘驱逐舰上服役,打过十几场艰苦战役。

从海军退役后,布拉德利开始了记者生涯,并迅速在华盛顿的新闻竞争中脱颖而出。这并不意外,当与他关系要好的邻居肯尼迪幸运地当选了总统的时候。

"有朋友参与美国总统竞选的那种感觉,对任何人来说,都是出乎意料,也是让人着迷和兴奋的。而对于一个报人来说,不仅有这种喜悦之情,心头也会有疑虑:你到底是一个朋友呢,还是一个记者呢?"多年后,布拉德利在自己的回忆录中写道,如果自己当时知道肯尼迪和一名与犯罪集团有牵连的女子朱迪丝·埃克斯纳有一段情,或许会舍弃友谊而选择将其曝光。

肯尼迪遇刺的几个月前,《华盛顿邮报》出版商菲利普·格雷厄姆自杀,报纸由其遗孀凯瑟琳接管。布拉德利临危受命,担任执行副主编,并继而在1968年出任主编。

布拉德利决心把这份只有靠"女人那些事"吸引人的小报办成最富有影响力的报纸。他招兵买马,"只雇用比自己聪明的人,并协助他们施展才能"。

一再挑战政府底线

1971年,一位前政府官员把曝光越战内幕的美国五角大楼文件交给了《纽约时报》,《纽约时报》发表3天后,尼克松政府授命一家联邦法院,以这些内容会对国家造成不可挽回的损害为由,禁止继续公开。而与此同时,《华盛顿邮报》也获得了这份文件,几经斟酌,最终在布拉德利的推动下发表了此文。

《华盛顿邮报》被控损害国家利益,与白宫对簿公堂,几经磨难,最终报纸胜诉。

凯瑟琳事后感慨布拉德利的作用:"他订立了基本原则,(把这条线往前)推,推,推……迎着指控和威胁,不屈不挠地追逐真相。"

五角大楼文件事件刚刚过去一年,1972年6月,5个人因闯入水门大厦内的民主党全国总部而被捕,《华盛顿邮报》两位年轻记者鲍勃·伍德沃德和卡尔·伯恩斯坦立即着手开始调查,当记者们向着白宫一手导演的全面消息封锁突击时,布拉德利是他们最好的掩体。

布拉德利允许他们在报道中引用匿名消息源"深喉"提供的消息,这无疑承担着巨大的风险:"确实有风险,很多为新闻事业所吸引的年轻人都面临着这种风险。但是,这正是设置编辑岗位的初衷。"33年后提及此事,布拉德利认为这是理所当然的。

在整个事件持续发酵的28个月里,《华盛顿邮报》共刊载约400篇文章。布拉德利发现"整个世界被谎言压得让人窒息,而总统成了说谎大王"。在伯恩斯坦的回忆中,那时白宫新闻发言人每天都会跳出来抨击《华盛顿邮报》,点名批评布拉德利和两位记者,"然后,布拉德利则给我们鼓劲"。

最终,这起政治丑闻大白于天下,尼克松被迫于1974年8月辞职,《华盛顿邮报》对水门事件的报道赢得了1973年的普利策公共服务奖,真正成为了国际性大报。

重新定义"年过八旬"的概念

说到布拉德利本人的特征,美国媒体常用"魅力十足"、"声音沙哑"、"性感迷人"和"无所畏惧"等几个关键词来形容。美国雅虎新闻网报道称,布拉德利早年一张没系纽扣、展露宽大胸肌的照片曾登上《名利场》杂志,让人印象深刻。即便年过八旬以后,布拉德利依然"风采不减当年",《纽约时报》一名专栏作家曾惊叹"这哪是一个80多岁的老人?"布拉德利也很有"女人缘",他一生共有过三次婚姻、四个孩子。据说好莱坞老一代女明星劳伦·白考尔对他颇有好感。

曾扮演他的电影演员获得奥斯卡最佳男配角,崇拜他的报纸编辑竞相模仿他"一边露出天真笑容,一边说几句粗俗语言",配合他的编辑记者愿意随他"翻山越岭、浴血奋战",冲开一切挡在真相前的羁绊。

不过,布拉德利也有"看走眼"的时候。曾有一名年轻记者感人肺腑地报道了一个"8岁毒瘾儿童"的故事,并在1981年获得普利策奖。后来,报社才发现所谓"毒瘾儿童"纯属子虚乌有,就连作者本人的履历都是捏造的。查明真相后,布拉德利迅速退回普利策奖,熟悉他的

"赌徒"孙正义

□龚 灿

10月2日晚,福冈软银鹰队夺得日本职棒太平洋联盟的常规赛冠军。赛后,这支冠军队伍的幕后老板、在现场观看了比赛的日本互联网大亨孙正义在 Twitter 上写道:"我们做到了!谢谢所有的球迷!"

当阿里巴巴于9月19日在美国纽交所成功上市之后,国际舆论对孙正义的关注度并不亚于马云。他掌控的软银拥有阿里巴巴34.4%股份,借阿里上市的东风,孙正义以166亿美元的身家一跃成为日本首富。

"日本先生.com"

这是个首富随时会发生更改的社会,孙正义也曾短暂当过3天的世界首富。在上世纪90年代末的互联网热潮中,软银市值最高达1800亿美元,2000年时每股19.8万日元,两年后下挫至1542日元,

软银的绝大部分市值被蒸发,孙正义的个人资产损失超过700亿美元,据说这是史上最大的个人金融损失。

孙正义,韩裔日本人,用一种全新的商业手法冲击着日本式的管理模式。加州大学伯克利分校的日本研究教授史蒂夫·沃格尔如此评价孙正义:不是一个按常理出牌的球员,具有侵略性、敢冒险、行动力强,是在日本影响力最接近比尔·盖茨的人。他的身上有浓厚的"混血特质",东方血统,西方思维,是典型的美式企业家。

不走寻常路,这是孙正义的人生信条之一。16岁去美国求学,他用两年时间完成了高中教育,进入加州大学伯克利分校经济系后,他将大量时间花在如何赚钱上,而不是用于课堂学习。在毕业典礼举行前一周,他迫不及待地返回了日本,

---

人称,这件事把他"伤得不轻"。

《华盛顿邮报》说,布拉德利对新闻报道的热情无需多言,但他对行政管理工作却非常懒惰,几乎是"能少做就少做",常把琐事丢给下属。据其老友回忆,布拉德利交友广泛,"上至总统肯尼迪,下至农民

印刷工",他都能说得上话。即便是在晚年,他还时常能和年龄不及自己一半的年轻人开怀畅饮,以至于一些老友慨叹称,"他重新定义了'年过八旬'的概念"。

(摘自《中国青年报》
2014.10.29)

"我是去念大学而不是去领大学毕业证的"。因此至今他都没有加州大学伯克利分校的毕业证。

19岁的孙正义就制定了"人生50年规划":"无论如何,20多岁的时候,正是开创事业、扬名立业的大好时光";"30多岁的时候,至少要赚到1000亿日元";"40岁的时候,一决胜负,为干出一番大事业,开始出击";"50多岁的时候,成就大业;60多岁,交棒给下任管理者。"如今看来,孙正义一路走来,都在实践着作为大三学生时的规划路径。

他崇拜本田宗一郎,这位从制造自行车马达起家的汽车制造商,打破了当时日本政府当局只允许丰田等少数几家全国性龙头企业发展的局面。孙正义如前辈本田宗一郎那样,成功地打破了日本电信业的垄断局面,并成为日本互联网行业的领导者。日本业界给他冠了一个头衔:日本先生.com,因他创立的软银集团掌握着日本70%的互联网经济。

"SoftBank"(软银)集团,创立于1981年,彼时孙正义23岁,从加大伯克利分校毕业才一年半时间。他拿着在美国求学期间靠发明创造赚取的8万美元,开始从事个人电脑软件包的流通业务。

如今软银业务涉及宽带网络、固网电话、电子商务、互联网服务、网络电话、科技服务、传媒、金融、控股等,目前旗下子公司756家,关联公司105家。

"投资者和赌徒"

孙正义的前瞻能力在业界是出了名的,他自己经常说:"我看的不是30年后而是300年后,我不看昨天,不看现在,我看的是未来。"

早在30年前,孙正义就极富远见地投资多样化的互联网股票和复制美国的商业模式。美国《商业周刊》将其称为"电子时代大帝",形容他为电子商务投资者之首,而业界对他的评价是"投资者和赌徒"。

孙正义身上有浓厚的冒险精神,上世纪80年代末,孙正义就开始将软银向海外扩张,建立起软银韩国、软银美国等海外分支。90年代中期美国掀起互联网浪潮,孙正义跑到美国寻找未来最有前途的新技术和在线业务模式,他在几百家默默无闻的科技初创企业上砸下几十亿美元。

据统计,软银如今在1300家企业有股份,其中包括许多中国人熟悉的中国企业,如盛大网络、PPLive、人人网、UT斯达康、豌豆荚、知乎、个推等等。当然他最成功的投资便是雅虎以及当下最火的阿里巴巴。

21世纪初年的中国IT业,就像当年孙正义从美国引入局域网的日本:市场空白,企业野蛮生长,规则极不明晰。他看到了机会。2000年,新浪、网易、阿里巴巴都在争取软银的投资项目。每家企业都只有6分钟的演讲时间。当马云的演讲刚一结束,孙正义就决定投资阿里巴巴,彼时的阿里巴巴还只是中国一家小型电子商务公司。

"软银区别于其他公司的根本在于我们的互联网背景,而不仅仅是电信业务背景。软银集团的目标是成为移动互联网领域的世界第一。"孙正义在软银的年报中写道。在他看来,一个企业特别是信息行业,如果不是第一,那它的地位会非常危险。

搅局者

2006年底,孙正义出资118亿美元收购了日本第三大运营商沃达丰,并改名为软银移动,被认为是一场非常冒险的豪赌,三天之内软银股价狂跌60%。孙正义自称是"疯狂的赌徒",许多人都说他疯了。2006年软银资产为443亿美元,但因收购沃达丰背负巨额债务,2012年软银资产只有336亿美元。不过这一交易对日本民众来说却是极为有利的,"打破了日本电信业的一潭死水的垄断局面",软银与其他两大运营商掀起了疯狂的价格战,包括大幅调低手机通话资费的"金计划"价格战、价格低廉的"White Plan"包月计划,很快就吸引了大量用户。

这不是软银的第一次"搅局"。2001年,孙正义与美国诺威勒公司合作,进军日本的局域网市场。当时日本的宽带业务由老牌国企NTT一家独揽,上网费用昂贵。孙正义的加入打乱了NTT的传统业务,还推出了低价的Volp网络电话业务,实行装ADSL宽带送路由器的活动。孙正义用互联网业务迅速颠覆了传统运营商的暴利。

2013年,软银又来了一次豪赌。这次软银以216亿美元收购了美国第三大移动通信运营商Sprint Nexte,进军美国的移动互联网市场。孙正义的目的是想将Sprint打造成美国的沃达丰,用一家并非顶尖的运营商来搅动美国的移动通信业。

曾有人在推特上问孙正义"优秀公司员工的共同点是什么",他的回答是:"眼睛炯炯有神"。这看起来像是一句戏言,但软银创立至今,孙正义的这一选人标准已经得到了检验。孙正义也以"创业以来从未解雇一人"而自豪。当年软银初创时,孙正义站在两个苹果箱上雄心勃勃的开业致辞吓退了仅有的两名雇员。10年后,软银员工数量为570人,如今软银旗下拥有员工7万名。

"日本人喜爱的武士道能培养出优秀的员工,而要培养领导者则必须依靠帝王学。"在用人方面,孙正义有自己的见解。2010年,孙正义开设了软银学院,并亲自授课,受训人员除了来自软银内部,也有竞争对手的员工。这样的举动不仅体现出孙正义的自信,也展露出其用开放姿态拥抱信息社会的决心。

(摘自《看世界》
2014年11月[上])

艾扬格:把瑜伽从杂耍变成艺术

□高　峰

如果你对瑜伽稍有了解,那么,有一个人的名字你肯定不会陌生,他就是克里什纳玛恰尔·艾扬格。他把瑜伽提升为一种健身与生活方式,并将其推广到全世界,也因此被称为"现代瑜伽创始人"。

从小是个病秧子

艾扬格出生在印度卡纳塔克邦一个名叫百勒尔的小村子,生活得还算宽裕。艾扬格的父亲是一位小学老师,还有一小块土地。他在家里的13个孩子中排行11——这些孩子中活到成年的只有10个。

1918年是多灾多难的一年:"一战"爆发;大流感横扫世界,约有5000万到1亿人因此丧生。艾扬格的母亲舍莎玛在怀他时染上了流感,所以艾扬格一生下来就疾病缠身,先后感染过疟疾、伤寒和肺结核等。父亲总是鼓励这个病病恹恹的儿子:"你要趁年轻努力奋斗,最终一定会过上幸福生活的!"

艾扬格9岁时,父亲因阑尾炎去世了,家里每况愈下,贫穷让艾扬格的身体更加衰弱,几乎无法上学。当时,他甚至有了厌世的念头:"如此烦恼的生活是否值得过下去?"

15岁时,艾扬格搬到位于迈索尔的姐姐家,随姐夫克里希那玛查练习瑜伽。姐夫是一位著名的瑜伽师,并在赞助人迈索尔王公的宫殿里经营一所瑜伽学校。然而,在当时的印度,展示瑜伽是供人娱乐的杂耍。艾扬格曾说:"那时,嘲笑、排斥就是瑜伽修习者要面对的命运。"

起初,克里希那玛查教导艾扬格并不怎么上心,两年只教了他15天。因为,他认为这个身体僵硬、病恹恹的妻弟不会在瑜伽上有什么出息。直到克里希那玛查最喜欢的学生离开后,他才开始认真教艾扬格。姐夫的要求很严厉,有时一个动作学不会就不让艾扬格吃饭。在迈索尔王公宫殿的一次表演中,艾扬格展示了一系列"最惊人、最让人眼花缭乱"的瑜伽体式,获得王公和导师的赞誉,也使他在印度小有名气。"面对这样一个改变命运的转折点,我庆幸自己选择了迎难而上。那段日子决定了我日后的人生轨迹。"

18岁时,艾扬格被派往印度西部城市浦那传播瑜伽,这是他人生中最孤立无助的日子。之前,姐夫传授他瑜伽时,从没讲过瑜伽调息、瑜伽哲学这些东西,艾扬格开始自己领悟,他边练习体式,边从中捕捉身体各个部分最精微的联系与变化。"一开始,我如同驾驶一条不听使唤的小船环游世界。我只有紧抓住船舷,从头顶的星空获得一点安慰。尽管我知道许多人已经遨游世界,但我并没有他们的航海图。"

瑜伽界的米开朗基罗

1952年,著名的小提琴大师、美国人梅纽因到印度演出,结识了艾扬格。为了让这位新朋友充分感受瑜伽的魅力,艾扬格给他单独做了45分钟的展示,梅纽因看后十分着迷。梅纽因的妻子戴安娜是位芭蕾舞演员,梅纽因对她说:"艾扬格给我表演了另一种芭蕾。"戴安娜的好奇心也被吊了起来,于是艾扬格又给夫妇俩演示了一遍。梅纽因学着艾扬格做出了一个头手倒立,结果坚持了两分钟就累得上气不接下气。艾扬格做了一番指导后,他居然毫不费力地坚持了4分钟,起身后大呼神奇,坚定了向艾扬格学习瑜伽的决心。

在梅纽因的安排下,艾扬格开始走出国门,到伦敦、巴黎、苏黎世等地传授瑜伽,并很快用实力征服了西方人,"我每天练习六七个小时,只吃面包、水果和咖啡,却依然保持精力充沛……我想我的生活方式对西方人启发很大。"时至今日,全美的瑜伽练习者已超过1600万人。1966年,艾扬格出版《瑜伽之光》一书,被奉为"瑜伽圣经"。

瑜伽能够流行世界,并不仅仅因为它能健身,更因为它是一门科学、是一门哲学、是一门艺术。正如艾扬格所说:"瑜伽让我们的身体、头脑和心灵和谐共存。瑜伽是让人们通过冥思和形体锻炼,让精神集中,并对其进行约束和引导,从而实现个体与宇宙万物之灵相融合。"

2003年,"艾扬格"(Iyengar)一词被牛津英语词典收录,美国《时代》周刊将他列入"全世界最具影响力100人",英国BBC称他为"瑜伽界的米开朗基罗"。艾扬格的拥趸中名人无数,最有名的当属比利时女王伊丽莎白,当时女王已经80岁了,还跟着他练习头手倒立!

90岁高龄时,艾扬格还坚持每天练习六七个小时的瑜伽。他还鼓励繁忙的都市人像他一样见缝插针地练习。"凌晨3点醒来时,在等米饭煮熟的空当……我都会练习瑜伽。有什么比健康更重要吗?"艾扬格讲授瑜伽时,从来不需要椅子,"一个坐下来讲授瑜伽的老师不是好老师。"

艾扬格一生致力于推广瑜伽。在艾扬格的讣告旁,有一张须发皆白的微笑的照片,配着这样一行字:"我总是告诉人们:快乐地生活,有尊严地死去!"

(摘自《环球人物》2014年第25期)

我的少年时代那么美

□林清玄

我在高中时便决定要成为一名作家,有两个原因:一是希望自己能替一些没有机会出声的人发声;二是希望使人与人之间可以沟通。

那时候,我读了很多课外书,我曾经立志要把学校图书馆的书,从第一本看到最后一本。除此之外,我还到外面借回很多三十年代的书籍。我从第一个字抄到最后一个字。因为那时没有影印机,借来的书只好抄,以便自己可以保留一份,这些作品深深地感动着我。因为这样,我非常喜欢读书;也因为这样,我的功课很差。高二第一个学期结束后,爸爸收到了我的成绩单,打开看后,对我说:"还不错嘛!有一科蓝色的。"而且这蓝色是美术科——六十分,其他全都不及格。

那时候,我觉得我的人生快完蛋了。可是在高二下学期,我碰到一位很好的语文老师,他的名字叫王雨苍,他对我非常好。当我告诉他我想当作家时,他很感动,觉得我年纪那么小,志气却那么大,于是他就一直鼓励我。所以在那个时候,我每天写一两千字的文章,这也是当时唯一支持我继续读书和活下去的理由。

我想这一段时期对我后来的影响非常大,因为这时,我差不多放弃了考大学的念头,认为我应该好好写作而不是考大学。那时,校长找我谈话:"你干脆把报名费省下来,请同学吃西瓜吧!"我说我还是要赴考,至少要给爸妈一个交代。

可以想象,第一年落榜了。我爸爸卖了家里的一块田地,筹了钱。他说:"我听说台北有一种补习班叫保证班,你缴了钱就保证一定考上。"于是,我去了台北,在补习班门前徘徊了好几天。不知哪里来的勇气,我做了一个决定:我不要补习,我要把这笔钱拿来旅行,我想去了解一些地方的风土人情,那对我的写作会很有帮助。

我开始计划一年的旅行,到澎湖住一个月,去梨山一个月,去南台湾、东澳、南澳、苏澳、山地部落、矿坑、牧场,等等。那一年,我一边旅行,一边做笔记,觉得生命变得很丰富,人生变得很幸福,我完全可以在非常平静的心情之下做一些自己喜欢的事。一直到现在,我仍然很喜欢自己跟自己对话。对一个高中生来说,独自去旅行一年,那种感受非常强烈、刻骨铭心,会带给他多么大的震撼!

虽然第二年高考我又落榜了,

悲伤持续时间远超其他情绪

经历分手、追悼亲友或者只是单纯的心情不好都会让你觉得整个人要崩溃了。现在科学家发现,悲伤情绪的持续时间竟然是包括羞愧、惊讶、烦躁和无聊在内的其他情绪的240倍。

科学家解释说,原因在于悲伤情绪往往伴随着具有重要影响力的事件,比如死亡和意外。

为验证各种情绪的持续时间和效果,比利时勒芬大学学者菲利普·韦迪恩和萨斯基亚·拉维伊森要求233名学生回忆近期发生的情感事件,并报告每一次的持续时间。

在总共27种情绪当中,悲伤的持续时间最长,而羞愧、惊奇、恐惧、厌恶、无聊、感动、烦躁和宽慰等情绪却能很快结束。

一般来说,抛开悲伤需要120小时,但忘掉厌恶和羞愧仅需30分钟。憎恨能够持续60小时,快乐则有35小时。

无聊同样属于持续时间较短的情绪,两位学者认为,虽然人们在无聊的时候觉得时间过得很慢,但无聊情绪的持续时间往往不会太长。

科学家发现,持续时间长的情绪往往是由那些产生重要影响的事件引起的。有些影响需要经过一段时间才显现出来,相关情绪就会因此得到维持或强化。当一个人反复回想事件本身及后果时,相关情绪自然会持续下去。

(摘自英国《每日邮报》2014.10.31)

但是我一点也不觉得遗憾,因为这种交换对我来说,实在很可贵。在旁人来说,写作也许只是他们的兴趣,可是对我来说,写作的动机就是希望为这个世界写作,为这个世界的人写作。

我比较不喜欢做所谓的"乖孩子",在读高中时,我就常常做一种思考——这个事情如果很多人都用同样的观点来看的时候,你有没有一个新的观点?我认为一个写作的人就是要在人潮里做逆流。当这个世界都被污水弄脏的时候,我即使只有一滴清水,也要拿来清洗这个世界。

我的少年时代那么美、那么真实,那一段岁月里,我想,我基本的人格与风格都已经养成了。

(摘自《知识窗》2014年第7期)

人生这样你那样定律

□朱德庸

大家都有爱——麻烦定律：

1. 世界上有两种人：一种是制造麻烦的人，一种是解决麻烦的人。

2. 制造麻烦的人有时制造的麻烦是帮另一个人解决麻烦；解决麻烦的人有时解决的麻烦会对另一个人制造麻烦。

3. 爱情虽然是最大的麻烦，但没有了爱情，这个世界的麻烦会更大。

4. 我们不希望发生在自己身上的麻烦往往会发生在我们身上，而我们希望发生在自己身上的爱情通常都会发生在别人身上，这就是人生。

大家都有骗——相信定律：

1. 凡是值得做的事，一定也值得骗。

2. 没理论根据的是骗，有理论根据的骗是数据。

3. 当你很容易相信别人时，你就会经常被别人骗；当你经常被别人骗了之后，你就会开始不容易相信别人；当你不容易相信别人时，你就会开始只相信自己；当你很容易相信自己时，你就很容易被自己骗。

4. 人一生不是要骗别人相信自己，就是要骗自己相信别人。如果你都不骗，那么你就很难相信爱情和人生。

大家都有忙——简单定律：

1. 做事的人分三种：一种是把简单的事用复杂的方法做；一种是把复杂的事用简单的方法做；还有一种是不论简单或复杂，都推给别人做。

2. 复杂的快乐需要复杂的代价，简单的快乐需要你自己去找。

3. 人生不存在容易或简单的方式，只存在属于自己的方式或属于别人的方式。

大家都有病——笨蛋定律：

1. 世界上有两种人需要提防：一种是认为所有人都是笨蛋的聪明人，另一种是认为所有人都是聪明人的笨蛋。因为这两种人一样危险。

2. 一个拥有人生哲学的人有可能成为智者，一个没有人生哲学的人则没有可能成为智者，却极有可能让他身边的人成为笨蛋。

3. 人在社会上混，避开笨蛋并不困难，困难的是你不知道谁才是笨蛋。

大家都有心——自己定律：

每个人都应该拥有一块属于自己的外太空，在那儿，我们可以随着自己的心自由飘流。

（摘自《青年文摘》2014年第22期）

一起玩手机顺便吃个饭

□李 晓

我和老宋这样的朋友,建立了一个微信圈,朝朝暮暮,天涯海角,整天微信往来频繁。彼此之间,仿佛肚子里的蛔虫,蠕动一下也知道了。但有一天我突然发现,我们之间的距离,随着这看不见的"蛔虫"蠕动,却有些隔膜疏离了。

一个人,一旦把自己生命里微弱的信号也发射给对方,看起来没距离,实际却寡淡了。我从来不相信两个人的完全亲密无间,如果真是这样,必定有一个灵魂因为成全与妥协而带来委屈。

这样的一个微信圈子,把彼此的24小时串联起来,便让见面的机会与冲动,愈发少了,如果遇到了艰难坎坷的细节,微信里那些励志的心灵鸡汤,也是批发兼零售此起彼伏而来。

不过,通过我联系,几个老朋友,还是聚了一次。那天来了七八个人,一见面,彼此之间没一点亲热的感觉,有两三个人还打着呵欠翻着白眼,感觉很不耐烦的神情。趁菜还没有来的间隙,我想同大伙叙叙旧,可说些什么好呢?要说的,感觉平时都在微信里说了。

等菜的时间里,大家都埋头刷屏,玩着各自的手机。菜上来了,都是菜馆里新开发的菜肴,几个人起身,拿起款式各样的手机,从各个方位一阵猛拍,再把图片迅速发出去,并获得点赞。这家菜馆就这样被免费做了一次广告。

平时我已经很少喝酒了,但那天我还是举杯,想把久别重逢后的气氛,推向一个高潮。以前喝酒时,常有这样的效果,有一次喝得高潮迭起,一个朋友还抱住我,要把他家银行存折的密码都告诉我。这次,酒没人喝了,有几个人说,可以喝点饮料。保重身体,这个可以理解,可一群拿着饮料罐的男人再也回不到那些在酒桌上赤膊上阵的日子了。

一顿饭,就这样吃得冷冷清清。吃饭时,依然有人在手机上不停刷屏,看八卦新闻。见众人就这样边吃边玩手机,我也想把这顿饭尽快结束算了。四十分钟后,我去把账结了。

打着招呼,匆匆散去。下次再聚啊!下次,大家再一起玩手机,顺便吃顿饭,当快餐吃。

(摘自《羊城晚报》
2014.11.6)

活得有品相才能有尊严

□蒋方舟

章诒和的《伶人往事》里讲过她的父亲章伯钧请京剧大师马连良吃饭的故事：

刚过午休，几个穿着白衣白裤的人就进了章家厨房，用自备的大锅烧开水，等水烧开，放碱，然后用碱水洗厨房，洗到案板发白，地砖见了本色才罢手。再过了一个时辰，又来了一拨儿人，肩挑手扛着整桌酒席用具，还有人扛着烤鸭用的大捆苹果木枝。院子里，肥鸭流油飘香，厨师在白布上使用着自己带来的案板、炊具——连抹布都是自备的，雪白。

章伯钧请马连良吃饭，结果自家只用了水和火。

章诒和的评价很动人："马连良这样的艺人细心地过着自己的日子，精心琢磨那份属于自己的舞台和角色。活在个体的生动感受中，以自己独特又隐秘的方式活着。"

那一代人如何活着？具象地说，是活得"有规矩"；抽象地说，是活得"有样子"；简单地说，是活得有尊严。

伶人已逝，"第一玩家"王世襄的去世，让很多人哀叹某种生活方式的结束，这种生活方式就是两个字，"讲究"。享受生活，不应是享受生活的豪华，而是享受生活的分寸感。

日本著名的民艺理论家柳宗悦谈论器物时说："每天使用的器具，不允许华丽、繁琐、病态，而必须结实耐用。忍耐、健全、实诚的德性才是'器物之心'。"朴素的器物因为被使用而变得更美，人们因为爱其美而更愿意使用，人和物因此有了主仆一样的默契和亲密的关系。

我刚刚去了日本的京都，入住那里的旅馆，常常给人以"家徒四壁"的感觉：朴素吸音的墙壁，一张榻榻米，没有什么娱乐设施，这样的布置，简单得几乎有了"寒苦"的感觉，除了睡觉、喝茶，似乎也没有其他的事情可以干。人就这样和自己形影相吊。

现代人往往精疲力竭地追逐眼花缭乱的富足，然后再花大价钱、大把时间去清贫简陋的环境中体验，并命名为"修行"，殊不知，生活才是最好的修行方式。

我们谈论金钱、谈论社会、谈论变革、谈论技术、谈论未来，却越来越少地谈论生活。当我们谈论生活

中国重返联合国历史细节

□吴建民

1971年10月25日,第26届联合国大会以76票赞成,35票反对,17票弃权的压倒多数通过了2758号决议,决定恢复中华人民共和国在联合国的合法席位。

这标志着中国的外交进入了一个新阶段。当时,担任过毛泽东、周恩来、陈毅等党和国家领导人法语译员的我,成为第一批被派驻联合国的外交人员。

"英法联军要打到纽约了"

1949年10月1日,中华人民共和国宣告成立。在联合国内,一个非常尖锐的问题出现了,究竟谁代表中国?是中华人民共和国还是窃取中国席位的蒋介石政府?在许多发展中国家和主持正义国家的支持下,中国为恢复在联合国的合法席位奋斗了22年。

联合国大会通过了2758号决议后,联合国秘书长吴丹(缅甸籍)致电时任中国外交部代理部长姬鹏飞,邀请中国代表团出席第26届联大。毛主席后来在会见前往联合国的代表团时,谈到决定去的原因:"要去,不去会脱离群众。是非洲兄弟把我们抬进联合国的,怎么能不去呢?!"毛主席还说,"不入虎穴,焉得虎子。"

10月底的一天,当时外交部翻译室的领导冀朝铸跑来对我和我的妻子施燕华说:"领导决定,你们两人将参加联大代表团,开完会议后常驻联合国。"讲完之后,他又补充了一句:"英法联军要打到纽约了!"然后哈哈一笑。所谓"英法联军",是说我是学法文的,而施燕华是学英文的。

辗转的旅程

当时,从中国去纽约真不容易啊!我们先乘飞机到上海。从上海机场出发,我们乘坐的是法航飞机。今天飞巴黎10个小时就到了,当年可不行。我们第一站停在了缅甸仰光;第二站到了巴基斯坦卡拉奇;第三站停经雅典;第四站停经开罗,在那里我们没有下飞机,在机上等候加油。第五站到了巴黎,在戴高乐

时,我们谈论焦虑、谈论烦恼、谈论不满、谈论他人,而越来越少地谈论生活本身的本质。生活的本质是什么?是人该以怎样的品相活下去。

(摘自《广州日报》2014.10.18)

机场等候我们的除去驻法大使曾涛和使馆外交官外,还有许多法国记者。中国代表团不接受记者采访,他们只能照相。他们也分不清楚谁是谁,以为那些胖胖的、长得比较魁梧的一定是大官。结果第二天,报上登出来的许多是厨师和司机的照片。

11月11日,代表团分别乘两架不同的法航班机飞赴纽约。当时的警惕性很高,怕代表团都乘同一架飞机,万一飞机出毛病就麻烦了,不如乘两架飞机,保险一点。

美国人对失败没有回避

从巴黎直飞纽约,大约需要近8个小时。当飞机接近纽约肯尼迪国际机场时,机长跑来告诉我们:"先生们,在肯尼迪国际机场,已经有500名记者在恭候诸位的到来。"我们抵达肯尼迪机场时,乔冠华在机场发表了一篇讲话。乔冠华讲完话之后不接受任何记者的提问,就上车直奔位于纽约市中心的罗斯福旅馆去了。

为什么选择罗斯福旅馆?因为该旅馆离联合国比较近,在麦迪逊大道上,走路到联合国最多十分钟。我们把罗斯福旅馆的第14层楼全部包下来。美国人忌讳13,14层楼实际是13层。代表团一行近40人,全部住在这里。

11月14日,星期一,联合国第26届联大举行专场会议,欢迎中国代表团的到来。共有57位国家的代表发言。许多发言者批评把中国排除在联合国之外是不公正的,是美国等为首的一些西方国家长期阻挠的结果,矛头所向十分明确。许多代表欢呼中国重返联合国,欢呼人类进步事业的胜利。

我记得在会上最后发言的是美国常驻联合国代表老布什。他直言不讳地承认,美国是反对恢复中国在联合国的合法席位的,但是,美国失败了。今天中国代表团来到联合国,他作为东道主,向中国代表团表示欢迎。我觉得美国人还是相当坦率的,对于他们的失败没有回避,这在外交上是不太容易的。

国名就用CHINA

我们重返联合国之后,有些具体问题需要解决。譬如,中国代表团座位前面的国名牌应当如何写。是写CHINA(中国),还是写People's Republic of China(中华人民共和国),还是写PRC(中华人民共和国的缩写)?在讨论如何答复联合国方面时,乔冠华团长明确回答:"就用中国。中华人民共和国代表全体中国人民,台湾是中国的一部分,用中国很好。"他的主张得到国内的批准。现在,各种联合国会议,中国代表团前面的国名牌写的都是中国。回顾起来,不得不佩服乔冠华的胆识,写中国写得好!

(摘自《环球》杂志 2014.10.25)

"吃货"遗千年

□骆晓昀

中国美食史上,掌握话语权的并非厨师,而是文人。

谁在撰写美食菜谱?是珍馐的制作者,还是品尝者?实际上,答案并不太重要。有趣的是,历史上一道又一道精美的佳肴,散落在考古的发现中,泛黄的历史书里……

"吃货"遗千年,此话一点儿不假。

文人菜系

中国美食史上,掌握话语权的并非厨师,而是文人。他们中的多数人并不会做菜,但对美食有天然的热爱和追求。凭着手中的一支笔,他们为后世留下一篇篇或臆想或具操作性的菜谱。

袁枚的《随园食单》以其浪漫性和条理清晰的厨艺讲解成为可以跟我们走得最近的古代食谱,江南菜式让如今的不少女性对这位隔世大厨充满了迷恋和想象。

同样是清代的美食家,李渔的《闲情偶寄》饮馔篇注重清淡、自然、讲究悲悯的饮食观,与现代很多提倡清淡饮食和动物保护主义的人在观念上相近。

而元代倪瓒的《云林堂饮食制度集》则写了很多精致而朴实的太湖菜,比如烧鹅、蜜酿蝤蛑、煮麸干、雪菜、青虾卷等,现代的"苏锡帮"菜肴还有很多源自这本菜谱。它属于文人菜谱中的佼佼者,乃至于日本的《养小录》也收了不少其中的灵感。

文人菜系中最为人熟知的当属"红楼菜"。《红楼梦》中的食谱菜单受到考据学家和美食家们的重视和青睐,有关这个菜系的研究专著洋洋洒洒不下几十本。

曹丕在《典论》中云:"一世长者知居处,三世长者知服食。"便是说,三辈子做官,方懂得穿衣吃饭。

《红楼梦》中描述得最仔细的一道菜是"茄鲞"。

王熙凤向刘姥姥介绍了制作方法:才下来的茄子把皮籖了,只要净肉,切成碎丁子,用鸡油炸了,再用鸡脯子肉并香菌、新笋、蘑菇、五香腐干、各色干果子,俱切成丁子,用鸡汤煨干,将香油一收,外加糟油一拌,盛在瓷罐子里封严,要吃时拿出来,用炒的鸡瓜一拌就是。

厨艺家们按照王熙凤的介绍如法炮制,做出来的"茄鲞"并不好吃。所以许多人就认为贾府的这道

"茄鲞"是曹雪芹的杜撰。其实,许多相关的记载有据可查。

比如,元代食谱《居家必用事类全集·已集》有"造菜鲞法":盐韭菜去梗用叶,铺如薄饼大,用料物糁之。陈皮、缩砂、红豆、杏仁、花椒、甘草、莳萝、茴香,右件碾细,同米粉拌匀,糁菜上,铺菜一层,又糁料物一次。如此铺上五层,重物压之,却于笼内蒸过。切作小块,调豆粉稠水蘸之,香油炸熟,冷定,纳磁器收贮。

这是制作"韭菜鲞"的用料及工序。与贾府的茄鲞相比,用料虽不同,但其主要烹制工艺程序却很相近。

另外,清乾隆时期有一位名叫丁宜曾的人,于乾隆十七年写了一本《农圃便览》,其中说到了"茄鲞",并谈到制法。立秋茄鲞:将茄煮半熟,使板压扁,微拌盐,腌二日,取晒干,放好葱酱上面,露一宿,瓷器收。

可见"茄鲞"一词并非曹雪芹所杜撰。以丁宜曾的生活年代看,他应与曹雪芹同时代,说明"茄鲞"一名在当时已很普遍。

另一位在自己小说中大费笔墨描写美食的作家是金庸,在其作品《射雕英雄传》中,黄蓉为师父洪七公费心制作了多道美食。

而据金华新闻网报道,2011年5月,800年前一本记录金华主流菜系的古菜谱《吴氏中馈录》现身民间。拥有此书的金华商校老师楼洪亮试着恢复了几样金华菜和点心。

《吴氏中馈录》的现身,让金华人开始追忆往昔辉煌的金华饮食文化,重现金庸笔下那道火腿与豆腐的杰作"二十四桥明月夜"已非难事。

瓦罗亚王朝
500年前的食谱

陈楠是气候变化和绿色建筑方面的专家,同时是一位美食家,她在巴黎、悉尼和北京三地居住,也为《纽约时报》撰写美食专栏。

2014年的初夏,陈楠一家从巴黎开车去法国中部的卢瓦河谷。这里建有几百座华美的古堡,是法国瓦罗亚王朝最热衷的栖息之地。

作为欧洲乃至全球最有名的美食国度,法国菜历史悠久。在它的美食历史中,昂布瓦西城堡的女主人卡特琳·德·梅迪契是最著名的人物之一。陈楠在她的《纽约时报》专栏中介绍说:这位女主人在1533年嫁给法王弗朗索瓦一世的儿子亨利二世后,便开始大刀阔斧地按照自己的艺术品味和对奢华的满腔热情来策划她的城堡生活。

昂布瓦西城堡是梅迪契抚养了十个子女的地方。家族里的每个人都配有随从、侍者和家庭教师,他们构成了城堡庞大的就餐人群。

据《文艺复兴时期卢瓦尔河谷的城堡》一书中记载,昂布瓦西城堡每天要提供的食品包括:468个面包;47瓶塞第尔白葡萄酒和红葡萄酒;17头半牛提供了熬汤用的牛肉,其中有12公斤肥膘肉,一个半牛肚;接着是小牛肉,4头小牛及其内脏,12块煮白汁块的肉;羊肉类包含7头绵羊和12只羊脚,7头半山羊羔和其内脏;家禽类是80只母鸡和肉鸽,31只阉鸡和8只鹅;另外还有一只野兔,78公斤肥肉,50枚鸡蛋,12公斤照明用蜡烛。

每次延续两天的盛大宴会,需要四个月的精心准备。

梅迪契是个不会放过任何一次欢庆机会的女主人,很快她的宴会在卢瓦河谷声名鹊起,大获称赞。来就餐的贵宾们也竞相让自己城堡里的大厨模仿烹制这些"更有生命力的美味佳肴"。

那个地方的美食,历经数百年之后,已被编撰成《卢瓦河谷城堡菜谱》。

食谱记载了一些有趣的记录,比如这条:"用一口口再三锔补过的铜锅,大厨做出的'7小时慢炖羊腿'能让英国王太后念念不忘,王太后特意把大厨请到温莎城堡给自己的厨师们面授机宜。"

梁思成弟子的厉家菜

考古学家在底格里斯河和幼发拉底河之间的美索不达米亚地区,发掘出公元前1700年的一些石制铭牌,牌上镌刻着用水牛、羚羊和鸽子肉制作菜食的烹调法。

这些食品都需放在用牛肉或者羊肉配制的清肉汤或者菜汤里炖。上菜时,撒上一点面包屑。考古学家认为,这是人类历史上最古老的菜谱。

而在中国,学界一般认为现存最古老的菜谱出现在1000年前的北宋。然而,后魏所著的《齐民要术》一书已记载菜谱近百种。

《齐民要术》所转录的菜谱,荤素皆有,制作和烹调的方法多种多样。

那时候的做菜方法和所用调料与今天虽然差异较大,不过也有一些与今天相似的菜,如烤乳猪、蒸鱼、焖茄子、煎荷包蛋、凉拌木耳丝、菌菇鱼羹、莼菜鱼羹、酸菜鹅鸭羹,等等。

与法国相同,在中国,皇家菜谱也被记录得相对完整。借由正史和野史的记载,以及菜系传人的继承,这个曾经高不可攀、代表着神秘和奢华的菜系续写着自己的生命力。

厉家菜馆在北京后海的羊房胡同里。这是一个除了门牌号外无任何标志的小院,"厉家菜"的招牌挂在墙上,题字者是末代皇帝溥仪的弟弟溥杰。

厉家菜馆的主人叫厉善麟,正统八旗子弟正白旗人,祖父是清末慈禧时期的内务府都统,官拜二品。

据《深圳晚报》报道,作为独生子,小时候父母对厉善麟很是宠爱。而身为"少爷"的他,常常跑到厨房跟厨师学做菜。厨师本是不愿意教的,厉善麟就在家里招待客人的时候去厨房,那时厨师忙不过来,便会

过过极简生活

□黄夏歆 等

近来流行极简生活,它主张删繁就简,让心灵摆脱世俗的牵绊,过真正轻松愉悦的生活。

简化生活：
"断舍离"后轻松上阵

曾有媒体报道,乔布斯的房间里只有一张爱因斯坦的照片,一盏灯、一把椅子和一张床。尽量拥有较少的个人物品,让生活更简单,是极简生活的一项重要内容。

买回新衣服后,发现衣橱中还有很多件从未穿过;买回一堆食品,才想起上次买的都没吃;网购各种商品,快递送到时却又感觉不需要了……家里堆满杂物,每次收拾要花上大半天,空间越来越小,心情也越来越糟。

现代生活给人们丰富的选择,然而,很少有人会思考自己真正需要什么。面对繁拥芜杂的生活,试试断舍离吧。断,即断绝不需要的东西;舍,即舍弃多余的废物;离,即脱离对物品的执念,让自己处于自如的空间里。

简化饮食：
在原味中品味臻美

中国农业大学营养与食品安全系副教授范志红教授的饮食理念简

让他帮个忙,厉善麟就此学到了些真功夫。

1984年国庆,厉善麟的二女儿厉莉报名参加了"国庆节宴会邀请赛"。在两个小时内,厉莉一人做了14道菜,并获得了冠军。

此后,厉家的电话响个不停,都是怂恿厉莉开餐馆的。1985年4月,厉家菜馆在家里开张。

开张后的厉家菜馆,每天只摆一桌晚餐,还需提前三四天预订。因每道菜都要经过很长时间的准备,为做一桌席,一家人往往从上午准备到晚上客人来时。所以定了一个与众不同的规矩:不准点菜,厨房做什么就吃什么。

这个规矩如今已经成为众多私家菜馆的准则。

厉善麟在退休前是首都经贸大学数学系教授,曾在清华大学师从大师梁思成学习建筑,在他的菜中可以看到由建筑美学延伸出的美感,也可以感受到中国历代文人对美食不舍不弃的追求。

(摘自《瞭望东方周刊》2014年第37期)

化而不简单。

做菜时,她提倡油煮法,即把一碗水煮开,加入一汤匙油,然后把青菜放入快速煮熟,起锅时再稍微调味。同时,她也推崇蒸菜、清炖和凉拌等方法。简单的烹调保护了食材的营养,减少了因高温而产生的多种致癌物。

在当下,食物的功能有时被"异化"了,人们追求精美的食品,却忘记了进食首先是为了生存和健康。过度的加工会破坏食物中的许多营养素,过浓的味觉会扭曲人的食欲。简单不是无味,去掉了香精,略去了热油,食材会呈现出最本真的鲜美之味。渐渐地你会发现,杂粮香气浓郁,蔬菜清爽宜人,肉蛋鲜美可口。

精简信息:
收回你的注意力

信息沟通工具给我们带来了便利,但也让人淹没在信息的海洋中。公务员小姚是典型的手机控,每天忙于看新闻,或流连于各类APP中,号称汲取精神食粮。有一天,她的朋友问道,整天看这些娱乐八卦、社会新闻,得到了什么帮助?小姚怔住了。的确,那些信息并没带来多少养分和愉悦。于是,她开始减少使用社交网络的时间,将主要精力放在读书上。于是,小姚的生活反而更充实,更愉悦了。

北京安定医院焦虑门诊的韩海英博士解释,当滑动手机、打开电视、浏览网站等变成了人们经常重复的一项活动,人在大脑中会建立一种循环,这些反复的行为就会变成人体自动化行为,当行为被制止时会让人不安。

如果人们能把他们昏昏沉沉地消磨掉的时间的 1/3 抽出来,生活就会变得很轻盈。如果你一开始难以完全远离,可以先从小时段开始,养成 1 小时不刷屏、不上网的习惯,再慢慢远离这些信息海洋。

简略欲望:
用淡然的心与世界相处

一位世界 500 强公司的中层领导,年富力强,却跟谁都不争。熟悉他的人说:他以前也很要强,但有段时间胃肠问题严重,被医生警告"再发展下去就是癌"。从那以后,他就变了,很多事不再强求,身体也没再出问题。

从医学的角度说,情绪平和对胃肠系统有好处;从生活角度来说,不合理的欲望少一点,幸福就多一点。

曾看到一个故事,有人问米开朗基罗,他是如何雕刻出《大卫》的。他说,我去采石场,看见一块巨大的大理石,在它身上看到了大卫。我要做的只是凿去多余的石头。其实,人生也如此,不断剔除多余的部分,想要的部分才会慢慢显现。

(摘自《健康时报》2014.10.27)

你的邻居是谁

□吴 迪

小区里不知何时住进了一位大妈。穿着土气,毫不打扮,整天背着不足一岁的小孙子满小区溜达,逢人便笑呵呵地点头,偶尔几句寒暄:"吃饭了吗?下班啦?"

或许她心里的人际关系就该如此:基于居住地域的接近性、面对面的交流,形成范围狭窄但是关系密切的社交网络,张大婶也好刘大爷也罢,每一个人都是活跃在其中的一个鲜活的节点。但这样的人际关系正在被城市化及众多新型媒介消解,邻居的面孔、性格变得模糊难辨,"你的邻居是谁"成为了追问现代城市的一个谜团。

传统社群离我们并不遥远。也就在五年十年前,我跟你家借酱油、你到我家看电视,茶余饭后坐到一起闲聊家长里短,是再正常不过的邻里交往。城市化把人聚集到了高密度的火柴盒里,然而邻里关系却变得不合逻辑地疏离了——人与人之间必须保持相当的"舒适空间",互不过问、互不打扰,闲聊、寒暄等"不必要"的交流被忽略,对于左邻右舍知之甚少。

与其说冷漠是一种"城市病",不如说这已是一种现代化所带来的"新常态",是无法回避的必然。人们已经很快适应了不知道邻居是谁的生活,并且认为是理所应当。要是你的邻居一看到你就点头寒暄拉家常,你可能会认为他是对你有所图,或是空巢老人太无聊找人说说话,或是传销的骗子,甚至是某种新型的犯罪方式。在现代都市的语境下,"寒暄"与"热情"是格格不入的两种突兀元素。

在日本,空巢老人死在家中许久后才被发现的案例屡出,日本将其称之为"无缘社会",即无"社缘"(有同事没朋友)、无"血缘"(远离亲人)、无"地缘"(远离故乡)的状态。"缘"只在手机、电脑上活跃,看似触手可及,一旦断网,人便丧失了与社会的一切联系——和你擦肩而过的路人,都不属于你的网络。

技术的进步为人类提供了随时淘宝、随时晒状态求赞的便利,而人本身及原有的社会关系也正在被技术所异化,认识一堆可能一生也无法谋面的网友却不认识一墙之隔的邻居、乐于刷微博发朋友圈却渐渐失去与身边人交流的时间和能力,生活被屏幕统治,谁都看不到屏幕背后实实在在的人。很难说清是人掌控了技术,还是技术绑架了人。

像那位大妈一样,抽离于现代

李宗盛：吉他与初心

□洪 鹄

> 吉他对李宗盛有多重要？它不仅仅是最忠实的伙伴，它甚至可以被比作灵魂伴侣，"比任何一位女人更了解我"。45岁这一年，李宗盛正式决定开始做吉他。

在写《山丘》之前，李宗盛有好几年没给自己写过歌。他给别人当制作人，做舞台剧的音乐总监，组乐队，开演唱会，甚至还客串过一把电影。入行三十年，写了三百首歌，他曾一度觉得该说的话都说了，该唱的歌也都唱了，他自言是个完美主义者，做哪一行都非要做到第一不可，所以他会忍不住怀疑，属于他的歌的三十年，是不是已经过去了。

李宗盛和音乐的结缘始于吉他。童年时，这个台北郊区瓦斯行老板的儿子的第一个人生梦想是做木匠，直到6岁那年，他在一把借来的破烂尼龙吉他上学会了第一个和弦。吉他带来了音乐，音乐改变了李宗盛的命运。高中毕业，成绩很烂的李宗盛白天给煤气公司送气，晚上到餐厅唱欧美流行金曲，几个朋友组了个民谣乐队，名字就叫"木吉他"。吉他对李宗盛有多重要？它不仅仅是最忠实的伙伴，它甚至可以被比作灵魂伴侣，"比任何一位女人更了解我"。李宗盛说："我写歌，在没有给任何人听之前，吉他听过。它知道我刚写的时候有多糟，它知道我要怎样一遍一遍地改，它知道我内心所有的不安和沮丧。"

中国是吉他生产大国，每年出产800万至1000万把吉他。但中国吉他和大多数其他的中国制造一样，一直是廉价、低质量的代表。从"弹一把破琴长大"的李宗盛这一辈，到后来"有钱了、弹得起好吉他"的下一辈音乐人，认可的吉他

媒介构造的社交网络，只专注身边关系的人越来越少。她或许和很多上了年纪的人一样，对新媒体、新技术总是紧张而恐惧，不愿也不敢触碰。他们是时代的旁观者，自顾自地在信息海洋的边缘简单生活，成为城市的游牧民。很难判断是大妈自由单纯的田园活法好，还是"城里人"丰富紧张的都市活法好。

(摘自新华网微信 2014.10.11)

永远是"西方制造",确切地说:是东方工厂生产出来的西方贴牌吉他。这令李宗盛感到遗憾,"我始终觉得,我们既然能创作出那么多脍炙人口的自己的歌,也应该有一个被我们的音乐人衷心认可和接受的自己的吉他品牌。"

李宗盛有心改变这种现状。早在1997年,他就曾一度离开台湾,去以顶级手工吉他制造而闻名于世的加拿大探访。不少琴师身居深山,自给自足,如同隐居。李宗盛很快发现,琴师们的这种生活方式并非返璞归真的姿态,事实上,这几乎是做一把好琴所需的对木料的亲近与了解所决定的。这之后有整整五年的时间,李宗盛频繁往返于台湾和加拿大之间,从选料到琴的设计再到后期制作,潜心学习了每一道工序。

45岁这一年,李宗盛正式决定开始做自己的品牌"李吉他"(Lee Guitar)。他定居到上海,在离上海不到70公里的小镇角直租下了一间小厂房,经过四个多月的摸索和调音,第一代"李吉他"的三把原型吉他就此问世。"我觉得我对音乐的理解,我对琴的理解,我对人生的理解,都到了可以做琴的程度。"李宗盛说,他强调自己绝非玩票,心态和工艺都将经得起检验。从全球收集来的木料很快就塞满了拥挤的小阁楼,2004年9月,李宗盛的吉他工坊迁到了北京的大山子,这是一间明亮、通透的工作室——200平方米,恒温恒湿。李宗盛说,像他这样"做吉他",如果是当成一项爱好的话,大概比玩跑车、高尔夫还烧钱。但他不同,玩物丧志,但事业不计得失。做吉他,是他人生下半场的新事业。

三把原型吉他至今被妥当地保存在李宗盛的琴柜里。"肯定有做不下去的时候,做不下去的时候,就看看它们。"手工制作的"李吉他"和工厂流水线上贴牌生产出来的琴们最大的差别在于,即使两把琴的选材、制作程序和基本手法都一模一样,最后做出来的琴、琴出来的声音依然千差万别。"木头有生命,在不同的时间,不同的温度里经过你的手,质感会不一样。"当然,同一个琴师,在不同的阶段和状态下,对琴的理解也不一样。"手工"对手艺人的"折磨",只有真正做起手艺人才能体味到的。李宗盛记得,"李吉他"刚刚开始接受朋友以及同行订单的那两年,他每天在工作台前一个人做到凌晨3点是常有的事,"我没想到我从小到大第一个理想也能实现,做个木匠。"

每把吉他做出来后,至少要在仓库里存放两个月,然后拿出来进行最后一次试音,以保证稳定。李宗盛说这件事大大锻炼了他的耐心,"一开始的时候,做好一把琴就听声音,好一点就得意,差一点就非常沮丧,后来才明白这都还不是一把琴的真正质量。"如今,李宗盛的手工吉他10把里可以有7至8把是平稳水平的,剩下的两把会走两个极端,极品或糟粕,因此,试音的时候是他整个制琴过程中最紧张的时刻。

"李吉他"的订价一把在4000至6000美金,李宗盛自己也说"挺贵的",继而摊开他早已起了老茧的双手。他说他做的吉他,会根据每个人的嗓音和唱歌的感觉来设计,工序会"独特、复杂"一些,一般做一把就需要三个月。在所有的环节中,选择木料是最初也是决定性的一步,"给周华健的琴、五月天的琴、陈绮贞的琴,用的料都不一样。"开车去京郊的森林里去感受木料已成为李宗盛琴师生活重要的一部分,去大自然——而不仅仅是木材场,这点在李宗盛看来很重要。"一棵树,好好长了100年,你把它砍倒做琴,你要对得起它,要通过做吉他让木头重生,而不能随便做做。"

在李宗盛看来,虽然都是几块木头加六根琴弦,但每把吉他都有自己的脾性。因此他喜欢给他的琴起名字。他做过一把叫"慎始"的琴,因为做它的时候他想起了自己年轻时,那么多的吉他少年,个个说热爱音乐,几十年过去了,还有几人在坚持?"我没有批评的意思,是想跟想学吉他的年轻人们说,每一个梦想都值得被慎重对待,不能轻易开始又轻易放弃。那样,我们的梦想就不贵重了。"又比如另一把琴,他叫它"蛰伏"——"在通往终点的道路上,诱惑和艰难一样多。这时候需要沉下心,去'蛰伏'起来。不放弃,也不改变初心。"

李宗盛说自己贪心。写过歌,唱过歌,这是活了一辈子。"每个年代的音乐人都有自己的使命,我总觉得我的使命已完成。小李写歌不见得比现在的小朋友们更好,听我歌的人也一定会越来越少。我的时代要 move on,我也不愿意做一个一直创造神曲的人,即便我还有这能力。"而做吉他是音乐的传承。"我想,我从40多岁开始做琴,到我百年之后,如果我能把琴做到一个样子,我就太赚了。流行音乐史上就会有一个叫李宗盛的人,一辈子做成了两件事,多够本。"

李宗盛说,做琴的一部分原因是为了感激。"我年轻时学习很差,是一个充满了挫折感的年轻人,二十出头的时候,完全不知道人生会是什么样子。好在我开始弹吉他,我透过吉他来跟时代对话,透过这个东西来实现存在感,一把琴对于我这样子一个年轻人管用,我想肯定也会对其他年轻人管用。"他想象中的那个年轻人,在"喧哗的世界里看起来有点傻,在喋喋不休的人群中挺沉默",很自卑,很羞涩,很彷徨。"但你不要小看他。给他一把吉他,他也可能开始讲自己的故事,像当年的我一样。"

(摘自《南都周刊》2014年第42期)

为什么我们需要友情

□张唯诚

有一种感情有时会比爱情更长久、比亲情更无私,那就是友情。在人的一生中,谁都渴望不断地享受友情带来的美好感觉。那么,友情究竟是如何产生的?一个人可以有多少个朋友?什么人才会成为你的朋友?技术的进步会如何影响我们现在的朋友圈乃至未来的友情?

友情的产生

在20世纪八九十年代人们就曾发现,在雄性黑猩猩的个体间存在着类似于友谊的关系。一些雄性黑猩猩相互理毛,共同寻觅和分享食物,当它们在打斗中分散时,它们相互召唤失散的同伴。类似的情形也出现在海豚中。科学家观察了生活在澳大利亚夏克海湾中的海豚,发现雄海豚之间可以建立一种独特的亲密关系,它们三三两两总是结伴同行,这样的关系往往可以持续好多年。

现在人们知道,动物之间的确存在着友情,但并非所有动物都是如此。多数动物有识别对方的能力,但很少有动物能产生友情,通常只有灵长类、大象和海豚等,这是因为产生友情是需要智力的。你要了解你所在的群体是一个怎样的系统,你处在一个怎样的社会关系网络中,这样你就知道如何缔结联盟,同时也知道避免做出有损他人关系而不利自己的行为。科学家们认为,一个物种的社群规模和其大脑的大小是有联系的,这个联系表现在额叶的大小上。在大脑中,额叶用于估计社群中的社会关系,所以这部分脑区越发达,该物种的社群规模就会趋向于越大;科学家们还认为,这个理论也同样适用于个体,也就是说,你拥有朋友的数量越多,你大脑中用于估计社会关系的额叶区可能就越大,因而你理解他人、处理社交关系和沟通交流的能力就可能越强,这样的能力被科学家们称为"心智能力"。

朋友知多少

每个人的"心智能力"有大有小,但朋友的组成形式则没有差别,它是一个类似于洋葱的分层结构,处在最中间位置的朋友最少,他们是你最亲密的朋友,接下来向外延伸的层面人数会越来越多,但关系也越来越远。由于个体的"心智能力"是有限的,因此人们交友的数量不可能没有限度。这个限度是多少呢?英国牛津大学的人类学家罗宾·邓巴提出的数字是150人。这个数字被称为"邓巴数字",它是你能维持稳定人际关系的上限人数。无论你怎样努力,你的能称为朋友的人数多半不会超出这个数字,并且在这个朋友圈中,处在最核心地位的朋友非常少,大约只有5人。

在动物世界里,动物们通过理毛来建立和维持它们的友情。理毛是要花时间的,如果要为很多朋友理毛,那么分配给每个朋友的时间就会变得很少,朋友间的关系就变得淡薄了,这也是限制社群数目的一个原因。在猴和猿的世界里,社群的平均数目通常在50个以内。

人类却不同,我们往往拥有很大的社群,这是因为我们拥有比"理毛"更有效率的交友手段,那就是笑、语言和歌舞。笑把"理毛行为"扩展到两个人以上,歌舞使社交变成群体的行为,语言使笑和歌舞得到强化和引导,还将仪式与宗教结合起来,从而促成巨大社群的产生。人类祖先为掌握这3种"理毛"手段用去了好几万年的时间,它使人类拥有了前所未有的大社群。但即使如此,我们的私人社交圈也难以越过150人。

友情的催化剂

当我们沉浸在友情中时,并不只是发生了心理上的感动,我们的身体也在分泌一种化学物质——催产素。它是一种哺乳动物激素,其最为人所知的作用发生在分娩的时候,即刺激子宫收缩,刺激母亲奶水的分泌,还让母亲对新生的婴儿产生无限的柔情。但催产素并不是女人的专利,也不只产生于母亲和婴儿之间,几乎所有哺乳动物和所有人都释放催产素,它帮助我们感受所有人的爱。

催产素在各种人际交往中传递爱的信息,而身体的接触,例如拥抱,则更能有效地提高催产素的水平。在夫妻和恋人之间,催产素是"爱的催化剂",而在朋友之间,催产素就是"友情的催化剂"。人们一起唱歌、跳舞,共同参加一项活动时都会产生催产素。研究显示,适当进行紧张的活动,例如一起看恐怖电影、坐过山车,有助于产生催产素。

催产素并不是唯一的"友情催化剂",在我们感受友情的时候,我们的身体还分泌另外一种化学物质——内啡肽,它是大脑分泌的氨基化合物,是天然的镇痛剂,能产生跟吗啡、鸦片类似的止痛和制造快感的作用。内啡肽也催生友情,但它更具有"巩固友情"的作用。当人们在同一个地方进行共同的行为时,内啡肽强化了人们的友谊。科学家们曾邀请一些自愿者参与划船的活动,其中一部分人单独划船,另一部分人两人一组划船,结果"两人组"的划船者释放了更多的内啡肽。这个实验说明,共同从事一种活动使人们产生了更多的愉悦感。

谁会成为我们的朋友

友情使我们感觉愉悦,身心健康,而孤独则使我们紧张、烦闷、免疫力下降,容易感染疾病。当我们感觉孤独时,体内会分泌一种"压力荷尔蒙"——皮质醇,当它过多时,我们就处在了一种压力的状态下,而压力会提醒我们采取行动,例如休息、娱乐等等,它同样也提醒我们去社交。当我们重新回到了朋友们中间,体内皮质醇就会减少。

皮质醇的减少使我们重新回到正常状态上来,否则我们就会长期处在压力的状态下,这对身体是有害的,所以孤独的人更容易患心血管疾病,也更容易受到感染。然而作为人,我们各自的情况是很不一样的,有些人不合群,有些人则非常容易亲近,这样的差别大约有一半是基因造成的,另一半则来自其他因素。我们中的有些人很喜欢交友,这会使他们感觉更快乐,而另一些人并不是这样,相对来说,他们喜欢独来独往。

人们的交友对象都是有选择的,即使是"交际花""见人熟"也不会和所有人交朋友,那么我们通常选择什么样的人作为自己的朋友呢?答案很简单,那就是和自己有共同点的人。成为我们朋友的人可能和我们年龄相仿,也可能行业相同,可能性格相似,也可能志趣相投。科学家们发现,即使我们结交的朋友和自己没有任何血缘关系,友情也经常把基因相似的人相聚在一起。人们的相似度归根结底会在基因中找到根由。

互联网时代的朋友圈

作为"万物之灵"的人类,人们的交友行为已有了漫长的历史和固有的传统,然而友情在当今社会遭遇了前所未有的状况。快节奏、高科技、城市化和互联网颠覆了我们的交友方式,许多人都抱怨友情变得脆弱而缺乏质量了。一项调查显示,从1985年到2004年,美国人平均拥有的"在关键时候能出手相助"的朋友由3人下降到2人,而抱怨没有"知己"的人则从原来的8%上升到了23%,在世界的其他地方,类似的情况也同样存在。

由于可以在网上结交朋友,这使我们的交友人数变得前所未有的多。一项调查发现,美国青少年在Facebook上平均拥有大约300个朋友,这个数字就远远超过了"邓巴数字"的上限。技术使人们的交友行为变得更轻松、更有效率了。然而,根据"邓巴数字"理论,我们不可能和这么多朋友保持稳定的关系,所以其中的绝大多数都属于"弱关系",人们从"弱关系"中难以享受到真正的友情。不过网上交流也不是没有价值,它能减少焦虑和抑郁,使人不会感到寂寞,同样也能增加幸福感。事实证明,虚拟世界中的互动也能提高人们体内的催产素水平。

机器人朋友

我们总幻想用机器和技术解决人类的一切问题,那么一个机器人会不会使我们感受到友情呢?假若能,它又需要复杂到什么程度才能让我们满意呢?美国麻省理工学院的心理学家雪莉·图克尔在一本名为《一起孤独》的书中介绍了当今机器人的卓越本领:它们能和人类进行目光交流,它们用视线跟踪人的动作,它们给人以"有人在家"的感觉。在日本,一种名为Robovie的机器人能让孩子们相信它真的拥有感情。图克尔推测,人和机器相处得越久就越能建立类似于朋友的关系。

在今天,人们殚精竭虑地试图抹去人和机器人之间存在的天然区别。英国林肯大学的约翰·默里认为,要制造能融入人类的机器人,关键是让它们知道犯错。默里和他的研究小组试图让机器人模仿人类的认知偏差,他们让机器人出现记忆错误,从而误读人类的指令。这些科学家说,犯错使机器人显得不完美,而不完美更容易让人们接受。

难道这就是我们未来的友情?图克尔评论说,"人们比过去更热衷于让机器人成为孩子的朋友和老师,或者让机器人陪伴老人,然而老人需要能理解他们的人,他们想谈谈他们的一生,他们失去的东西和他们获得的爱,但一个机器人绝不会懂得这些"。

不管时代发生了怎样的变化,我们都同样需要心灵的碰撞,这在任何时代都是不会改变的,而友情就正是这样的东西,它的价值在于真挚的情感,这一点,即使在技术的时代,在虚拟的空间也不会有所不同。

(摘自《百科知识》
2014年第9期)

生孩子到底有多痛

有一种痛感测量方法叫视觉模拟评分法,用于描述分娩过程的痛感。根据这种评分法,3分以下表示基本不痛;3~5分有痛感,体内会分泌止痛物质,加上周围人的安抚,不用药物也可以忍受;5~7分的痛苦让人无法正常工作,夜晚无法正常入睡,需要药物止痛;8分以上的痛感非常危险,常见于癌症晚期,会让人觉得痛不欲生,一旦出现需要立刻处理。女性分娩痛感的平均数是8.4,有57.9%的产妇会达到这个程度的痛感。生孩子到底有多痛?骨折的平均痛感是7.1,出现疱疹后的神经痛为6.3,手术后的切口痛为5.9,这些疼痛程度都小于分娩痛。

(摘自《百科知识》
2014年第11期)

真相有时不重要

□艾小羊

出差外地，在好友家留宿。发现她有一个细心却唠叨的婆婆，她却与其相处甚好。

那天，我们在大排档吃了夜宵，肚皮溜圆地回家。好友拿出两盒鲜奶，递给我一盒。刚要喝，她的婆婆忽然喊道："赶紧吃点东西，不能空腹喝牛奶！"我觉得她真是不可理喻，我们明明刚从外面吃东西回来呀！好友似乎看出了我的心思，悄悄做了个制止的手势，拿出一片面包，给我撕了一点，自己又撕下一点。老太太看我们将半口面包塞进嘴里，喜滋滋地忙别的事去了。

"我们刚吃了那么多东西，根本不是空腹。你为什么不和她说呢？"我不满。好友拍拍我，笑着说："如果她能在这件小事上获得成就感，我们又何必告诉她真相呢？真相对她不重要，对我们也没意义，不过是半口面包的事。"这是我第一次听到"真相不重要"。多年来，我受到的教育都是要坚持真理，如果你觉得对方错了，一定要指出来，帮助他改正，严是爱，松是害。不久后，与另外一位朋友闲聊，说起公司流水线上的一件小事。两位员工用同样的方式打包产品，老板每次经过都要说，哇，这看上去不够结实哦。A总是一声不吭地加一条绳子，B则会长篇大论地向老板证明自己的包装多么科学多么结实。B觉得A是个虚伪的马屁精，真正为公司着想的是自己。可是不久，A升职了，B依然在流水线上。

半口面包与一条绳子本身并不重要，长辈、领导或朋友，纠结于不重要的半口面包或一条绳子，是出于对尊重的渴求，他不关心你的肚子是否饱，包装是否结实，他关心的是当自己的话落地时，能否看到想要的效果。如果你一味坚持那并不重要的真相，于他而言，就是一种失败。对于我们来说，究竟是省下那半口面包或一条绳子重要，还是让一个人感受到尊重重要？显然是后者。

真相重要与否，不在于你的感受，而在于这件事是否会对结果产生本质的影响，是否会改变一个人、一件事，是否关乎道德与底线。如果一个人常常凭着直觉去辩解与忤逆，日积月累，你会成为一个真实却毫无教养的人。在无关紧要的真相上无谓消耗，使人际关系越来越糟，那其实不是追求真理，而是另外一种意义上的浪费生命。

（摘自《都市文化报》2014.9.11）

放松和力度

□王安忆

学琴时,最大最致命的毛病是,力度上不去。因此,声音立不起来。拉的是大提琴,发出的声音却与大提琴相去甚远,是一种什么也不是的声音,这实在有点可悲。我怨自己身体太弱,力气太小,而老师却说:没有力量是因为——不放松。

老师说,要将全身的力量蓄聚到肩膀,由肩膀传到大臂,由大臂传到小臂,由小臂传到手腕,再由手腕传到握弓的手指,最终,力量落在了弦上。要使力量顺利地传达到终点,必须要放松,任何一个部位任何细微的紧张,都会抵消这力量,妨碍这力量直达目的地。这放松的感觉很不好找,老师教也教不会,看也看不见,只能靠自己去琢磨,去体会,去悟。有时候,自以为放松了,实则却紧张得要命;有时候,正糊里糊涂,忽然拉出一个真正的大提琴声音,老师说:"放松了。"而一得意,一注意,那放松的感觉却溜走了,再也找不着。来无影,去无踪,真正成了仙踪。

我苦苦地寻了几年,也未找到它并留住它,因此那力度始终也上不去,声音始终立不起来。我的大提琴,到底也没有奏响。看来,这把琴命定不属于我。我在那弦上费了偌大的心血,算是竹篮子打水——一场空,到头来只懂了一个可望而不可即的道理——力度来自放松。

写了几年小说,渐渐发现,这个拉琴的道理似乎可运用在我的创作上。

要将这宏大的世界和生活所给的感受,蓄聚到心里,由心里传到笔尖,最终变成小说。这从生活到心,再从心到笔的路途,应该是通畅的、少障碍的。我以为,也不能紧张,要放松。

生活中,切莫牢记自己是作家,端起作家的姿态,皱紧眉头,瞪大眼睛,牢牢地盯着生活,一心想看出什么奥秘、什么真谛。恰在专心一致看生活时,生活从身边湍湍地流了过去,连些水声都没在耳边留住。莫记自己是作家,莫以写小说为己任,只是像一个常人似的认真地、放松地、热情地生活,吃喝、工作、劳动、恋爱、交朋结友等,自然会悟出一些意思来。虽不是真谛,也不是奥秘,可总会给人一点启示。就好比,生活是汪洋大海,要去捞它,用碗、用瓢、用盆、用缸,终能得水几多?而变成一条鱼,游入水中,自由自在,整个大海便都获得了。

心湖蓄满了,该从笔尖流出来了,这路途更要畅通无阻。如何结构,如何组织;选用什么样的形式,

难吃的食物更养人

□ 肖 强

粗糙的食物

有些人不喜欢吃糙米和窝头，因为它们"扎嗓子"。其实扎嗓子的是膳食纤维。它能刺激肠道蠕动，帮助排便，降低致癌物生成。膳食纤维广泛存在于全谷类的米、麦及杂豆中。

发涩的食物

单宁、植酸和草酸会让食物发涩，但这些物质都有很强的抗氧化性，对预防糖尿病和高血脂有益。比如橄榄、紫葡萄皮、苹果皮、核桃仁皮等，都比果肉有更强的抗氧化作用。

味酸的食物

沙果、山楂等水果的酸味主要来自柠檬酸、苹果酸等有机酸，这些酸性物质能促进铁等矿物质的吸收。

发苦的食物

食物中的天然苦味物质也有保健作用，如柠檬和柚子当中的柚皮甙，茶多酚，红酒的多酚，巧克力的多酚，都有预防癌症和心脏病的作用。苦瓜中的奎宁精，还能提高人体免疫力，帮助控制血糖。

味儿冲的食物

洋葱、大蒜和萝卜等的冲儿味来源于硫甙类物质和烯丙基二硫化物，它们可有效预防癌症。

（摘自《家庭保健报》2014.10.30）

意识流还是生活流；选择什么样的语言，幽默的还是抒情的；要告诉人们一个什么样的深刻而新颖的哲理，要达到什么样的社会效果，要追求什么样的风格等，也许不必多想。想多了，纠缠久了，或许会抵消力量，会妨碍心中的喜怒哀乐自然流出。

有时候，也许会使心里的东西流出来，面目全非，成了什么也不是的东西，成了什么别的声音。就好比，大提琴发出了不是大提琴的声音。有时候，事情就是这样奇怪：越是刻意地去追求，越是达不到。好比贾宝玉求黛玉梦中一见，诚心诚意，敛声屏气，那黛玉就是不来。我自以为学琴时没有得到的良好感受，写小说时悟到了一点，尽管还是影影绰绰、飘忽不定。仙踪难觅，修到家还早呢！我决心修下去了。

（摘自《广州日报》2014.9.5）

用菜谱传递生活温度

□徐卓君

和上一代靠媒体和博客成名的全能型美食达人相比,新一代的美食布道者更有态度,更具分享性。

"下厨房"的创始人王旭升说,他不想做一个冷冰冰的美食菜谱网站,而是想做一个有温度的美食社区。

他此前是豆瓣的产品设计师,"下厨房"也因此秉承了豆瓣的清新文艺风,"南来或北往,愿为一人下厨房""唯爱与美食不可辜负"等一干宣言很容易就击中了都市男女的心。

在"下厨房"的设置上,王旭升鼓励每一个普通用户都成为内容的提供者,参与到美食的创造、交流和分享中。

正如用户张聊所说,"作为用户,我最早需要的是一种好的菜谱工具;作为人类,我有分享、讨论和创造的需求。好的社区会满足我的需求,让我留下来。"

如今的"下厨房"拥有3000万的装机量,20万个菜谱,400万个用户上传作品。

社交媒体和美食是天生的好搭档,只要你有一个账号,人人都是美食的布道者。

陈宇慧开了一个微信公众号,取名"田螺姑娘hhhaze",每天分享她的菜谱和心得。

她喜欢和订阅者们互动。8月的头两周,她的微信公众号,举办了一个小型的活动:晒早餐桌,赢餐具。她鼓励订阅者们把作品发给她,全部晒出来,请大家投票。得票最多的,可以赢得一件美美的餐具。

宇慧从来没有想过,自己也能影响到其他人的生活方式。

一位北漂姑娘给宇慧发来了自己的早餐作业,并告诉她:"我的生活是每天一大早挤公交地铁,几乎没吃过早餐。看了你的分享,让我对未来有了美好的憧憬,自己在周末煮蔬菜大虾粥和香蕉煎吐司。即使没有漂亮的餐桌碗碟,依然能慰藉取悦自己。"

宇慧每天都给自己和先生精心准备早餐。对于繁忙的上班族而言,早餐是他们每天唯一可以共享的一餐,因此她格外在意。

前几天有人在论坛里问了个问题:有什么办法能够晚上早点睡觉不拖延?宇慧的回答是:当你有期待的时候。对她来讲,期待就是早餐。

宇慧自嘲有规律强迫症。每天6点半起床,7点时早餐加拍照已经准备完毕,8 点带上头一天晚上准备好的便当,出现在中关村准备开工。

看起来再复杂的早餐,她都能在半小时内搞定。"只要时间空间规划好,都不是问题。"宇慧说,"先从简单的开始,做个三明治,切个水果,倒个牛奶,能有多难呢。"

新一代的美食达人和美食网站,都不再是简单地进行菜谱传递,他们更在意生活态度的传递。美食短片《一人食》的制作人蔡雅妮,找来都市里有故事的人:用食物缅怀妈妈的儿子若谷、老伴过世后独自生活的台湾老爷爷 Andrew、有两个孩子的设计师母亲宁远。视频记录下了他们的食谱和故事。

《外滩画报》如是形容这个风靡网络的系列短片:"每个主人公穿着最舒适的衣服,拿出最漂亮的锅碗瓢盆,一丝不苟地对待手中的每一种食材和调味料,洗菜切菜做菜装盘,在 3 分钟左右的时间里,做出一道或繁或简的菜式。从色调到器物再到食物都美得不可方物。"

蔡雅妮希望借此传递她的食物美学观:吃饭是一件有仪式感的事情,值得我们郑重对待。

和传递冷冰冰的菜谱相比,《一人食》更愿意探讨人和人的关系,人和食物的关系。无论你处在人生的哪个阶段,无论是一个人,还是和伴侣一起,都应该好好对待。

"一人食"三个字迅速成为一个风靡网络的标签。"我没有想到可以影响到这么多人去做菜,挺有成就感,也挺温暖。"蔡雅妮说。

在这风潮中,程蓉蓉的人生轨迹因此而改变。2013 年 5 月之前,程蓉蓉是上海一家国际学校的职员,偶尔也在"下厨房"上传一些简单的海绵蛋糕和菜谱。当时,刻板的工作让她有些厌倦。2014 年 8 月,她已经是知名翻糖蛋糕设计师,在上海城中心有一家甜品店,曾帮《后会无期》的首映礼和《绣春刀》的明星见面会定制翻糖蛋糕。

除了悉尼留学时在面包店打工的一年,没有任何与厨艺相关经历的程蓉蓉,靠着幼时卡通画的功底,在家自学了一个月后,开始在"下厨房"上传她的翻糖作品,网名"开司米小姐"。

当时的"下厨房"上,极少有人做这种冷门的蛋糕。而现在看来,绚丽多变的翻糖蛋糕是最适合网络传播的食物。

在"下厨房"积累了最初的用户和信心,蓉蓉一个月后从国际学校辞职,全职打理自己的淘宝店,专门定制翻糖蛋糕和饼干。

一年后,"很高兴遇见你"餐厅的负责人看到网络上蓉蓉的作品,问她愿不愿意合作开一家甜品店。这家餐厅正是韩寒名下的餐厅。

"食物改变了我的人生。"蓉蓉说。

(摘自《南都周刊》2014 年第 31 期)

想大问题，做小事情

——对话钱理群先生

□代　忘

静悄悄的教育存在变革

我们提出的口号是"影响一个算一个，帮助一个算一个"。

南方周末：上次接受《南方周末》的采访，你谈到要从中学教育退出。现在也有人在体制外做各种教育实验，有跟社会结合很紧密的职业教育，还有从国外引进的各种教育理念。有些家长不愿让孩子进入12年的基础教育体系，想让孩子接受另一种教育，这能走得通吗？

钱理群：我提出退出中学教育，是因为认识到整个中国教育病症已不是观念、方法问题，而是利益问题：中国教育已经形成了巨大利益链。组织教育改革的人就是在应试教育中获利的人，这就是应试教育越反越红火的原因所在。现在中国的整个改革都进入了深水区，教育改革尤其如此，不彻底斩断围绕应试教育建立起来的利益链条，中国教育改革和教育毫无希望。这不是单纯的教育内部改革所能解决的，这就是我所说的要"在教育之外谈教育"的意思。你所说的在体制外的教育试验就是在寻找另一种可能性。

在体制外做教育试验中，出现了一批有社会责任感、有人文关怀的民营企业家，他们正在以不同方式参与教育。中国的私立教育可能会打通另一条路。但可以到这类学校读书的人有限，绝大部分还得在国家教育体系中。在体制外开辟新的教育，不太可能形成主流。

问题是，体制内怎么办？这也是许多教师向我提出的问题：我本来就不在中小学教育界，而且已经退休，当然可以"退出"；但现在处于教育第一线的老师却是退不出的，他们还要吃教育这碗饭，又不甘心混饭吃，应该作何选择？我和许多老师都讨论过这个问题，最后形成一个共识，就是"好人联合起来做好事"。具体到中小学教育领域，所谓"好人"，就是我所说的"真正的教师"。真正的教师有两个特点，一是他们自己爱读书，爱学习，有上进心；二是他们心存教育良知，爱学生，关心学生的生命成长。这样的教师，在教育第一线是不乏其人的,我的估计是比例小而绝对量不小,但能量、影响都很大。可能一所学校就这几个人,但非常优秀,有威望。问题是他们应该"联合"起来,不然就会被湮没了。我接触到许多年轻教师,他们刚从学校出来,是有许多理想与抱负的;但在现实不断遭遇挫折,看不到希望,日子久了,就被磨平,随波逐流,甚至也成为利益链条里的一个环节了,但他们中有些人又不甘心于此,心里是很苦的。要防止堕落,就需要联合起来,摆脱孤独,相濡以沫,形成力量。联合起来做什么"好事"?这就是我和一些老师提倡的,推动"静悄悄的教育存在变革"。具体地说,就是从改变自己和周围的教育存在开始,尽力按照(或部分地按照)自己的教育理想与理念去进行教学,从改变自己的课堂做起。

南方周末: 在课堂内发展区别于应试教育的第二教育?

钱理群: 对。就是在现行教育体制下,打进一个新的因素。尽管总体上仍然不能摆脱应试教育的框架,但却要努力在局部范围内超越应试教育。根据许多教师的经验,这不是不可以做到的,特别是联合起来,有了一个群体的力量。而且也是会得到体制内的有类似理想的领导的支持的。因此,我们要说两句话:一是不寄太大的希望,二是还有希望。在现行教育体制下,不可能大有作为,但还是能够小有作为,甚至中有作为的。当然,你这么做,不会影响全班学生,甚至有些学生还会因此反对你。但一定会有学生受到影响,发生作用。因此,我们提出的口号是"影响一个算一个,帮助一个算一个"。我还和老师们算了一笔账:如果你在每一个班级里,影响了三、五个学生,积累下来,就会影响上百个学生;还有许多老师和你一样做,就会影响上百万、上千万的学生,这是一个多么了不起的成绩。重要的是,在一个个孩子的成长中,你获得了生命的意义和快乐。那么,你的一切付出,都不算什么了。

南方周末: 你们倡导的这样的"静悄悄的教育存在变革"从哪里入手呢?

钱理群: 要从教师的阅读入手。简单地说,就是喜欢读书的老师组织读书会,共同一本一本地读书。其实,所谓中小学教育,特别是语文教育,就是爱读书的老师引导学生读书。现在的根本问题是大家都不读书,或者只读应试的书。要改变现状,就应该从老师读书开始。坐下来认真读书了,就会认真地思考,然后还要把读书、思考的心得写下来,我因此把教师的成长之路总结为八个字:"读书、思考、写作、实践"。这里讲"实践",主要指教学实践:老师们在一起读书,讨论,就自然会形成某种共同、相似的教育理念,人生信念,然后就一起商量,如何把这样的理念、信念,贯彻到自己的教学活动里,进行教育改革的实验。这样的改革、实验，是以自己的理念、信念支撑的，是完全自觉的，是"我要做的"，而不是"领导要我做的"，自下而上的教育存在变革就自然形成了。

南方周末：中小学老师读什么书？

钱理群：没有规定，首先是爱读书，读什么都可以。不仅根据教学的需要读，更要从自己的生命健全发展需要出发读。还可以利用网络，现在全国许多地方都有网上读书俱乐部，一个月共同读一本书，就可以打破时间、空间的限制，在网上交流，同一地区的还可以定期聚会。参加的人不仅是老师，也包括校长、教研员，但他们是以普通教师身份参加。校长是一个非常重要的力量，现实生活中也确实有许多有想法的校长，他们参与这样的活动，就可以发挥他掌握的教育资源，扩大影响。

南方周末：教师们通过读书，有了自己的教育理念，怎么跟原来的教材体系和教学大纲协调呢？

钱理群：教师当然可以选一些和自己理念比较接近的补充教材。但主要还是用指定的教材，但理念不同，教法就大不一样。现有教育体系里，包括教材，有很多可利用的东西，还是有发挥的余地的。比如立人教育就是体制允许的。

南方周末：比如公民课，本来可能是一些灌输，但教师可以把这个课程做实了？

钱理群：对。为什么有校长愿意参加？因为有合法性。你采取的行动不是对抗的，是建设性的。体制内是有空间的。如何利用体制内的空间来发展自己，这是需要"智慧"的。我曾经说过，在现行教育体制下进行教学的老师，需要有几种品质，一是要有"坚守"，无论如何，也要守住一些自己理想、追求的东西，至少要守住一些绝对不可做的底线；还要学会"妥协"，但妥协也要有"度"，这就需要"智慧"。而且还要有"韧性"，中国的事情，特别是中国的教育，是急不得的，必须慢而不息，做长期的奋斗，努力。

南方周末：你的理想是要建一个全国教师读书网络？

钱理群：我说的是"静悄悄"的变革，就是不用搞大，不大作宣传，不要张扬。就是在这个浮躁的时代，提倡坐下来静悄悄地读书，老老实实教书，不追求一时的轰动效应，把读书、思考、写作、实践变成日常生活，每天都这样，最后就成为自己的生命存在方式。

南方周末：这种体制内的慢慢变革，跟你理想中的立人教育差距有多大？

钱理群：基本是立人教育的一个落实。我最初提出"立人教育"是想根本改变整个教育体制。现在看来，这条路比我想象的要漫长得多。现在提倡静悄悄的教育存在变革，不是放弃这样的教育理想，而是考虑现实条件下，如何落实到具体的课堂上。当然,这是有妥协,有局限的。

南方周末：就教育改革而言,要依靠谁？

钱理群：应该是我前面讲到的"真正的教师",即有教育理想、良知,具有实验精神的老师。而现实却不是这样,受到重用的,常常是赶时髦,唱高调,实际是教育利益链条中的"伪教师"、"伪改革"者："教育改革"对他们来说,不过是进一步扩大既得利益的一种新的手段。这就提醒体制内还想推动真正的教育改革的教育行政部门：一定要区分真、伪教师,真、伪改革者；当然,这很难做到,因为伪教师是最能迎合上级领导的,而真教师有自己的想法,就不那么驯服,也就最容易被看作教育的"不稳定因素"。

南方周末：是不是还有一个高考模式的改革问题？

钱理群：首先要肯定：高考不能取消,这是目前唯一相对公平一些的选拔制度,对穷苦而努力的学生有好处。高考是一条线,取消了不得了。

南方周末：但高考始终是指挥棒。在高考体制下,如何改出题、评卷和录取的方式？

钱理群：还是有一定的改革余地。但从大方面来说,现在千军万马考大学的局面不可长期维持下去,要逐步改变这样的状况：大家不用都去考大学。因此,应大力发展职业教育来实现分流。

平民教育的现实性

中国的问题与危险恰恰在弱势群体不仅是分散,无组织的,而且是发不出声音的。

南方周末：你宣布退出教育,并不是真的不再关心教育了。

钱理群：更准确地说,我宣布的,是退出中小学教育。实际上,我是不可能不关心教育的。在2013年,我就把注意力转移到社会教育的领域。而且有两个方向,一是平民教育,一是志愿者、社会工作者教育。

南方周末：为什么会有这样的兴趣转移？

钱理群：这其实是出于我对中国改革的一个判断。中国改革进入深水区,就是要进入各个利益群体全面博弈的时代。这样的博弈能否健全发展,取得良性结果,关键在各个利益群体都能发出自己的声音,有实际的权利与足够的能力,来维护与争取自己的利益。而中国的问题与危险恰恰在强势群体是掌握了权力,拥有充分的发言权的；而弱势群体不仅是分散、无组织的,而且是发不出声音的。这就会产生极为严重的后果。

现在,大家都在谈论农村土地流转问题；在我看来,问题不在于土地流转是否合理与必要,我担心的是,处于不觉悟、无组织状态的农民,面对资本市场,他们如何维护自己的利益？这个问题不解决,也许具有理论合理性的土地流转，就会形成对农民新的剥夺，最后农民一方面不能无障碍地进入城市，另一面又失去了土地，回不了农村，成了流民，那样的后果是不堪设想的。

因此，在我看来，中国改革的关键，是作为弱势群体的底层人民（工人、农民、农民工、市民）的觉醒与组织化，获得公平参与利益博弈的权利，维护自己的利益，把命运掌握在自己的手里。而我考虑得更为具体的是，自己作为关心底层人民利益与命运的知识分子，这样的关心，是出自我的理想与信念，因而这也是"我的问题"，那么，我能做什么呢？我知道，自己并不能自命为底层人民的"代表"，为他们"请命"——这也是违背我的信念的；我所能做的，是从我的专业出发，做我能够做的事情。这就是我在2013年，更准确地说，在此之前，就转而关注平民教育的内在原因。

南方周末：从上一个世纪的二、三、四十年代，就不断有"平民教育"的提倡，今天重提这一命题，有什么现实性呢？

钱理群：首先是今天有了新的对象，就是被称为"新工人"的新生代农民工。这里有两个数据：共青团北京市委在2012年12月发布的调查报告显示，目前，全市16—35岁的新生代农民工约220万人，占全市16—35岁青少年总数的23%；而他们平均受教育年限是10.7年，基本上是受过初中或初中以上的教育，在要求基本的物质生活的保障外，他们特别注重多元化的精神文化生活，他们中有相当一部分人是有强烈的继续受教育的要求的。值得关注的，还有留守农村和这些年陆续回到农村的青年群体。这样的"新工人"和"新农民"就构成了今天"新平民教育"的新对象和重新兴起的社会基础。

南方周末：你们具体做了什么？

钱理群：2013年我和北京大学中文系邵燕君副教授和她的在校和毕业研究生合作，编了一套《平民教育人文读本》，分为"经典卷"与"当代卷"。

南方周末：能做一点具体介绍吗？

钱理群：由于时间关系，具体内容与编排这里就不作介绍了，目前这两卷书还在内部试用，以后会争取出版。这里只介绍我们的编辑指导思想和意图。在我写的总序里，讲了两点。一是"要用人类文明和民族文明的最美好的精神食粮来滋养新一代的工人与农民，这是他们的权利。将人类文明和民族文明的最高成果，从少数人手里解放出来，成为全体公民的公共财富，这是我们的理想与追求"；而"阅读经典的目的，又在于提高新工人、新农民的'文化自觉'，这是他们寻求自我解放，争取自己的权利的根本条件和前提"。

南方周末："文化自觉"这确

实是一个关键。

钱理群：还要激发他们的"文化自信"。

南方周末：这不是说对传统的文化自信,是打工者对自己个体的自信,意识到自己是有文化优势的人？

钱理群：对,现在很多从农村到城里的人,都有自卑心理。我在专门为读本写的《给新农民工的一封信》里,却对他们说：这恰恰是你们自己的优势：你们出身农村,现在还和农村保持联系,就自有农村文化的根底；现在,你们来到城市,又有了接触、了解城市文化,以至世界文明的机会。这比一辈子在农村或从来没有离开过城市的同龄人,都有优势。你们完全没有必要自卑,而要发挥优势,建立文化身份自信。如果你们既努力保留农村的"精神家乡",又努力学习,广泛汲取城市文化和世界文化,这都是你们的权利,或许就能够在你们身上实现农业文明与工业文明、乡村文化与城市文化、民族文化与世界文化的融合。你们就能够成为比较健全的现代中国人。关键在你自己有没有这样的自觉和自信。

南方周末：你这一说法很有启示性,也很能鼓励农村出身,来到城市谋发展的年轻人,不只是新农民工。

钱理群：可以说,我在做《平民教育人文读本》这样的"小事情"时,背后是有一个"大问题"的,就是前面所说的促进农民工这样的弱势群体的自我觉醒,提高他们的思想、文化自觉、自信。这也是为他们组织起来打造思想基础的。这就是我这些年一直在倡导的"想大问题,做小事情"。

"志愿者文化"的意义

我清醒地知道,自己做的这些小事情的有限性。说到底,都是一种"知其不可为而为之"的挣扎。

南方周末：关注志愿者、社会工作者教育,也是这样的"想大问题,做小事情"？

钱理群：其实我对青年志愿者运动关注与参与已经有十多年了。2013年我做的具体的小事情,是编了一套《志愿者文化丛书》。这些年社会组织、志愿者组织都有很大的发展,有了一支相当可观的队伍,这就把队伍的思想建设问题提上议事日程,这就有了"志愿者文化"的概念的提出,而且有一个寻找思想资源的问题。现在的社会组织,志愿者组织,包括大学里的社会工作系的理论资源大都来自西方,在发展初期这是必要的,而且产生了很不错的影响。但显然不能局限于此,就需要寻找中国本土的资源,创建自己的志愿者文化。我过去在部分志愿者中介绍过鲁迅的思想,年轻人反应很强烈。这回编《志愿者文化丛书》就是想把它系统化,编一个系列,先编现代部分,以后再编古代部分,从儒家到墨家。我用了很大精力,编了《晏阳初卷》、《陶行知卷》、《卢作孚卷》,正在编《梁漱溟卷》,每卷十万字左右,包括编选的语录和撰写的长篇导读,这是一个相当大的工程,都是我一个人做的。

南方周末：这背后的"大问题"是什么?

钱理群：有两个问题或目的。一是总结上世纪二、三、四十年代的平民教育、乡村建设的经验,把它转化为今天的社会工作、乡村建设运动的精神资源。比如,当年晏阳初就是从平民教育、农民教育入手,以后就发展为农村教育与生计、卫生、公民社会构建等全面改革,最后又发展为推动县政改革,这样的逐步深化的乡村改造与建设道路,在今天就有很大的启示性。我一直期待,我们的志愿者、乡村建设者、社会工作者不仅参与农村教育、农民工教育,还要帮助他们组织起来,在促进中国弱势群体组织化上做力所能及的工作。

当然,我更看重的是,志愿者运动、社会运动对青年自身成长的意义。前面说的"静悄悄的存在变革","好人联合起来做好事",其实是更适用于青年志愿者运动的。鲁迅说过,青年有玩着的,睡着的,更有醒者。我多次说过,"玩着"和"睡着"只要是青年的志愿选择,而且依靠自己诚实的劳动玩和睡,都应该受到尊重,我们没有必要把自己的选择强加于年轻人。当然,和我更接近的,也是我更看重的,是醒着的青年。最近几年,他们在继续为社会服务的同时,还在寻找与创造自己的"新生活"。例如,许多青年或实施"爱家乡计划";或进行"简朴生活"实践,追求人和自然,人与人之间更加和谐的关系;或回到农村寻求发展;或在城市寻找城市地方、民间文化之根,寻找城市与乡村结合、互动的新方式,等等。在我看来,这都是发生在中国社会底层的积极的变化。可惜我们的许多知识分子都看不到,也不愿意去了解。我看到了,尽管已经老了,不能参与他们的活动,但我还是愿意为他们做一些精神服务的小事情,我费心费力编《志愿者文化丛书》就是这样的服务工作。

我同时清醒地知道,自己做的这些小事情的有限性。首先我都是闭门造车,编的读本是否适合实际需要,就是问题;而且能够读这些书的人,就微乎其微;要对中国现实发生影响,更只是一个主观愿望。这都是聊胜于无,对我自己的意义可能大于它的社会意义。和我提倡"静悄悄的教育存在变革"一样,说到底,都是一种"知其不可为而为之"的挣扎。但它的总价值大概是正面的,而且如果大家都来从"大问题"出发,做"小事情",也会形成一种影响社会的力量。还是我当年说的话:"我存在着,我努力着,我们又彼此搀扶着——这就够了"。

(摘自《南方周末》2014.10.23)

别把孩子送进精英学校

□江 意

美国常春藤教育体系迫使学生们变得优秀,只不过是优秀的绵羊。

约翰·福布斯·克里,美国政治家、国务卿,1966年毕业于耶鲁大学政治系。乔治·沃克·布什,美国第43任总统,18岁在耶鲁大学主修历史学并获学士学位,1978年获哈佛商学院工商管理硕士学位。可以说这两位是美国精英教育的杰出代表,然而一位美国耶鲁大学的教师却对此有不同意见。日前他撰文称,正是这培育出众多精英人士,为美国社会津津乐道的精英教育,正把我们的孩子教成僵尸,使他们失去富有意义的人生。

鼓吹虚假的自我价值

这篇引起广泛讨论的文章最早发表于《新共和》,节选自威廉·德雷谢维奇的新书:《优秀的绵羊:失当的美国精英教育以及如何拥有富于意义的人生》,一度成为该刊创刊以来的最热门文章。

威廉·德莱塞维茨是美国《国家》杂志和《新共和》杂志的编辑,曾在耶鲁大学教授英文。在他的新书中,他通过大量的事例试图证明美国现行的精英教育正走向错误的道路。

他认为现在精英教育对学生造成的第一个不利影响是疏远人性并鼓吹虚假的自我价值。"你无法和与你不同的人进行交流",他写道,"受过精英教育的人能够用娴熟的外语和外国人交谈,却没办法跟家里的水管工进行交流。"他的一位朋友将之称为"常春藤错位"。名牌大学喜欢宣扬,我们是"最好的、最聪明的人",其他任何地方的人都与我们不同,没我们好,没我们聪明,而没有进入常春藤大学或者其他名牌大学的人是不值得交谈的,不管他出身于什么阶级。"我得到的教育清清楚楚显示这些人低我一等。"威廉说。

然而实际上,这些名牌大学的天之骄子们也几乎接触不到其他阶级的人们,在校园中随处可见的是白人商贾名流和专业人士的子女、黑人、亚裔、拉丁裔商贾名流和专业人士的子女一起学习和玩耍的温馨场景,这就是精英大学常常夸耀的自己的多元化,但是这种多元化仅仅是限于种族和民族的范畴,而非阶级,他们的录取考核标准和制度无形中限制了其他阶层的进入。

2006年,只有15%的学生来自低收入家庭。学费只是原因之一,培养符合常青藤入学要求的"超能"学生的高昂成本才是问题的关键。富裕的家庭从孩子出生的时候就开始用金钱为他们的未来铺路:音乐课、运动器材、国外旅行,私立学校的学费。

与此同时,因为这些学校培养自由态度,所以让这些学生陷入矛盾的困境,他们愿意为工农阶层代言,却无法与来自这些阶层的人进行简单交流。正如艾伯特·戈尔和约翰·克里在民主党总统候选时的表现一样,他们一个来自哈佛,一个来自耶鲁,两人都是真诚、体面和富有智慧的人,但他们都根本无法和选民沟通交流。

提供平庸和安全的诱惑

威廉·德莱塞维茨认为精英教育的劣势之二是它提供平庸的诱惑,也提供安全的诱惑。他认为精英大学在提供了很多机会的同时,也剥夺了学生的很多机会。他采访过很多的学生家长,为什么如此卖力地要给予孩子最好的教育时,他们毫无例外地说因为它提供了众多的机会。然而精英教育在给予了很多机会的同时,也剥夺了很多机会。他的一位同事曾坦承其实他真正喜欢的工作是社区组织者,但这就意味着他要忍受很多异样的看法和眼光,"那不是浪费了我昂贵的教育吗?难道不是挥霍掉父母花费这么大代价为我提供的好教育了吗?我的朋友们该怎么看待我呢?二十年后同学再相聚,我怎么有脸见那些成为大律师或者纽约名流的同学呢?所有这些问题背后的问题是:这不是委屈了我吗?"所以可能性的整个世界都关闭了,精英学生错过了你可能真正喜欢的职业。

而与此同时,精英大学的学生在面对风险大或利润小的工作时,会很容易选择放弃。威廉认为乔治·布什就是这个代表的典型,有资格的平庸实际上是其政府的运行原则。他还举了任教期间,几个学生出版撰写诗歌的刊物的例子,两个来自耶鲁和哈佛的学生稍遇挫折很快就洗手不干了,而来自普通大学的学生仍然还在坚持。因为名牌大学学生期待成功,期待立刻就成功。不成功的想法让他们感到恐惧、让他们无所适从、让他们一蹶不振。他们的整个人生一直被失败的恐惧所驱动。挫折往往培养人的韧性和耐力。因为害怕失败,也就害怕冒险,这就解释了精英教育最终的最具破坏性的劣势。

过度商业化

在他的书中,德雷谢维奇提出了一个有关如何从青春期步入成年的观点。他写到,每个人生来都有一副头脑,但只有通过内省、观察,把理智与情感结合起来,从经验中探寻意义,找到一个总体性的目标,才能形成独特和个性化的自我。

他说,这个过程通常开始于大学时期,这是人生中的一段自由时光,既没有家庭负担,也没有事业上的牵绊。在这段时间,年轻人可以不顾后果、无拘无束地接触他人。用哥伦比亚大学教授马克·里尔拉的话说,通过这个过程,一名学生能够发现,"什么才是值得追求的"。

德雷谢维奇称,在如今的精英学府,多数学生并没有过这种经历。他说,大学已经被商业精神同化。它非但没有成为人生的自由时段,却变成了加速阶段。学生们忙着跨过履历竞赛的一个个障碍,没时间思考自己真正想要什么。他们是如此疯狂地尝试着一切,却错过了能改变人生的际遇。他们唯恐失去任何选项。他们被反复灌输的,是对名望的渴望。这个体系迫使他们变得优秀,只不过是优秀的绵羊。

这些似乎恰恰是学校希望的东西。精英大学说他们要培养领袖,而不是思想家,要培养权力的拥有者而不是权力的批评家,这是有理由的。有独立思想的人与任何联盟无缘,精英大学的大部分预算来自校友捐助,所以花费大量精力培养学生对学校的忠诚。正如三代耶鲁人的一个朋友说的,耶鲁大学的目的就是生产耶鲁校友。当然,耶鲁当局学校高层长期以来对学生从人文学科和基础科学专业转向比如计算机和经济学之类实用性学科的倾向一直冷漠地怂恿,大学就业办公室很少鼓励对法律、医药、商业不感兴趣的学生,也不做任何事情去减弱毕业生大量涌进华尔街的热情。实际上,他们在向学生指明这条道路。文科大学正在变成公司大学,它的重心已经转向技术领域,学术专长能够成功地变成利润丰厚的商业机会。而他们都忘记了教育的真正目的是塑造灵魂,而不是培养就业能力。

(摘自《世界博览》2014年第21期)

今日说法

长篇小说的危机是非常明显的。能够克服它吗?恐怕没办法。长篇小说原来是一种对整体的渴望。现代的特点是全体的丢失,中心的损失。现代本来要通过长篇小说了解自己,但是它失败了。好的长篇小说大部分是没有完成的,要不它们的本身是碎片。

——汉学家顾彬说现在的长篇小说从语言、形式、内容来看是最没意思的作品

"栀子花粗粗大大,又香得掸都掸不开,于是为文雅人不取,以为品格不高。栀子花说:'去你妈的,我就是要这样香,香得痛痛快快,你们他妈的管得着吗!'"

——汪曾祺在《夏天》中写道。

放养教育,自由价更高

□章元佳

"我们相信孩子们只有投身世界的环境中才能学习到真正有趣又有用的东西。"

"自由是我认为能够给孩子的宝贵礼物,不仅是行动上的自由,也是知识和心灵上的自由。在田野、在山川、在牧场、在城市,他们基因中蕴藏着什么天分,都由他们按照自己的成长步伐去探索吧。"作家本杰明·休伊特说道。

本杰明·休伊特的两个孩子——12岁的芬克斯·休伊特和9岁的莱恩·休伊特每天早上都可以悠闲地在家享用丰盛的早餐,然后去深山老林里采摘野莓,再将野莓晒干做成饼干的馅料,如果他们愿意还可以将自己制作糕点的心得和视频分享在博客上。兄弟俩不像别的孩子被圈在学校围墙之中,而是每天都在充满童趣的玩耍中度过。

如今在美国有越来越多的孩子像本杰明的孩子那样享受放养教育,但这又有别于传统的"在家教育"。"在家教育"的孩子会在家中遵循着一套经过家长编排的课程,老师的角色被文化程度较高的父母所替代,学习的科目如英文、数学、科学、绘画等一个都不能少。"放养教育"的小孩则对自己一天的生活有着完全的自主权,在保证安全和健康的前提下,他们可以做任何想做的事情。本杰明将这种教育定义为"根据孩子自己独特的兴趣进行自我导向、家长辅助的放养式学习"。

目前美国1800万学龄儿童中,有10%是在家上学的。二战以来,美国实行12年免费义务教育。然而,自义务教育推广以来,一直不断有人在质疑其价值是否被过分夸大。耶鲁大学毕业生、科罗拉多落基山中学的老师约翰·霍尔特在1964年出版了一本名为《孩子怎样被毁》的书,其中就提出"孩子与生俱来的强烈好奇心和对学习知识的热爱都被学校教育给摧毁了"的观点。

霍尔特后来成为"在家教育"的倡导者。但很快霍尔特意识到一些家长只是简单地在家里重复教室的活动,孩子仍然是禁锢于课程的限制。于是在1977年,他再次呼吁,认为学校体制中的年级、评分等都会对学龄儿童产生负面的影响,并提出"非学校教育"的理念。

很多人并非没有看到学校教育的局限性,但是双职工家庭苦于没有办法全天带着孩子去野外观察昆虫或在森林里辨别有毒的蘑菇。本杰明认为,非学校教育其实更是一个关于生活方式的选择。他大部分时间在家写书,并与妻子经营着自己的农场。"如果我们都出去上班,可能会赚到更多的钱,但孩子们就无法在这种寓教于乐的方式中学习,所以在富裕和自由之间,我们选择自由。"他说道。

"放养教育"的模式不仅能在乡村实行,城市中有见识有一定经济基础的父母也正在思考如何能将孩子们从繁重的学业中解放出来。凯莉·麦克唐纳放弃企业培训师这份收入丰厚的工作,选择在波士顿放养孩子。"这座城市就是孩子们的课堂。"她说,"我们相信孩子们只有投身世界的环境中才能学习到真正有趣又有用的东西。所以我带他们去博物馆、公园、展览馆,或者跳上一列火车来一场说走就走的旅行。孩子的学习应该轻松自如。逼着他们在学校或者在家埋头做题背课文,而不让他们自己在探索中发现学习的乐趣,这样的教育就毫无用处。"

如今"非学校教育"已经不再是法律中的灰色地带,在美国50个州都得到了认可,只需要满足几个条件,比如父母的经济状况达到一定标准,以及定期接受来自社区教育机构的家访等,以确保这些放养的孩子是在探索求知的道路上,而不是成为吸毒、卖淫等问题少年。

(摘自《南都周刊》2014年第34期)

今日说法

我认为,在一切智能活动里,没有比做价值判断更简单的事了。假如你是只公兔子,就有做出价值判断的能力——大灰狼坏,母兔子好;然而兔子就不知道九九表。此种事实说明,一些缺乏其他能力的人,为什么特别热爱价值的领域。倘若对自己做价值判断,还要付出一些代价;对别人做价值判断,那就太简单、太舒服了。讲出这样粗暴的话来,我的确感到羞愧,但我并不感到抱歉。因为这种人带给我们的痛苦实在太多了。

——王小波说

一个iPhone6可以换368笼鸡汁汤包、737碗桂花赤豆元宵、4224块鸭油酥烧饼、422碗鸭血粉丝汤、1056碗辣油馄饨、704两牛肉锅贴、368碗皮肚面、245斤烤鸭。

——最新iPhone6一发布,网友"脑洞大开",编出各种段子

当你的工作在你心目中有意义,你就有成就感。当你的工作给你时间,不剥夺你的生活,你就有尊严。成就感和尊严,给你快乐。

——作家龙应台

和孩子一起去探险

□于西西

在三川玲夫妇看来,玩只需要一个前提,就是父母心无旁骛地和孩子在一起。只要这是一段专注的时间,孩子就会本能发明很多游戏和玩法。

当三川玲夫妇开车从学校接到6岁的小丸子的时候,小丸子看上去并不高兴。她把妈妈从前座拉到后座,然后歪在她的怀里。烦心事大概有这么几件:有功课要预习,这要耽误玩耍;更要紧的是,天天和家长一起来接她放学的玩具狗"菲儿",今天被父母遗忘在家了。

因为"菲儿"的缺席,她一路上都难以快活起来。母亲三川玲在一边确认她的情绪:妈妈知道你不开心。真的抱歉忘记了。开车的父亲,则和她交换一些想法,试图找到解决方案。譬如预习是否可以减半,可否用其他的娱乐暂时代替下"菲儿",等等。

但小丸子还是挂着零碎泪光,一路到日坛公园。直到进了园子,看到草坪、树木、花朵,当然,还有游乐场,她才积极起来。在连坐了两圈果虫滑车之后,她完全恢复顽皮。在三口人眼里,公园的一切,皆是玩具;他们在草坪上由小丸子教授击剑姿势,有大树可爬,有松针可以捡,甚至还可以在一堆野菜里,挑拣出野葱吃,小丸子一边吃一边啧啧点赞:真的有葱味啊!

和孩子到外面撒个野

日坛公园是他们三口之家的"长期据点",被收纳到他们的"北京撒野地图"中。这里植物丰富,小丸子的找种子作业就在这里完成的。周末时,他们经常带上野餐垫、帐篷、食品篮、书,召集附近的好友一起来玩耍。这是一处适合孩子奔跑、撒野的场所,平时送完孩子上学,夫妇俩还经常来这里跑步。

三川玲是知名教育类公众账号"童书出版妈妈"的主持,在从事童书出版前,她是一家时尚媒体的主编,进入教育类出版领域后,她开始涉足的多是学术书。直到有了小丸子,她开始倾向童书的出版,为了了解家长和老师的阅读需求,她开始大量阅读关于教育理念的书。孩子到了上幼儿园的年龄后,她也需要对各种名头的幼儿园做出甄选:什么是华德福教育,什么又是蒙台梭利教育……

阅读中,她有了表达欲,加上自己的"分享癖",她开始在朋友圈发一些自己的阅读心得和育儿体会,没想到被大量转载,有时候朋友圈齐刷刷下来,全是转载她的文章。"像新闻联播一样",她笑着说。后来在别人建议下,她开起了公众账号,等到发到第20篇文章的时候,她就收获了1万个订阅者。

在微信中引发较大范围互动的一次,是微信账号发起了寻找你所在城市撒野地图的活动。活动的发起最初来自小丸子的一个疑问:为什么在北京玩,要坐车出去呢,家旁边就没有?他们一家是三年前因为父亲创业进京的,之前,他们一直在广州番禺生活。那是一个别墅生活区。家里是那种镂空的铁门,小丸子的奶奶经常招呼路人进来吃东西,相处久了,家里就成了社区的聚集中心。总有朋友来唤小丸子出去玩,甚至是去遛狗。小区的设施也非常齐备,走不多远就有跷跷板和滑梯。

到北京后,他们却发现所居之地,社区文化都非常匮乏,小区里,能经常看到老年人的健身器械,却没有孩子的玩耍之地。玩一点沙子,都要去商场玩沙坑,15平方米大的地方,每小时要收费几十元。难道北京就没有那种不花钱,纯是玩的那种玩吗?

于是,他们在公众号上发起了征集:绘制北京撒野地图。面向读者,寻找那些亲自体验考察过的,可以与自然亲密接触,撒野撒欢又免费的地方。没想到响应者中,一些没有养育子女,甚至也不一定赞成她的教育理念的读者也参与进来,这种模式也很快被其他城市所复制。三川玲说:这个活动好像把人们对于缺乏城市玩耍的那种不满倾泻出来。

在城市对比中,她也发现了差异。她发现深圳撒野地图很少,但这很大一个原因在于它的市民休闲设施非常齐备。相比很多一线城市,它更为开放、合理,很多设施规划甚至是和国外、香港看齐的。她想到了在阿尔卑斯山上看到的儿童乐园,那种对待小朋友的开放态度,让她看到一个城市或者国家的精神气质。之后,在北京,她又陆续发现了奥体森林公园,那里是完全按照大自然地貌重新设计出来的,有一种苦心孤诣的随意,又充满野趣。还有野长城,这些都被收纳到他们家的撒野地图中。

玩没有标准

摩羯座的三川玲自嘲自己的性格常被小朋友认为是"无趣",她认为家中的互动天使是属于先生白战涛的。

上世纪七十年代,她出生于重庆的小县城。那个时候,家附近,走两步就能看到沙子、农田、庄稼,而这些都是天然的玩具。

18岁去广州上大学,业余做家教,和一个当地的孩子建立了友谊。

相约出去玩耍的时候,她发现了玩耍在一个大城市和小县城孩子之间的差异。大城市的孩子对待滑冰这件事,首先是要一双两百块钱左右的轮滑鞋,而当时她做家教的收入是一周60元,一顿饭才需要一块八。她第一次意识到了,原来在城市中,人对于玩,也是倾向专业化、标准化的,是被计划、被规划的。

而她和丈夫却想消解这种刻板。从小在父母无限宽容中成长起来的先生白战涛是媒体人,尽管少年时期他和父母的游戏互动同样乏善可陈,但自己在爱与自由中习得的探索精神、学习能力使得他可以"创造"出很多花样,来和孩子互动。

在他们看来,玩只需要一个前提,就是父母心无旁骛地和孩子在一起。只要这是一段专注的时间,他们就会发现自己本能就能发明很多游戏和玩法。在他们家,为了做到充分专注,在小丸子到家后,直到睡觉前,他们有三个小时的不插电时光。他们家的所有电子屏幕,包括手机、iPad、电视都要被收起来。他们会一起看书、画画、做手工,或者散步、滑滑轮。

起初,他们只是想让小丸子没那么孤独,但到最后,他们自己的童心被激活了,而且一发不可收拾。比如,他们给来访的小朋友设计了一个叫"过关"游戏。白战涛守在门口,想出各种办法挡住门的空隙,甚至使用椅子等各种道具,而小朋友则要想尽办法过关,或者爬过去,或者钻过去,总之就是要用尽各种姿势和角度。这个游戏不但得到小丸子和伙伴们的交口称赞,白战涛自己更是不亦乐乎。

他们还喜欢编故事。只是他们从不照书讲,而是即兴发挥。外出散步的时候,看见小汽车了,他们就编小汽车的故事,还会牵扯上孙悟空、葫芦娃,甚至小丸子的好朋友们。

这个月的五一假期,他们去了北京郊区昌平的一个招待所住了两天。那里也没有专门给孩子游耍的设施。早晨起来,他们就蹲在地上看了一个小时的蚂蚁。因为那里的蚂蚁,又黑又大,小丸子就封它们是蚂蚁王。之后,他们去爬野山,甚至都没有路。但那样一种探寻、历险却让父母和孩子一同参与进来,都获得乐趣。在父亲白战涛看来,育儿、玩耍其实都是一种本能的东西,却被社会化、标准化了。母亲三川玲认为被标准化的东西往往背后有商家利益的驱动,并直接给家长带来不同程度的焦虑。

她在公众账号倡导亲子阅读之后,会有很多家长会千方百计地问她,和孩子读书时,这样读对不对。三川玲说,这就好像那个笑话:有人问,吃大白兔奶糖是应该嚼了再舔,还是舔了再嚼。好像这中间存在一个标准,可以表明怎么读才专业,怎么玩才专业。但在她看来,并不存在这样的专家,或者说每个家长都有成为自己孩子专家的可能。看到那些在书中标明了如何开发孩子智力或者如果培养孩子技能的提示词,她想太多人把孩子的玩耍当成了长知识的工具,而作为工具的下场是什么呢,她想到了高考之后,那些把书撕了的孩子,工具的结果就是他们终生都不会爱上阅读。

给孩子冒险的权利

有时候看到公众号上收到的各种问题,父亲白战涛会觉得一些家长过度关注了孩子,而他觉得教育不过是把家庭关系、价值观理顺,并本能地给予每个人尊重。他了解到外国的很多家庭会强调父亲要教会孩子一项运动,这个过程传授的,其实不仅仅是一种技能,而是和孩子一起去体验探险的乐趣。

小丸子想学轮滑了,白战涛想,自己不是一直也想学吗?不如和小丸子一起好了。于是,父女俩买了装备,也没请教练,而是在网上搜索了下专业视频,观看之后,就乐颠颠地学了起来。姿势并不标准,那又有什么关系。这些爱好到现在为止,都一直被当作是一种乐趣,而不是孩子未来有所发展的一种技能。如果有一天,孩子自己有愿望将之发展成更为长远的爱好或者职业,他会和孩子从长计议。

但现实是很多家长把这些陪伴孩子探索的时光交付给了教练,同时交付出自己和孩子亲密互动的乐趣。非但如此,他们还会剥夺掉孩子探索的乐趣——他曾亲眼看到有家长扶着孩子爬梯子,告诉他应该先左脚,再右脚。在白看来,这些家长抢夺了孩子探索的机会,压缩了孩子犯错、纠错的过程,却不知道这其中损失了什么。而同时,他看到过外国人的处理方式,有外国小孩从秋千上,扑通一下掉下来,附近的中国家长,尤其老人家一阵啊呀声,却见小孩子起来,拍拍头,继续玩。而他的父亲在不远处,喝着咖啡看着书,对此反应平静。

在适度的保护之外,全然地相信孩子的探索能力,包括他们的犯错、纠错过程,这是三川玲夫妇的育儿之道。当孩子提出疑问时,他们通常不急于给出答案,而是多问一句:你觉得呢?他们觉得知识的记忆,答案的获得是他们最不看重的,他们希望带动孩子去享受那个过程。与其让孩子背会三百首诗歌,不如让他理解其中的一首为什么那么动人。

在外人看来,有些"麻烦""冒险"的事,他们都愿意去尝试。有一次下雨,丸子要出去踩水,通常的父母会说,下雨了,还踩什么水。而丸子的奶奶却打着伞,然后给丸子穿上雨衣、雨鞋,带她去找水坑。然后在旁边看着她把水坑踩得啪啪响。这是她认识大自然的过程,为什么不呢,父亲白战涛反问到。

在丸子稍大些的时候,他们带着她四处旅行。很多父母会觉得孩子尚小,去了也白去,而且危险、麻

斯德哥尔摩:美得不像一个城市

□蔻蔻梁

赞美是面对这个城市时生出的第一反应。电影里总说一种事物 too good to be true(美得不真实),这个城市也如此——而这也许也能算是另外一种层面上的斯德哥尔摩综合征,绑架我的,是斯德哥尔摩城本身。

然而我并不想书写那些湖泊,不想书写那些被湖泊分隔的美妙的陆地,我不想书写王宫前的士兵换岗,也不想书写那些经历了时间之后依然散发迷人魅力的老城建筑。美丽的城市有很多,但斯德哥尔摩之美远远超出伯格曼之所言。它的美在于这个城市的活力和价值观,因为这些并不仅仅源自历史或者文化,而源自生命本身。

也许是因为这个北欧城市的白昼是如此稀缺,瑞典人是最爱运动的欧洲人。在有太阳的日子里,人们恨不得调动每个细胞,储存阳光带来的动力。"瑞典人到老死,连牙齿都能保持完好无损。"一个瑞典医生这样告诉我们。

当然这不仅仅归功于运动,更归功于他们清新的空气和彻底无污染的水源。20多年前,斯德哥尔摩人投诉自己的市政府,原因是:"市中心的湖水居然脏得都不能喝了。"然后市政府开始整治水污染。如今斯德哥尔摩人诚恳地告诉我,渴了,喝点湖水就行。

烦。但在他们看来,这是很好的让孩子面对变化、处理困难的机会。后来,三川玲一篇关于《儿童为什么去旅行》的文章成为最受欢迎的文章。有100多万的阅读量,3万多转发,100多个未经授权的盗版版本。

同时,他们又反对为孩子过度牺牲,认为"一切为了孩子"这样的口号会抑制大人的合理需求,从而造成不平等的家庭关系。带丸子一起旅游,她会有自己的小旅行箱,全程自己负责。在选择去的地方时,他们也会协商折中,父母会尊重丸子的兴趣,譬如因为她对卢浮宫无感,他们就陪她在广场喂鸽子、逗狗玩。而之后,她也需要陪父母去一个他们愿意去的地方。他们希望在一个家庭中,每个人都能享受到自己的乐趣,只要这些关系、氛围理顺了,自然不缺方法。

(摘自《南都周刊》2014年第17期)

长年的运动给斯德哥尔摩人带来莫大的好处——瑞典把近7%的GDP投入到科学研发上。但就在这个崇拜高精尖科技为国家气质的国度里,他们的知识分子不英年早逝,普通白领也不过劳死。斯德哥尔摩用当年的运动和诺贝尔奖证实:它被天使的双翼庇佑,一边是体育,一边是智育,而天使头上的光环,则是康德所认为的,能与头顶灿烂星空同样让人震撼的良知与道德。

漫步在城市里,很容易了解到这个国家的价值观:坚毅和恒心。在斯德哥尔摩,你会惊奇地看到那么多的残疾人走在路上,他们凭借各种看起来高科技的拐棍或者轮椅,神态自若地出没在商场里、马路上,甚至是湖边的慢跑径上。而在这些地方,与轮椅数量相映生辉的,则是婴儿车的数目。我从未在一个城市里见过如此多的婴儿车,它们游刃有余地出没在城市的各种角落里。

哦,瑞典人左脑也许不发达,所以老爱摔断腿,这是我得出的第一个结论,然后意识到自己多么可笑——在见到更多的残疾人脸上那种与常人无异的自信和快乐的表情时,会明白是怎样的一种坚强精神内核支撑着他们看似脆弱的躯体。不是摔断腿的人更多,只是他们在人格上真正的独立。

哦,瑞典人老爱生小孩,这是我关于婴儿车的可笑结论。事实上,瑞典政府耗费十数年推行城市建设的"无障碍计划",正是为了让更多行动不方便的人——例如残疾人或者推着重物和婴儿车的人,能够自在出入城市的任何角落,做任何事情。公共汽车会有专门的小斜坡供各种有轮子的小车上下,商场里有专门为之设置的通道,连洗手间里都有某几格特别巨大,目的就是为车子提供空间。

与生命的光芒相匹配的是人体之美。瑞典的男女几乎就是美丽的注脚。大街上的男女体格高大匀称,步履轻盈,姿态协调,走在斯德哥尔摩这个同样美丽的城市里,就像牛奶融入了咖啡,香浓醉人。

英超阿森纳的曾经中场永贝里成为CK内裤的男人身体标本,瑞典美女的模样和气质成为芭比娃娃的设计原型。

某个清晨的地铁里,我抬着东方的脸庞撞在西方的胸口上,站立在人群里,如灌木匍匐在乔木之下。

是的,我妒嫉。

我妒嫉他们的高大健康与美丽,我的眼睛无法离开他们的身体。已经来不及美丽了,那十多厘米的身高落差穷我一生也无法追赶。所幸的是,纵然来不及美丽,至少可以抓住那些叫做"力量"、"恒心"和"毅力"的美好,这样,到了晚年,至少能像那些瑞典老太太那样,或许还能参加一下有趣的砍柴比赛吧。

(摘自《青年商旅报》2014.7.25)

给孩子一个从容

□卡 乎

> 本来归你安心享用的那一份权利,必须设法去争取才能得到,且要随时警惕被挪用。

全家人围坐在一起吃鸡肉,是我难以磨灭的童年记忆。一大碗鸡肉端上桌子,馋涎欲滴的我们兄妹纷纷伸长了脖子。可是父母家教甚严,吃饭有很多规矩。

那是一个物资匮乏的年代,我们总是处于饥饿状态。于是,一顿美餐也是一场折磨。我们一边做出谦让和斯文的样子,一边算计着如何能多吃几块鸡肉……

尽管父母把谦让和斯文讲得上纲上线,可是我们心里还是很慌乱。特别是看着哥哥、弟弟或妹妹不动声色地拣走一块肥鸡腿时,那种不敢表露的羡慕嫉妒恨让人十分难受。

等到我做了父亲之后,我发誓不再让孩子受这样的折磨。我的办法很简单,那就是分餐制,很多时候我让女儿将食物平均分成三份,一家三口每人一份。

一个分配制度的改变,让女儿不用再像我年幼时那样,一边吃着小碗一边盯着大碗,一边心里着急一边假装斯文。越是珍稀的食物,她越可以慢慢享用。

摆脱父母的监管之后,我吃饭的样子一点也不斯文,更重要的是,内心的慌乱延续下来。

吃饭只是整个社会文化的一小部分。这种慌乱从社会各个方面得到培养。本来归你安心享用的那一份权利,却被收缴起来,你必须想方设法去争取才能得到,而且要随时警惕被别人挪用。比如政府建设的廉租房,底层困难家庭自然该有,可是你必须托关系送人情,才有可能给你。

其结果就是人人都莫名慌张。一辆公共汽车开来,即便只有十个人上车,也要挤成一团。一个个十字路口,汽车永远在和行人抢道。假如你不去抢,可能一整天都去不了对面。

大人是孩子们的榜样。他们从小就被大人们拽着,慌慌张张地左冲右闯,真心谦让就意味着没鸡腿可吃。

很多幼儿园和小学放学时,家长早早地挤在门外。大门一开,外面的家长和里面的小朋友分别冲刺,大喊大叫,场面十分壮观。如果大家都冲你不冲,就会最后才进门。

女儿上的德国幼儿园,每天从

音乐去哪儿了

□王小峰

> 没有人——包括音乐行业的人——会注意到,这种选秀节目断了内地流行音乐的最后一口气。如今,唱片公司这类企业已经不复存在,发行公司还剩下几家在苦苦支撑。可笑的是,歌手却像细胞裂变一样越来越多。

10年前,当中国电视上出现选秀节目时,不管是出于对电视节目形态的关注,还是对参赛选手的命运和八卦的关注,大众的参与把电视选秀节目变成一种文化现象,这让选秀类型的电视节目一直能保持较高的收视率。从湖南卫视的"超级女声"开始,一直到现在的"中国好声音",选秀节目成了拯救中国电视节目形态和收视率的法宝,让更多年轻的观众又重新坐在电视机前,在乏味的电视节目中寻找令他们兴奋的选秀节目。

然而,没有人——包括音乐行业的人——会注意到,这种选秀节目断了内地流行音乐的最后一口气。如今,唱片公司这类企业已经不复存在,发行公司还剩下几家在苦苦支撑。可笑的是,歌手却像细胞裂变一样越来越多。

很多时候,我们把唱片业的死归罪于数字时代的来临,或者归罪于盗版,忽略了选秀节目对唱片业的破坏,它几乎是用釜底抽薪的方式扼杀了唱片业。

当年盗版的猖狂和后来的数字化分享的疯狂,都没有从根本破坏唱片业这个模式,只要唱片公司通过签约歌手、制作销售唱片和授权版权的方式还能获得利益,它就会存在。只是在数字化时代,唱片业要经过一个转型过程,一旦数字时代的商业模式确立,唱片业复苏是必然的。不幸的是,就在唱片行业

中午12点到下午4点半,分成三四个接孩子的时间点。孩子们稀稀落落地离去,自然没有慌乱和奔跑。而且他们必须和在场的每一个老师拥抱道别,也要和还没走的好朋友说明天见。

好的制度保障每个人都有属于自己的时间和空间。你可以从容而优雅,而不用担心被别人剥夺和侵犯。

(摘自《南方周末》2014.10.9)

努力寻找新的模式时,选秀出现了。

如果我们简单回顾一下中国唱片业不太长的历史,会发现,没有盗版的年代,属于计划经济,音乐没什么制作方式和市场观念,更谈不上艺术水准;当进入市场经济时代,提高了制作水准、增强了市场观念后,盗版随之而来;当唱片业在盗版的夹缝中求得一线生机时,数字化时代来临;当数字化时代的商业模式初露端倪时,选秀给了唱片业最后一刀。这几十年,中国的唱片行业命运多舛,从来就没有赶上过好时候,始终处于混乱不堪的状态。说得宏观一点,中国在开放后,文化产业都是在没有任何经验和基础的前提下接受了西方市场经济的商业模式。表面上看,我们因为省下了几十年甚至上百年的时间而沾沾自喜,实际上,文化产业是需要经验积累的,文化发展是需要次序和逻辑的,它需要积淀。文化不是纯技术产品,可以在掌握核心技术之后迅速飞跃。所以,当我们违背规律,必然会遭到规律的报复,流行音乐领域是最典型的。

即使数字化传播从某种层面上比盗版的危害性还大,但数字化销售还是给唱片业带来一些利润,而且这个利润在逐年提高,只是一些行业垄断导致唱片行业在分配利益时失去了话语权。换句话讲,只要唱片业还存在,还在生产唱片,不管是数字发行还是传统发行,它还是可以通过唱片和版权销售获得利润的。

数字时代到来后,美国的唱片业一度受到很大的冲击,尤其是那些唱片巨头,过去10年间,大唱片公司经历了多次并购重组,都是在应付数字化时代的危机。但对中小型唱片公司来说,受到的影响并不像大唱片公司那样严重,数字化出现只是一个适者生存的筛选过程。当唱片业慢慢走出传统模式进入数字化时代,它依然可以重现生机。

中国唱片业由于缺乏根基,在任何一种外力蚕食的状态下,它都会岌岌可危。但是,过去20多年,唱片业在极其恶劣的环境下还是熬过来了。它之所以能熬过来,还是因为这种模式能带来商业利益。但是当选秀出现,一切都改变了。

为什么在今天人们都在认为唱片业是一种落后的商业模式的时候还要强调唱片业的重要性?传统唱片业模式中在数字时代最为人诟病的是它从源头到最终消费者之间环节过多,造成成本过高。但是当这个问题在数字化时代慢慢解决后,唱片业依然发挥它的重要作用——它绝对不会错过一个天才,尽最大可能向消费者提供各种不同类型的音乐产品,这些产品力求在市场和审美之间寻求平衡,通过这些产品营造一种文化氛围,形成文化潮流。

即使中国内地的唱片业再差,它仍然有一个行业和审美标准摆在那里,歌手该怎么选、歌该怎么唱、音乐该怎么制作、它与消费者之间的关系是怎么回事,这些最基本的原则唱片公司还是能把控的。

选秀恰恰破坏掉了这些。当年因为"超女"而出现的天娱公司,他们具有一些唱片公司的职能,但是从来没有发挥唱片公司的作用。10年来他们制作出过一张好唱片吗?完全没有。在这类公司看来,给歌手制作唱片只是用来区别他们与其他职业的一个标记,至于唱片该怎么制作,他们并不懂,即使过去了10年,也没有见到他们有多大进步,这就是肥水不流外人田的结果。当初他们把选秀歌手资源垄断,并非是想把他们打造成真正的歌手,仅仅是把他们当成电视台的一个附属资源,并通过他们的知名度走穴挣钱,这个商业模式显然是成功的。至于这些歌手的唱片出过几张、卖掉多少、有哪些歌曲流行走红、音乐制作水准跟过去比有什么突破和进步,都已经变得无足轻重。

湖南卫视和天娱联手制造和巩固了一种新的消费模式:"粉丝"消费。这种消费关系就是向盲目和毫无鉴别能力的消费者提供最低级的产品,这也让他们在专业上不思进取。当这种低级别的消费愈加坚固之后,它理所当然被看成是一种成功的商业模式,进而这种模式传染到电影产业。然后它制造出一种大众消费能力很强的假象,实际上是文化产业的制造者在不断拉低自己的底线,以迎合没有鉴别和鉴赏能力的消费群体。

湖南卫视和天娱公司制造的"前店后厂"模式获得商业成功后,浙江卫视和梦响强音公司几年后通过"中国好声音"复制了这种模式,和天娱相比更是有过之而无不及,他们希望在那些从选秀舞台上下来的选手还在热乎的时候在市场上获取更大的利润。当生产水电设备的浙江富春江水电设备公司收购梦响强音40%的股权时,隐约可以看到,这些"好声音"选手们的市场价值有多大——可是他们创造过音乐价值吗?

从天娱到梦响强音,间隔这几年恰恰是中国唱片业走向瓦解的过程。对于很多想唱歌的歌手,他们唯一的选择就是参加电视节目选秀,一来成名快,二来机会多,至于通过这种方式能看到多远的未来,没人知道。

当电视娱乐节目"肩负"起本该是音乐行业该做的事情后,恶果开始慢慢显现出来。通过这几年走红的选秀歌手就能看出来,这两家公司根本不懂音乐,也没把音乐当回事,他们只顾寻求利益的最大化而已。而那些"流落"到其他公司的歌手,也没有看到他们在音乐道路上有任何起色。

这些通过选秀成名的歌手在社会上有颇高的人气,有些人幸运地成为一些品牌代言人,经常出现在公众视线内,他们走穴的出场费比摸爬滚打十几年的歌手还要高,但是他们身上普遍缺少一些东西,他们充分阐释了明星(Star)和名人(Celebrity)之间的区别。现在出名跟出门一样简单,这些用催化剂催出来的选秀明星根本没有专业成就,自然也缺少名人气质,仅仅是社交媒体口水下的明星,一旦他们从公众话题中消失,就变得一钱不值。唯一可以证明他们素质和气质的就是音乐,遗憾的是,电视台和经纪公司不具备给予他们音乐的能力,只会把他们培训出类似帕丽斯·希尔顿这类话题明星式人物。李宇春几乎就是靠着这个话题延续至今,她的那些音乐,大概也只能糊弄一下她的"粉丝"而已。至于还不如她的那些歌手,说得难听一点,也就是靠选秀出名后混口饭吃——当初他们站在那个选秀舞台上各种感人的音乐梦想最终几乎都和音乐无关。

如果提起某一届选秀歌手的名字,人们模模糊糊还能有些印象,至于这个歌手做了多少跟音乐有关的事情,几乎没人能说清楚,甚至他们都不如一些独立地下摇滚乐队的影响大。从2005年开始到现在,选秀型歌手出来有几百人了,除了个别歌手之外,其他人都去哪儿了?

客观地讲,这些选秀歌手中有不少人条件很好,如果好好拾掇一下,相信能有不少人会成为新生代的中坚力量。可事实是,由于唱片公司这个角色的消失,导致音乐在技术和审美上失去了判断标准。而电视选秀节目的高收视率和选手人气的瞬间直升,会让经纪公司侥幸地认为,他们已然成功了,从而忽略了音乐的重要性。当他们被一拨拨儿扔向市场后,都鲜有作为。他们成名前要么默默无闻,要么是电视台综艺节目的常客。成名后,本来可以脱胎换骨,更进一步,可是他们签约的公司——不管是所谓的唱片公司还是经纪公司,从来没有在音乐上花心思,有一些选秀歌手后来陆续出过一些唱片,音乐上毫无新意,在公众中的反应甚至不如一首《小苹果》。最终,他们要么又变得默默无闻,要么继续混迹于各种电视综艺节目。选秀就像乱砍滥伐,把很多树砍了,堆在那里,没有进一步加工,既造成生态的破坏,又造成人才的浪费。演艺这个行业,青春期是非常短的,几乎都是一锤子买卖。每年选秀节目出来一批新人,意味着一年一次新老更迭,它迫使流行音乐的更新换代加速,歌手变成"一年生草本植物"。所以,当那些导师们语重心长地鼓励那些选手说出类似"这只是开始,你会有更大的舞台"、"你的梦想一定能实现"的话时,怎么听怎么像是要给这些选手刨个坑埋了一样。也许,再过些年,电视台该办一个真人秀节目——"学员去哪儿了?"

选手们在参加选秀节目时都是在翻唱老歌,尤其是那些知名度较高的经典歌曲,这会迅速拉近选手与观众之间的距离,熟悉的歌曲会给人造成听觉误差——即记忆带来的亲近感。经典歌曲都是创作者用心创作出来的，是一个团队精心制作出来的，而且经过时间淘汰保留下来的。当选手们演唱所谓属于自己的歌曲时，就完全不是那么回事了，因为他们身后已经没有一支训练有素的专业团队，更不会有人花心思为新人创作、制作，他们自身的特点也仅仅是在选秀节目上灵光一现，到了唱自己的歌时基本上都处于放任自流的状态，一张嘴都现了原形。这就是他们"实现梦想"之后唱歌没有特点、非常难听的原因，自然也难成大器。

电视选秀本属于娱乐节目，他们只关注收视率和广告收入，并不关心音乐本身，但是为了让节目变得好看，他们肯定会在音乐上下一些工夫，包括评判歌手的综合音乐标准，这会给人造成一种假象，好像那几个拍桌子的人就代表了一切音乐美学评判标准。事实上他们无论做什么，都会按照事先准备的脚本进行，而不是真正选拔音乐人才。他们的判断标准非常单一，就是通过几分钟的时间从音乐上下一个判断，并且还要让节目好看。至于几个月的专业培训就能让歌手发生质变，那更是荒唐，十年树木，百天能树人吗？只是这场秀必须进行下去而已。

而唱片公司在选择一个歌手时，会考虑得更多，除了音乐上的专业素质外，歌手本身的性格、修养、对艺术的见解、天赋、形象以及唱片公司针对市场受众需要或是对整个文化潮流社会动态的洞察预见、音乐本身的艺术价值评估等等，各种综合因素都要考虑，最终决定是否会签约。所以，唱片公司会推出不同类型、风格，针对不同受众的音乐，这样才会让整个音乐工业变得丰富。但是选秀选出来的人不具备这些标准的过滤，几乎完全是通过临场发挥好坏或是某一个专业人士的喜好来决定他的命运。这种选择方式本身就是违背艺术和市场规律的，这些人当道的结果就是你现在看到的样子——音乐变成电视励志脱口秀。

诚然，唱片公司和选秀艺人经纪公司都要追求商业利益，但在追求利益的方式和市场上呈现出的文化生态有着天壤之别。唱片公司对利益的追求体现在制作销售唱片、版权、演艺等方面，所以，唱片公司会千方百计为歌手选择符合他的歌曲，有些歌手，靠自己一首代表作可以唱10年，就因为歌手与作品本身融为一体。由于现在唱片和版权已无法获得更多利益，唱片业基本歇业。理论上，电视选秀只是为唱片业提供一些备选人才，但由于中国唱片行业的垮掉，致使经纪公司越俎代庖。经纪公司只能靠歌手演出或产品代言来获取利益，至于这些选秀歌手有没有属于自己的歌曲已经变得不重要。虽然在比赛时他们总是信誓旦旦地强调未来要唱属于自己的歌曲。对于有幸录制了属于自己的原创作品的人，由于流行音乐创作水准集体下降，制作上毫无想法，没有正规的营销方式……完全不像他们前辈那样拥有属于自己音乐艺术范畴内的成绩。这一切都会让这些属于他们的歌曲变得轻如鸿毛。

从电视选秀节目一出现，音乐生态便开始遭到破坏。这10年间我们看到了什么？那些淡出歌坛的老同志纷纷复出，不得不用延长艺术生命的方式来维系流行音乐的生态，他们还能唱10年吗？不可能了。当关张赵马黄魏姜们真正退出那一天，你可能连廖化都找不到。只要选秀节目还有收视率，它就会一直存在，只要它存在，流行音乐的生态环境就会变得更加恶劣。电视台和经纪公司他们只会考虑属于自己的那一部分利益，他们破坏，却又不会承担责任。说到根上，还是因为我们在开放之后大众文化发展过程中从来没有按照规律去做事，才导致今天的恶果。

同样，选秀让本来单调的流行音乐变得更加乏味，甚至和20年前音乐界对音乐制作技巧和美学探索的精神相比都是在倒退和萎缩。它直接导致了今天的听众对听音乐失去美学判断，在电视观众的耳朵里，音乐美学的判断只剩下"唱功"两个字，他们更多是被所谓的人生励志、八卦绯闻、插科打诨所干扰，这些选手们在瞬间被放大得很立体，但是他们的音乐却变得无比苍白。对歌手而言，他们逐渐失去了以专辑为单元的音乐美学尝试，因为他们可能没机会或者根本不需要去演绎复杂多元风格的作品，来验证自己对音乐的理解，他们只需开大嗓门，照葫芦画瓢唱些别人的歌便可以混上一阵子。

娱乐就是用来致死的，尤其是在中国这样一个大众文化缺乏基础和传承、在商业和艺术始终找不到平衡、文化发展缺乏层次和细分、到处都布满各式各样的投资分子的环境下，娱乐化对大众文化的破坏力几乎是毁灭性的。

这种对音乐生态的破坏至今并没有引起人们的注意，它的危机被当前一片商业繁荣所掩盖，浙富控股的介入就说明了这一点。这种涸泽而渔的选材模式和大众审美疲劳终究会到一个极限，或者当音乐产业可以通过数字化销售赢利时，大概就是选秀的寿终正寝之日。

有句广告语说："没有声音，再好的戏也出不来。"同理，没有一个良性的文化发展环境，再好的好声音也出不来。

(摘自《三联生活周刊》2014年第42期)

今日说法

环顾四周，多少人低头弯腰看着手里的机器。机器已经赢了，只不过不是《终结者》里想象的方式。
——詹姆斯·卡梅隆说。

为何女孩成绩总比男孩好

□张 慧

加拿大新布伦瑞克大学研究员沃耶尔夫妇发布的研究报告称,女孩比男孩成绩好的现象已持续了100多年。

沃耶尔夫妇对涉及110多万名学生的308项研究进行了汇总和回顾,这些研究从1914年到2011年,范围包括不同国家和不同学科。整体来说,女生领先男生最多的是外语和语文,但在普遍认为男生有优势的数理化,女生的表现仍好过男生。这样的优势从幼儿园就开始了,一直持续到大学毕业。

美国《大西洋月刊》援引最新的皮尤调查中心数据显示,2012年71%的高中女生进入了大学,只有61%的男性获得了深造的机会;而在1994年,这组数字分别是63%和61%。可见女生扩大优势时,男孩子正在原地踏步。

弗吉尼亚大学教学研究中心的研究员克莱尔·卡梅伦的研究结果显示,在自律方面,男生比女生晚熟一年。很多男孩在幼儿园毕业时,自律的种子刚刚萌芽,而女孩子已经可以熟练地约束和管理自己,为下一步的学习打好基础了。2006年,宾夕法尼亚大学认知学专家的研究显示,进入中学后,女生在自律方面的优势进一步扩大,直至男生望尘莫及。

沃耶尔夫妇认为,社会和文化起了一定作用;家长可能会认为男孩在理科上有天然优势,因此会鼓励女生在这些学科上更加努力,导致了女生在所有学科中都领先男生。女生的成绩更好,因为她们更善于在面临挑战时寻求外界帮助,而男生出于骄傲不愿求助。

区别还可能来自男女学生在教养方式上的不同。男生从父母师长处得到的赞扬和鼓励比女生少。而他们在学业上和课堂上"不羁的行为"通常会被"典型的男孩子"、"男孩子都这样"等理由遮盖,没有得到及时的关注和引导。

沃耶尔夫妇认为,也不是没有办法缩小差距。在斯堪的纳维亚半岛国家,男女生在学术上的差异几乎为零。瑞典、芬兰和挪威的教育体系推行性别平等,他们向学生传递好成绩与性别无关的观念,并且收到了积极的效果。

(摘自《青年参考》
2014.10.15)

三江源：宁静、危险和美丽

□陈 晓

荒原之静

2014年7月的一天上午,我跟着两位野生动植物摄影师,爬上了澜沧江源头附近的一座小山。这是一座普通的山峰,在三江源的阔大平原上,有无数座这样不知名的山峰——从河滩地边开始,以优美柔软的曲线缓缓隆起,在接近山顶的部分突然坚硬地冒出一堆堆寸草不生的石峰。摄影师要在这里做生物多样性快速调查,当他们各自在碎石间攀爬寻找时,我坐在山间的一块石头上,努力做出也有所发现的样子,四下打量着。

高处是观看荒原最好的地方,这里所有最有权势的生物都喜欢在高处巡视自己的领地。处于食物链顶端的雪豹就常常在这样的巨石上,一动不动地俯瞰山下,灰白色的皮毛像一道剪影,和山石融为一体。猛禽也常常把高处的巨石作为自己歇脚和观察猎物的地方。对远道而来的人,站上高处也是最不能忘怀的体验。俄国探险家普尔热瓦尔斯基曾经这样写出荒原观景指南:"必须在一万三千至一万四千英尺的高度上爬行或坐在那里,经常是在云层中,有时甚至在云层之上。四面八方展现出遥远的、广阔无边的地平线,放眼远望,真是百看不厌……巨大的兀鹰或者是胡兀鹫,抖动着翅膀发出一种很特别的响声,徐缓地在头顶上盘旋而过,使人不由自主地目送这矫健有力的大鸟飞去。忽而传来了雪鸡的洪亮叫声或者是岩鹨的动听歌唱。从附近的山崖上,不时滚下块块岩石轰隆隆地掉进深涧。忽而万籁俱寂,仿佛群山之中没有一个生物……忽然又飘来一朵白云,带来一股潮气,或者撒下一片雪糁,或者刮起一阵短暂的风搅雪……有多少次我一个人坐在那高山之巅是多么幸福啊!有多少次我羡慕这时从我身边飞过的兀鹰,它能飞得更高,能看到更为壮观的景色……在这样的时刻,人会变得更完美,仿佛一登上高空,人就会完全摆脱自己那些渺小的意念和欲望。我可以说,没有登上过高处的人,就领略不了大自然的雄伟和壮丽……"

我登上的这块石头是在接近山顶的陡峭坡壁上,从这里看出去,左边是阳光下的原野,山脉横陈其上,连绵起伏,7月的绿色寸草柔和了山脊。分枝状的河流从原野中流过,它们是澜沧江的一部分。我们的营地就在河滩上,从高处看下去,一长排白色帐篷、大大小小十几辆车都静默成微小的物体,原以为硕大的营地和河滩上的一块石头、碎石间的一株龙胆没什么区别。头顶上,一只大䴙趁着上午从河谷中升腾的热气流,盘旋着缓缓往无垠高处攀升。除此之外,所有的东西都势大力沉,一动不动地待在自己的位置上。偶尔有一只鸟从高处俯冲掠食,在我的眼前划出一道快速的阴影,可甚至没有激起一点涟漪,周遭又恢复了沉静。

绝对的、无边无际的、无法撼动的沉静!就像一条不动声色的河流,吞没了所有进入它的物体。

荒原之险

这就是荒原——世界上硕果仅存的几个人类可以到达,但荒野依然战胜了人类的地方。对"荒原"最常见的解释是荒凉的原野,渺无人烟——这确实是三江源很重要的一部分。青藏高原四面被蔚然挺立的最高山脉环抱,形成了一个地球上独一无二、面积巨大、不规整的梯形。三江源就位于这个地球最高的地质断块北部,平均海拔在4000米以上。高海拔让这里保留了无数的雪峰和冰川,蓄养的水源孕育了三条大河的源头——长江水量的25%、黄河水量的49%、澜沧江水量的15%都来自这一地区。但高海拔也让这里气候严寒,一年有8个月都是地面呈黄褐色的冬季。因为空气稀薄,人在行走时心肺都要遭受严峻的挑战。高地的气流充沛善变,使得这里的天气一日多变,常有雷暴和风雪。大部分地方土地贫瘠,生长季很短,燃料和饲料都很缺乏。

因此这里人烟稀少。三江源最西边的唐古拉乡,一个村庄的管辖地有几千平方公里,一户人家最近的邻居就可能在千里之外。由于天晴时能见度可以超过160公里,加上没有道路或建筑物当坐标,甚至一棵树都没有,旅行者行路时很难判断距离远近。普尔热瓦尔斯基曾这么感叹:"道路!在那片土地上,只有野牦牛、野驴和羚羊踏出来的道路。事实上,路得自己走出来。"他在试图穿越这片荒原去西藏时,与外界失联了三个月。中国的当地驻军表示不可能去寻找他们,因为"从青海去西藏虽有交通路线,但与其说是路线,不如说是方向更为准确。每个方向都无人居住,荒草遍野,只有蒙古人和唐古特人携带帐篷之类从一处迁至另一处在该地区游牧。在这一带行路,除了砂石、荒野,再就是高山、大河,每天所到之处,既无大路,又无小径"。

古时候的旅行者就像荒原上的河流,在山峦和原野间曲折盘桓,寻找着属于自己的荒原之路。他们把三江源的荒原看作是要到达更远的目的地所必经的巨大炼狱。1870年2月,一场强烈的雪暴和随后的低温严寒,使一支从拉萨出发的探险队的1000头运货牲畜悉数死亡，300名强壮的队员只有50人最后活了下来。1911年，湘西王陈渠珍的队伍用了200多天才走出这片荒原，100多人的队伍最后只剩11人……

荒原之美

但仍然有无数人想沉入这里。历史上，探险家和科学家前仆后继地来到三江源区域。普尔热瓦尔斯基四次从不同的方向探索过这里的荒原；死于玉树的法国探险家吕推，出发前在日记中预见了路途中将要遭遇的艰险和苦难后，写道："我们将永不会忘记这些苦难。"我在穿行三江源的途中，见到了各式各样常年痴迷于滞留此地的探险者、地理学家、越野车穿越高手。

他们所追寻的是，没有被人类活动广泛地影响和改变，因此还保持着野性和原始的地方。因为偏僻的区位和进入的危险，三江源的一部分荒原至今仍是人迹罕至的超净区。

人类记录自己穿越这里所遭受的痛苦，不过是生存在这片土地上的万物承受的万分之一。但长年的、巨大的痛苦，却让三江源的荒原保持了少见的健康和丰富物种，这是人类花费高额资金培育、看起来林木茂盛的城市森林根本无法比拟的。纷至沓来的雪、雨、露、倾泻的阳光、弥漫的隐形蒸汽、层出不穷的云、呼号浩荡的风，各种天气再加上动植物之间的相互作用。大自然之功是如此细致、绵密，自然之美与生命之美如此深刻地交织在一起。大地为矿石晶体覆盖，晶体上披着苔藓、地衣，低处散布着绿草繁花，叶叶相叠，不断变幻着色彩和形态。蔚蓝的苍穹像朵钟形巨花一般笼罩着万物，其上则另有星辰俯瞰着星辰。即便那些残破的灰色山冈和憔悴的地沟，若俯身仔细观察地表，就会发现其中覆盖着数不尽的微小植物。它们的花叶很小，所以在几百米的距离外就看不出明显的色彩。但就算是这个季节最普遍最微小的黄花，也没有一朵的形状完全一样。它们看起来不像是生长在干燥崎岖的风化砾石中，反倒像是一群充满生气、见证大自然之爱的过客。

这些也就是我们想追寻的。2014年7月，我们在三江源最温和美丽的季节来到这里，从南北两条穿越路线，试图贴近荒原之美。夏天是这块土地最生机盎然的季节，当然，一路上也尝到了荒原独有的雷暴风雨，但每次遭遇，都让我们离这片荒原深不可测的美更近了一点点。

在澜沧江源头坐上山间悬石这一刻也是如此。左边的原野还阳光灿烂，右边天空已经有一大团雨云像大军压境一样，黑压压赶过来。风雨欲来的短暂时间里，我学着像一只动物一样，在浩荡天风中挺直身体，伸长脖子，感受着荒原高处难以言说的辽阔和沉默，以及其间万

说说林青霞

□ 章诒和

水深水浅东西涧,云去云来远近山——取自元代徐再思的《中吕 喜春来·皇亭晚泊》。元人散曲多写个人情怀,写景咏史常流露出点点哀伤。我以此为题,是觉得它与林青霞近几年的心境颇有些贴近。

难以相信,林青霞都 60 了!

上个世纪 80 年代,国门初开,大陆人第一次看到了大陆之外的"那头",外面的事物也涌入了"这头"。别的不说,单讲宝岛台湾,一下子就挤进来三个女人:邓丽君、琼瑶、林青霞。街头听邓丽君,灯下读琼瑶,电影里看林青霞。她们如尖利之风,似细密之雨,风靡大陆。我也是在这个时候,欣赏到电影里的林青霞。最初是在专门放映"内部参考片"的中国电影资料馆看她的电影;之后,在政府机关礼堂看;之后,在电影院看;之后,在电视里看;再后,我们成为朋友。

物生长和死亡的声响。

这块岩石的不远处,躺着一只洁白完整的岩羊头颅,修长的角在梢头有一个优美的弯曲,而它的眼窝处还残留着血肉,表明它刚从一场捕食的追逐中失败,成为流石滩上的头骨。美国人类学家洛伦·艾斯利曾说:"你手里拿的每一块骨头都是一个衰落的王国,一个在时间上永远无法回归的独特对象。"看到如此新鲜而且美丽的死亡,让人难忘。

岩羊头颅边的碎石缝隙里,有淡紫色的翠菊、开着黄花的委陵菜、整片白瓣红心的点地梅,紫红色的拟漏斗菜从石壁上蓬大的绿色根系中探出头,在风中微微颤动。微小的植物在无遮无掩的高山上努力但谨慎地生长着,庞大的根系钻过干燥的碎石和坚硬的冻土层,以获取水分和热量,它们让荒原隐含了一种细密深刻的生命力。甚至就是那看起来毫无美感和情感的流石滩,如果放平身体躺在上面,也能听到棱角丛生的碎石下,汩汩的水流声一刻都不停息。

(摘自《三联生活周刊》2014 年第 36 期)

今年（2014年）11月，林青霞将满60岁，一个甲子，这让我有些难以置信。一次在香港，董桥约几个朋友吃饭。她来得最晚，董太太说："我在街上看见她了，人家还在买衣服。"

等啊等，等来一阵风。林青霞穿一件绿色连衣裙，双手扯着裙子，跳着舞步，转着圈儿进来。然后，举着三根手指，得意道："300块，打折的！"

董桥瞥了她一眼，说："谁能信，这个人快60了。"

吃饭时，她又催快吃。说："我要带愚姐逛街。"

啥味道都没吃出来，就跟着她跑了。到了一家成衣店，我看中一件白布衫，又见到出售的袜子不错，有各种质地、各种款式。我拣了两双黑的，她挑了红的和绿的，我接过来一看，这不正是"惨绿愁红"嘛。这袜子，咋穿？她穿。

端详她那张几乎找不到皱纹的脸，想起董桥说的那句："谁能信，这个人快60了。"

白先勇说她是慧心美人

说起林青霞，恐怕首先要说的是电影。40余年间，她演了百部电影，成为年轻人的偶像，并制造出一个"林青霞时代"。影片质量有高有低，但于她而言，却是始终如一的"美"：穿上女装是美女，换上男装是帅男，没治了。搞得天上也有颗星与之同名。那是2000年的8月，天文学家发现了一颗小行星，遂命名为"林青霞星"，2006年获得批准。编号：38821。

林青霞驰骋于银幕，能适应各种角色且长盛不衰，探究其因，我以为她是赢在了"气质与天性"这个基本点上。

举个例子吧——

拍摄于1993年的《新龙门客栈》，是中国当代武侠电影中的经典。剧中，张曼玉扮演的金镶玉被人称为是一只灵猫，诡异，恣肆，张扬，表演大胆而精绝。林青霞女扮男装饰演邱莫言，则是气度不凡，含而不露，举手投足无不在深沉典雅之中。戏演到了最后一刻，邱莫言即将没入流沙且终现女儿身，林青霞也仅仅是用一双眼睛，抓住抬头的瞬间，让目光穿透灵魂，倾泻出内心的千言万语。在这部电影里，无论是凝望远山，还是眼角落泪，林青霞的眼神运用颇似京剧，好像都能用戏曲锣鼓敲击出心理节奏来！所以，我对朋友说："林青霞是昆曲的正旦，京戏里的大青衣。"

这篇稿子刚搁笔，我得到一本由日本记者撰写的《永远的林青霞》。翻开一看，有段文字谈《笑傲江湖之东方不败》。其中，记者称赞她扮演的非男非女的东方不败，有着"致命的眼神"。记者问，"为什么会有这样的眼神？"林青霞答："这部戏开拍前，我请了一个老师教我京戏。"

果然不错！

林青霞是个美人,穿着讲究,言行得体,有着一贯的绮丽优雅。白先勇说她是"慧心美人",又说:"她本性善良,在演艺圈沉浮那么多年,能出污泥而不染;写文章能出口不伤人,非常难得。"的确如此,林青霞不说是非,但心里是有是非的!我们议论电影导演,她对两位享有盛名的电影导演做过这样的对比:"××与×××有相似之处,都是大器晚成,性格中有压抑成分,对电影狂热。但是分道扬镳了。一个心无旁骛,沉浸在自己的情感世界做电影梦;一个过分的野心和名利追求,消磨了他并不多的艺术感觉,以致像焦雄屏(台湾资深电影批评家)所言——迷失精神方向。"这段话,恐怕已经不能用简单的"说是非"来概括,它显示出林青霞的艺术见地和价值判断。

今年4月下旬,她发来邮件,说:"能不能拿一篇新作给我看看?"正好手头有一篇我为大律师张思之先生私人回忆录《行者思之》写的序言:"成也不须矜,败也不须争。"全文五千字,发给了她。

两天后,林青霞回信,说:"愚姐,愚姐,我对你的文字、热情、正义感和勇气太太太佩服了。看完你的文章,我感到自己的卑微,无地自容。我一定努力努力,向你看齐。"读罢,很有些激动。我并非为她的赞语而兴奋,是震惊于毫无遮饰的赤诚。我又想:林青霞有善良,有热情,有慧心,就足够了,她还需要勇气吗?出于私心,我希望林青霞平静地生活。焦雄屏说:"林青霞胆小。"艺人一般都有些胆小。长期以来,这个群体很风光,很傲气,但内心脆弱,有卑微感。然而遇到大事,很多艺人是有立场、有选择的。比如胆小的梅兰芳,日本人打来,他说不唱戏,就不唱。和孟小冬分手,梅老板也是很有决断的。林青霞不宜和梅兰芳放在一起做比较,但遇到大事,也是不含糊。每逢台湾选举,她一定要回到台北,不放弃自己的选票,不放弃支持国民党。

外面承受压力,里面忍受孤独

近几年,林青霞拿起笔,开始写作,在董桥等朋友的鼓励下一步一步上了路,直至在香港报刊上开设专栏。

演员在舞台上和银幕里,千姿百态,尽情宣泄。一旦回到生活中,他们往往要紧紧包裹住自己,用距离感维护、封闭自己和自己的形象。用她的话来说,就是"整个人很紧绷,防御心很重"。一般来说,银幕背后、电影之外的明星,我们这些普通人是不了解的。外面承受压力,里面忍受孤独,这是艺人的常态。艺人越有名,压力就越大,人就越孤独。别看前呼后拥,没有安全感的正是这些红得发紫、热得烫手的名艺人。林青霞原本也如此,但是自从她拿起了笔,情况就有所变化。写散文,就要把自己摆进去,因此她必须写自己。

林青霞有一篇叫《忆》的文章。笔下涉及张国荣。她写自己来到香港文华酒店二楼,踏进长廊后想起从这里跳楼而亡的张国荣。但写过两段,她就把笔锋转向了自己,这样写来:"我搬进一座新世界公寓,打开房门,望着窗外的无敌海景,好美啊,东方之珠,香港。我应该开心地欣赏它。可是,我一点也开心不起来。这样美丽灿烂的夜景,让我觉得更加孤单。心里一阵酸楚。突然之间号啕大哭起来……从1984年,林岭东请我到香港拍《君子好逑》到1994年拍《东邪西毒》,这十年,我孤身在港工作。每天不是在公寓里睡觉,就是在片场里编织他人的世界。"于是,林青霞打电话向别人倾诉自己的寂寞,电话挂断,寂寞又来。过去多少年,已为人母的林青霞路过此地,还指着这栋公寓对女儿讲述曾经的寂寞。

《忆》的篇幅不长,但沉甸甸的,它的分量来自真实而细腻的情感。

她写的另一个明星是邓丽君。林青霞细致地写出和邓丽君在1990年的巴黎相遇。由于没有名气的包袱,彼此都很自在地显出真性情。两人在路边喝咖啡,看来往的行人,欣赏巴黎夜景,餐厅服务生突见"两颗星"而紧张得刀叉落地,还有邓丽君在巴黎的时尚公寓……结束了法国之旅,两人一同飞回港。在机上,林青霞问:"你孤身在外,不感到寂寞吗?"邓丽君答:"算命的说自己命中注定要离乡别井。这样比较好!"《邓丽君印象》一文还有个"红宝石首饰"细节。林青霞新婚不久,邓丽君打来电话,说:"我在清迈,有一套红宝石首饰要送给你。"这是两人最后的通话。清迈,清迈!邓丽君夜半猝死的地方。获知死讯,林青霞完全不敢相信。那一年,邓丽君42岁。

总之,林青霞对寂寞有着极端的敏感和感受。我知道,第一次见面,她就背着我偷对别人说:"章诒和太寂寞了,她应该结婚。"

后来,我们熟了。她就当着我的面说:"愚姐,你要有男朋友啊!"

我很感动。

美貌、财富、知识以及(性)魅力,构筑了一个女明星的强大吸引力,林青霞可谓四者集于一身,这是一个人的本钱,也是一个人的负担。如此半生,有遗憾吗?有。她说:"有一件事一直令我懊悔,那就是我的从影生涯没有什么代表作。"而我以为:有遗憾,才是人生。

进入到中年,息影多年,林青霞性格中增添了沉稳、仁厚以及理性。如今,她开始用文字做出对自己一生的回顾,琐琐细细,实实在在。而这一切于她,十分珍贵,也十分不易。

水深水浅,云去云来,林青霞才60,小呢。

(摘自《南方周末》2014.10.23)

当手机变成武器

□孙立华

在007系列电影中,詹姆士·邦德曾经使用过一种设计精巧的"手机手枪"。如今这一科幻味十足的武器已经变成现实,不仅如此,手机也已成为军事领域具有多重作用的重要武器。

智能武器

目前,美国陆、海、空三军都制定了各自的军用智能手机发展计划。2011年2月,美国陆军实施"旅级部队现代化项目",其中一项重要内容便是为一线部队配备智能手机。可以预见,智能手机不久将会作为美军士兵标准配置。2009年8月,驻阿富汗英军在1853米距离击毙一名塔利班指挥官,创下英军最远狙杀纪录,枪上配套的智能手机(据传是iPhone)功不可没。美国一家公司也为M110狙击步枪配置了类似的智能手机,通过手机上安装"苹果播放器"系统和相关软件实现了上述功能。作战人员可以通过智能手机接收各种侦察系统获得的情报信息,形成综合、全面的战场态势感知。美国某公司开发了"雷神智能战术系统",只要在智能手机里输入查询要求,就能获得周围2000米范围内所有卫星图像及空中、地面的侦察情报资料。作为友军跟踪系统终端,这款军用智能手机还可将10~20名战友列入好友名单,实时显示己方态势,更好地协调作战行动。实践证明,手机能大大降低前线巡逻队落入敌方包围圈的危险。2007年10月25日,美军士兵萨尔瓦·托吉塔所在部队在阿富汗遭遇塔利班埋伏,伤亡惨重,托吉塔拼死救出战友,因此获得荣誉勋章。这起事件让美军高层受到不小的震动,有人反思,在武器先进程度今非昔比的情况下,士兵们为何还会像几十年前一样遭遇如此惨烈的伏击呢?一些有识之士意识到,问题的根源并不在技术层面上。美军的武器装备、空中支援等均是一流水准,症结在于,托吉塔与战友在执行任务时不能及时得到足够的实时信息,这些事关整支巡逻队安全的情报,可能就闲置在后方的数据库中而得不到及时分发。克服这方面的障碍并不困难,士兵需要的只是从卫星图像、空中侦察及地面通信提供的海量信息中,提取对自己有用的那部分;要做到这一点就需要一种能解析、传递并以简单易懂的方式显示信息的设备,这些功能用一部智能手机即可实现。

军用手枪

手机手枪的出现确实是一个非常吸引人的创意,如果只是伪装成手机武器的话,与任何间谍手中的伪装武器相比,也并没有什么特别之处,如果手机手枪既能打电话,又能射击的话,那可就有点不同了。手机手枪的首次出现是在2000年10月5日的荷兰阿姆斯特丹,警方在一次追捕毒品嫌疑犯的行动中,在其保密箱中发现了8支4发手机手枪,28支钥匙链手枪。对警方来说,坠链手枪、钢笔手枪不是什么新鲜事儿,但是手机手枪这一新型武器却使警察们担心不已,这种枪从外形上看,与市场上流行的手机几乎一模一样,数字键下面是点22口径(0.22英寸)子弹,按下数字发射键可一连发射4发子弹,杀伤力不小,近距离发射可致人死命。2003年2月,法国警方在塞纳省鲁昂市一次突击搜查行动中,又发现了2支手机手枪。自从20世纪80年代以来,手机手枪的研制和生产一直没有停止,并且还进行了既能打电话又能射击的手机手枪的研制尝试。一家名为"飞行员武器系统"(BWS)的公司,曾经开发出一种名为Shot Caller2000的手机手枪。还有一家名为"微型监视器"的公司,研制出一种既不是真正的手机又不是手枪的新型武器:一种伪装成手机的电休克枪。这家公司从1989年开始,研制和销售各种各样的安全保障设备和间谍工具。2002年公司网站主页上赫然写道:"经过全面的科学研究,我们骄傲地推出一种新产品:2002X 移动电话型晕眩枪。"这种武器能够释放出12万伏高压电流。

军用定位仪

目前,市场上的手机所采用的定位手段,主要是不借助移动通信运营商的网络实现的。这种定位以GPS接收器,接收距地面2万千米的24颗同步卫星群所发出的信号,利用无线电波与时间差来测量距离。GPS接收器自接收GPS卫星传送的讯号后,经由接收器内的运算单元,解算出定位、速度、时间等使用者所需要的信息。每颗卫星的位置可经由卫星星历轨道数据求得,透过4颗以上卫星至接收器的距离,便可算出接收器在地球上的三维坐标值。通讯的下一个增长点可能就在与全球卫星定位系统的结合,为使用者提供位置服务。

反隐形平台

目前,西门子集团公司经过研究发现,将来一个国家的移动电话设施可以作为一种对付隐形飞机的有效的雷达系统。该技术是使移动电话站变为"发射机",用于照射空中目标。从这些基站发出的信号能被"手提箱大小"的接收机系统截

好莱坞收入大公开

□刘 攀

谁一部戏能拿到7500万美元片酬,谁是片酬最高的电视明星?你在经纪公司收发室能拿到多少收入?《好莱坞报道者》杂志近日公开了好莱坞各行各业的收入,从天皇巨星小罗伯特·唐尼、桑德拉·布洛克、凯瑟琳·海格尔到普通的经纪人甚至艺人助理。

好莱坞看似人人羡慕,事实上近十年来,总体收入是在下降的,当然巨星除外。譬如小罗伯特·唐尼一年就能拿到7500万美元收入,包括《钢铁侠3》7%的票房分红和代言HTC手机的1200万美元广告费。桑德拉·布洛克,《地心引力》的15%分成以及《辣手警花》1000万美元片酬。但大多数演员收入受到挤压,尤其是二三线明星。

某经纪人透露:"如果你是顶级巨星,你的收入当然颇丰,但二三

获。计算几个基站发出的信号之间的相位差,接收机就能提供飞机的位置。利用全球定位系统,可以在数秒内对不同的发射信号进行同步。该系统的多方向性表明,它能够克服"看"隐形飞机、隐形导弹的困难。移动电话设施变成"雷达网络"具有很好的生存能力。因为要消灭这种"雷达"意味着必须使整个移动电话系统失效,这将是特别困难的事。试图使接收机失效也不是容易的事,原因是接收机的尺度小,并具有内建的通信网络。想对它进行干扰也非常困难,因为任何干扰信号"只是产生另外一种照射形式"。

这就意味着,任何具有移动电话设施的国家都能够利用它,并使它成为一种强大的"反隐形雷达"。英国科学家也正在致力于这种利用移动电话通讯站来发射能量脉冲、探测隐形飞行器并能将其摧毁的系统。当隐形飞机飞过时,这个系统两个发射站之间的信号的相位模型就会发生混乱,并且在监视屏幕上显示出来。现有的GPS系统通过一个手提包大小的接收器就足以精确计算出来犯的飞行器或巡航导弹,并将引导防空系统将其击落。

(摘自《百科知识》2014年第11期)

线艺人则被削减得很严重。"譬如莱昂纳多·迪卡普里奥从《华尔街之狼》一共拿到2500万美元(含分成),但配角乔纳·希尔的片酬仅6万美元,当然这是非常极端的例子。不过希尔也拿到他想要的——奥斯卡最佳男配角提名。显然大片厂在削减开支,首当其冲的就是二三线艺人,譬如漫威在拍摄《钢铁侠2》时只给米基·洛克25万美元片酬。二三线再不堪也比名气更差的普通演员强,根据美国演员工会的数据:2013年演员平均年收入是5.2万美元,数量众多的群众演员扣除代理费后一年片酬只有1000美元。

导演:每部电影25万到2000万美元

在这个领域中等收入似乎不存在了,如今的大片厂要么就找"当代大师"级,要么就找年轻的导演,拿300万到500万美元一部的导演已经很少见了。谁能够到"当代大师"级别呢?片酬在700万到1000万美元之间的有《谍影重重3》导演保罗·格林格拉斯和《普罗米修斯》导演雷德利·斯科特,当然他们拍的是超级大片。据说,克里斯托弗·诺兰《星际穿越》的片酬是2000万美元外加20%的票房分红。

与之相反的是,新人导演的首部大片厂作品片酬大概在25万到50万美元之间,漫威最喜欢使用这类导演。当然其中也有例外,听说一个欧洲导演首次执导好莱坞大制作,拿到的片酬是100万美元。

制片人:
25万到200万美元

凭借《速度与激情》系列,尼尔·H·莫瑞兹已跻身好莱坞收入最高制片人行列。

只有像《加勒比海盗》制片人杰瑞·布鲁克海默、斯科特·鲁丁(《龙纹身的女孩》)、布莱恩·格雷泽(《极速风流》)、尼尔·H·莫瑞兹(《速度与激情6》)等不超过10人能拿到200万美元的。受益于《速度与激情7》,莫瑞兹已超越布鲁克海默成为收入最高的制片人,据说他能从该片拿到250万美元收入外加5%~7%的票房分红。制片人工会没有制片人平均收入的数据,但刚入行制片人大概一年挣25万美元,著名演员兼任制片人的能拿到50万到75万,像亚当·桑德勒这种,从《长大后2》项目中挣到500万美元(他在本片的片酬为200万美元)。

摄影师:
周薪5000到3万美元

好莱坞顶尖摄影师在10到15名,他们的周薪在2.5万到3万之间,一般的电影拍摄周期为12周,或者稍微多一点。也就是说顶尖摄影师一部电影最多收入40万左右。知情人士透露,譬如10次奥斯卡最佳摄影提名罗杰·狄金斯凭《地心引力》拿到奥斯卡奖的艾曼努尔·

卢贝兹基以及马丁·斯科塞斯的老搭档罗伯特·理查德森等一部片可拿到80万美元甚至更多。稍微有经验的摄影师周薪在1万到2万，在独立制作中，摄影师每周能拿到手的也就2000到5000美元。电视剧领域，摄影师周薪在5000到8000之间。

美剧演员
每集15万到100万美元

越来越多的电影明星去拍电视，除了新鲜感以外，收入也是他们考虑的原因。譬如奥斯卡影后哈莉·贝瑞主演CBS的《传世》每集15万美元，一季22集的话至少收入330万美元。凯瑟琳·海格尔在美剧《国家事务》中的片酬也是如此。当然普通演员一集2.5万到3.5万美元。收视率高企的长寿剧演员收入更高，《生活大爆炸》吉姆·帕森斯、约翰尼·盖尔克奇和卡蕾·库科每集都是100万美元，主演《好汉两个半》的艾什顿·库彻每集也能拿到75万美元。（一旦美剧超过100集，主要演员还能从全球收入中分红，所以大家明白为何100集时剧组都开庆功宴了吧。）

大片厂CEO
年薪500万到1500万美元

包括迪士尼的阿兰·霍恩，派拉蒙的布拉德·格雷和索尼的艾米·帕斯卡基本年收入在500万美元，当然他们还有各种分红，一般最终能拿到年薪2倍到3倍的收入。他们的工作条件也最好，从24小时助理到私人飞机，当然承受的压力也是最大的。

经纪人
年薪20万到1000万美元

经纪公司CAA一般薪水比WMA、UTA、Gersh等要多，但经纪人收入和你谈的项目是挂钩的。通常来讲，刚入行的经纪人年薪在5万到6.5万美元、资深一点的20万美元，合伙人能拿到40万到70万美元；像CAA的Bryan Lourd和WME的Patrick Whitesell和Ari EManuel能拿到百万年薪。当然了，顶级客户带来高收入，UTA的Tracey Jacobs年收入能到900万美元，因为她旗下的艺人是约翰尼·德普。

经纪人助理
时薪10-13美元

在很多经纪公司，毕业生大多从收发室干起，为了攀登事业巅峰你得从脏活累活开始，很多成功人士都要经历这个阶段。在CAA，Richard Lovett有5个助理，Kevin Huvane有4个，就是说在进收发室之前，你还等先干助理的活儿。

电视界收入最高的是
深夜秀主持人

"扣扣熊"史蒂芬·科拜尔每年能从喜剧中心拿到1000美元，

"囧斯徒"每年2500万到3000万美元。吉米·法伦比他的前任杰·雷诺的1500万美元年薪要低一点。今年艾美奖主持人塞斯·梅耶斯的年薪为300万美元。

那些记你意想不到的"小角色"

动物演员：5千到10万美元

Crystal the monkey 2012年终NBC的Animal Practice中出演了9集，一共拿到10.8万美元片酬，比很多普通演员都多，是演员平均年收入的两倍。但是，多数动物演员收入微薄，仅仅为多吃几口狗粮而已。在好莱坞猫、狗演员每天收入400美元左右，一年最多的能赚5000到1万美元（当然钱归主人吧）

替身演员：5万到100万美元

厉害到能在《黑暗骑士崛起》中骑摩托飞奔，在《碟中谍4》中，一年就能赚到50万美元。袁和平在其巅峰时期比如《黑客帝国》能拿到100万美元。

真人秀演员：2万一集

娱乐律师：200万到600万美元

如果你是Skip Brittenham，你或许能一年赚个1000万美元，因为律师能从一个案子中抽成高达30%。很多律师每年都能赚个百万美元，即使刚毕业的大学生一年赚13.5万到16.5万也不稀奇，这些钱也刚够他们还完法学院的助学贷款。

经理人：25万到30万美元

刚入行的经理人年薪制5万到6万，顶尖合伙人能拿到7位数，但和经纪人不同的是，经理人没法制作项目得到额外收入。

色情明星：12万美元

顶尖女星最多能拿到20万美元，但他们的形象是无法拿到代言的，所以也就这样了。

公关发言人：2.7万到40万美元

和经纪人和经理人不同，公关是按月结钱，而不是项目固定抽成。这样就很不同了，在大电影项目里担任公关可以拿到甚至30万到40万美元。一线明星的公关发言人大概10万到15万美元（看你代理的艺人够不够多）。一般公关收入大概在5万到8万美元。刚入行的以及只是在首映和红毯打工的，2.7万到3.5万之间。

商业广告配音：3000到100万美元

小罗伯特·唐尼为日产、摩根·弗里曼为VISA卡、凯文·史派西为本田，这些大牌艺人有时候只需要工作一天，连身都不用现就可以拿到100万美元收入。而不知名的配音演员，一支广告就只有3000到5000美元。

（摘自《世界博览》2014年第20期）

喧嚣与真实

□莫 言

大家好,今天演讲的题目叫《喧嚣与真实》,这个题目挺难谈的,涉及到的社会生活看起来是两个方面,实际上是很多方面。社会生活总体上看是喧嚣的,喧嚣是热闹的,是热火朝天的,是一呼百应的,是制造谣言的,是人人微博的,是个个微信的,确实是众声喧哗。

关于真实,我想不仅仅是一个社会的本来面貌,也是事实的本来面貌,有时候喧嚣掩盖真实,或者说是会掩盖真相,但大多数情况下,喧嚣不可能永远掩盖真相,或者说不能永远掩盖真实。我讲四个故事,来证明这个论点。

第一个故事是,几十年前,我的一个闯关东的邻居回来了,在村子里扬言他发了大财,说他去深山老林里面挖到了一棵人参,卖了几十万人民币,从村子东头搞到西头,又从西头搞到东头,我们的村民们很多家里面争先恐后地请他吃饭,因为大家对有钱人还是很尊敬的,大家还希望一遍遍听他讲述如何在深山老林里挖到这棵人参的经历。我们家当然也不能免俗。我们把他请来,坐在我家炕头上吃饭,我记得很清楚,他穿了一件在我们当时的农民眼里看起来是很漂亮的黑色呢子大衣,即便坐在热炕头上也不脱下这件大衣。我记得我们家擀面条给他吃,我奶奶发现他脖子上有一只虱子,于是他的喧嚣就被虱子给击破了,过去人讲说穷生虱子富生疥子,我们知道他并没有发财,尽管他永远不脱下来那件呢子大衣,但他的内衣肯定很破烂。又过了不久,这个人的表弟也穿了一件同样的呢子大衣,奶奶问他,你这件大衣跟你表哥的很像,他说我表哥就是借我的,事实又一次击破了前面这个人喧嚣的谎言。

另一个故事是,我在北京的检察院工作期间,曾经了解和接触了很多有关贪官的案件。其中在河北某地有一个贪官,他平常穿得非常朴素,上下班骑自行车,给人一种非常廉洁的形象。他每次开会都要大张旗鼓、义正词严地抨击贪污腐败。过了不久,检察院从他床下面搜出了几百万人民币,所以真实就把贪官关于廉洁、关于反腐败的喧嚣给击破了。事实胜于雄辩。

第三个是我的亲身经历。2011年我在故乡写作,有一次去买桃子,一个卖桃子的人看起来很剽悍,他也认识我,或者他认出了我。他一见面就说,你怎么还要来买桃呢?

他点了我们市委书记的名字说,某某某给你送一车不就行了吗?我说我又不是当官的,他干吗要送我,他马上说你是当兵的。实际上我也不是当兵的,我已经转业了,然后他说你们这些当兵的,我们白养了你们,连钓鱼岛都看不住,让小日本在那边占领。我说也不想这样,他说反正你们当兵的白养了,我说那怎么办?他说很好办嘛,放一个烟雾弹就把问题全解决了。尽管我心里很不愉快,但后来还是买了他五斤桃子。我说桃子甜吗?他说太甜了,新品种,我说你给我够秤,他说放心。结果回家一称,只有三斤多一点,他亏了我将近两斤秤,然后一吃又酸又涩。所以这个事真实相,又一次把卖桃人的喧嚣给击破了。

第四个故事也是我的亲身经历,就是不久前的中考,我有一个亲戚经常见面,每次见他,他义愤填膺地痛骂当官的,咬牙切齿。但今年他的儿子参加中考,离我们县最好中学的录取分数线差了5分,他就找到我了,说就差了5分,你看看你找一找人,让他去。我说现在谁还敢,现在反腐败的呼声如此高,事情很难办。他说我不怕花钱,我有钱。我说你让我去送钱,这不是让我去行贿吗?这不是腐败吗?你不是痛恨贪官污吏吗?现在你这样做不是让我帮着你制造新的贪官污吏吗?他说这是两码事,这是我的孩子要上学了。这个真实也把亲戚反对贪官污吏的喧嚣给击破了。

我讲这四个故事没有讥讽意义,而是要通过这四个故事来反省,让每个人在看待社会问题的时候,在面对社会喧嚣的时候,能够冷静地想一想喧嚣背后的另一面。

(摘自《南方人物周刊》
2014年第29期)

今日说法

当资本的回报率超过了劳动的回报率,如同19世纪出现过,以及很有可能在21世纪重现的那样,资本主义会不自觉地产生霸权主义以及不可持续的不均,而这将从根本上动摇民主社会的精英价值观。

——法国经济学家托马斯·匹克迪(Thomes Piketty)在新书《二十一世纪资本论》中如此写道。

收盘了,股民小刘起身合上电脑,用滚烫的开水为自己泡制一碗腾着热气的老坛酸菜面。中国的股民更偏爱拉上窗帘,在黑暗中享受这独特的美食。江浙一带的股民口味清淡,他们往往不加料包,由脸颊自然淌下的热泪补充恰当的盐分。他们相信,用这种方式,能够抹平买在顶部和卖在底部带来的大部分忧伤。

——网友撰写的舌尖上的中国股市,《舌尖上的中国》第二季开播后,"舌尖体"开始走红网络。

王安忆的世俗与诗意

□宋 庄

每个城市的世俗各有特色,上海的世俗生活在作家王安忆的笔下,演绎出活色生香。假若用法国思想家罗兰·巴尔特的符号学原理来诠释,那么王安忆因其独特的书写,成为上海的某种不可替代的标志性符号。

书写世俗生活的精致与芜杂

"人自然要在某一个地方生活,上海恰恰是我生活的地方。我个人觉得我的写作同上海这座城市有着很辩证的关系。"王安忆说,上海给她提供了基本的写作素材。她在这浮世繁华的现代化城市中,以细腻饱满的文字,书写世俗日常生活的精致与繁杂。回顾她30年来走过的创作道路,无论是早期的短篇小说,还是后来风格多样的中长篇小说,无不耐心又巧妙地见证并反思着世俗生活:《长恨歌》描写了40年代至80年代沪上名媛王琦瑶的日常生活,《富萍》关注了六七十年代上海底层市民,《上种红菱下种藕》聚焦于八九十年代市场化转型期的浙江乡镇人家,《新加坡人》中又转移到当下上海新贵……王安忆笔下的人物,都被日子裹挟着,或疾或缓地往前走。到了新作《天香》她追溯从明嘉靖38年到明朝灭亡的上海,所写虽始自大家族的华丽,最后仍回归市井。

"世俗性其实也是人性,不是知识分子的人性,是大众的人性。"她认为,中国恐怕没有一个城市像上海那么市民气,而且这个市民阶层是比较成熟的。试图梳理上海市民阶层的起源与形成过程,她的语言却沛着清新的意韵。经历过华丽堆砌的繁复之后,王安忆回到平白简洁的语言追求,像冯梦龙编辑整理的《挂枝儿》,是来自民间的寻常却又干净文雅。王安忆说,沪上的清雅就是杂在这俗世里面,沸反盈天。

虽则写的是俗世市井,她亦隐身作品之中,文字却处处透出她对于人类生存的关怀与善意。在《遍地枭雄》中,书中几个人物走了许多地方,不断地目睹各地的变化、开发,那种强势发展的痕迹仿佛在地上凿了一个个窟窿,满目疮痍。在小说集《乌托邦诗篇》中,王安忆写道:"在一个人的心里,应当怀有一个对世界的愿望……我晓得这世界无论变到哪里去,人心总是古典的。"她担心这世界飞速的变化对于生活本身而言太过强势、不可遏制,也担心人类对于物质的抵抗力越来越弱。

她只能将这些诉诸笔端。在与热闹繁华咫尺之遥的所在,王安忆安守宁静寂寞。她本来也不怎么喜欢太多的人关注自己,最理想的状态便是"让我一个人静下心来慢慢写。"2001年,王安忆当选上海市作协主席,把她从相对独立于世事的写作生活中推向现实中来。这使她"略微开放自己的生活",不变的是她多年来一以贯之的独立思考和清醒冷静的写作状态。

推到多远,
依赖想象的能量

她曾经用"现代社会中的一个原始部落"形容自己以及同道者缓慢的写作。恰如《天香》绵长遥远的由来,自有一种秩序隐藏在时间深处,想快也快不了。早在80年代初,王安忆心生好奇,毫无来由地想要去了解自己所居住的这座城市。她跑到上海图书馆和徐家汇藏书楼查阅书刊,到故纸堆中翻检。她何尝不知道网络搜索只是轻点鼠标的一瞬,但是,她更愿意在缓慢的翻检过程中体验一种经历,这经历便是生活,是写作者的人生。很多知名且成熟的作家,愿意将严肃文学与通俗文学划清界线。若以此区分,毫无疑问王安忆要归到前者。可是

她向来不排斥对于一切优秀元素的吸纳,且尤其喜欢推理小说。英国侦探小说家阿加莎·克里斯蒂、意大利作家马里奥·普佐、加拿大阿瑟·黑利……她觉得,西方小说之所以多伟大的鸿篇巨制,是因为西方小说家发展了坚固、严密而庞大的逻辑推动力,它与宏伟的思想互为表里。她认为情节本身会向作家讨要理由:"生活的逻辑强大严密,你必须掌握了逻辑才可能表现生活的演进。为什么要这样写,而不是那样写?你要不断问自己为什么,小说的想象力必须遵守生活的纪律推进,推到多远就看你的想象力的能量。"

她诚实地表示自己是"比较笨的写作者",如果完全没有发生过的事情,没有经验过的事情,她很难去想象。即使是获得第五届茅盾文学奖的《长恨歌》,她最不满意的也是没有过任何经验的第一卷。可是到了纯粹依赖想象的《天香》里,她已经渐入佳境,在故事中左右逢源。

难怪王朔说:"安忆,我们就不明白,你的小说为什么一直写得那么好呢?你把大家甩得太远了,连个比翼齐飞的都没有,你不觉得孤单吗!"

写作本来就是孤独寂寞的生计。王安忆说,她特别想写一部关于养蚕的小说。下乡时在安徽农村看到养蚕的情景,深深地打动她,像一粒种子深藏在记忆深处,在《天香》里冒出一点稚嫩的小芽。这或

者也可视作王安忆的创作写照,不管外界如何喧嚣纷乱,那么严丝合缝地裹住自己,一丝不苟吐丝做茧,也终将会破茧而出。

《天香》:
向埋首绣工的女性们致意

时光倒流至1978年。作为《儿童时代》杂志社的编辑,24岁的王安忆和上海南市区的一所学校建立了联系。就是那时,她从上海地方的掌故里看到有一种叫"顾绣"的特产。描述的笔墨不多,可是有一点使王安忆格外留意,那就是女眷们的针黹,后来成为维持家道的生计。

这里面藏着多少富有戏剧性的故事?十几年后,王安忆和当时的许多作家一样挂职体验生活,她所担任的是上海老城区南市区文化局局长助理。

她放不下对老城区的那份浓浓的兴趣。可是在文化局,王安忆只待了两个半天。她不喜欢上班,不太喜欢和人打交道,也许恰恰是这种多少有些自闭的性格,成就了《天香》。从明嘉靖38年一直写到历史大人物徐光启、董其昌、海瑞等一一过场,再至明朝灭亡,这一回,王安忆完全脱离了个人经历的时代和经验,一直追溯到明代的上海,所写的却仍然是上海的市井生活。从《骄傲的皮匠》《富萍》这样富有生活经验的写作到完全依赖于想象,王安忆会遭遇怎样的挑战?《天香》中涉及到大量知识,包括园林建筑、美食、刺绣、书画,民俗等等。王安忆是要把《天香》写成一部向《红楼梦》致敬的作品吗?

小说中有三个主要的人物,一个是把绣带到上流社会的闵;一个是使绣的技艺达到顶峰的希昭;一个是这家的闺女蕙兰嫁到市井人家,蕙兰开幔教授天香园绣法。小说里每个女性完全不一样,这也是王安忆写作时有乐趣的地方,正是这种乐趣推动她写下去。这里面不单纯是技艺的介绍,和女性手艺有关,更和命运有关,因为她不单是写绣艺,是写绣心,她们的境遇、感情更是书写的对象。史料里这个人家败落,靠女性绣花养活,那我们就会思考男性怎么了?把家败成这样子?写作中最感困难的还是想象力方面,因为涉及不熟悉的时代。"顾绣"是产生于晚明,小说虽然是虚构,可它是在假定的真实性下发生,尤其是王安忆这样的写实派,还是要尊重现实的限制。过去的作品中,只有《长恨歌》第一卷是脱离自己的经验范围的,如果完全没有发生过的事情,她很难去想象。《天香》所要描写的,和自己生活经历很远,所以她落笔很慎重,尽量不让自己受挫,受挫就等于劳动白费,自信心会下降。长时间写作特别需要自信,所以我非常谨慎。

海派文学里评论家王德威认为,《天香》意图提供海派精神的原初历史造像。在王安忆写作出版跨过三十年门槛的时刻,王安忆向三百年前天香园那些一针一线,埋首绣工的女性们致意。从纪实写虚构,王安忆一字一句参详创作的真谛。在这样的劳作中,《天香》在王安忆的小说谱系有了独特意义。

从虚构到非虚构

《今夜星光灿烂》以写人为主题,记录了作家王安忆对于过往生命中那些人的回忆与理解。该书是2013年,王安忆非虚构系列推出了四本:《空间在时间里流淌》《男人和女人,女人和城市》《波特哈根海岸》及《今夜星光灿烂》。在《今夜星光灿烂中》,王安忆通过极富吸引力的叙述与描写,让我们有幸"结识"了36位文艺界重量级大佬。这里面有在艺术创作上既贪婪又执着,为将最抽象的思想落实于最具象的表现,不怕投身于分裂之中,不惜走向极端的电影导演陈凯歌(《陈凯歌与〈风月〉》);相貌"逗"人,自嘲为"三陪",其实是个爱"讲死话"的老实人,演员葛优(《见葛优》)……王安忆用清澈敏感的眼对他们一一观察,下笔带着温度与思考,从各个不同的侧面,"再现"了这些人的点点滴滴、音容笑貌。通过她的捕捉,我们得以在种种真切细节中更加凑近地看到这些远如星辰的名人们不同以往的一面,有的使人会心一笑,有的叫人忍俊不禁,有的让人肃然起敬,有的则感人至深、甚至催人泪下。看世界的眼,王安忆是充满敬意与用情的,因此这些人、那些事,有如头顶的星光灿烂,是王安忆这些年一路走来的丰沛"收获"。她用这样的方式看人写人,人们从这样的方式中读她看她,从中被深深感动,也照亮自己的星空。

每次见到王安忆,总见她头发挽在脑后,清清爽爽的样子。她语速很快,说话简洁利落,不拖泥带水。也不苟言笑,似乎不太容易亲近,举手投足又都透着高贵的气质。可是实际上,在熟悉她的人眼中,王安忆却是个坦率真实又无比细腻体贴的女人。看望史铁生时,见他穿得单薄,回到上海就给他织了件毛衣;她给病中的陆星儿送去亲手熬的鱼片粥;陈世旭要买藤椅,她跑到家具店亲手一笔笔画下(不允许拍照)寄给他;30年前,她在中央文学讲习所(现鲁迅文学院)学习,遇到不会写的字了,她转过身去问:"陈世旭,'兔崽子'的'崽'怎么写?"越过几排桌椅,远处的莫伸插嘴道:"安忆也要用这样粗鲁的字吗?"所有这些,让人觉得,王安忆留给外界表象的冷静理性,掩盖了她真实丰富的内心世界。像极了她的《长恨歌》开篇所写:"上海的弄堂总有着一股小女儿情态……这情态是有一些优美的,它不那么高不可攀,而是平易近人,可亲可爱的。"

(摘自《博览群书》2014年第2期)

"晒书单"，国外有冷有热

编者的话：不久前，由冰桶挑战演变而来的"冰书挑战"成为文化圈热议的话题。网上接力晒书单的做法在各国引发不同反应，但人们普遍认为，无论采取何种形式，推荐好书、分享阅读经验值得在全社会推广。为此，《环球时报》驻德国、印度、加拿大、英国的记者专门调查了所在国民众的"晒书单"情况。

德国：
图体面爱晒名著

□青　木

德国人常说，"一本坏书比一个贼更坏"。为了把宝贵时间用在阅读好书上，德国人常爱晒书单。在"冰书挑战"由发源地印度传到欧洲之际，德国网络上的接力荐书活动更显热闹。

德国人的冰书挑战规则很明确：挑战者在社交网络上列出10本对自己产生过重大影响或者自己最喜爱的书籍，点名让自己的10位朋友在指定时间内读完这些书，同时也列出自己的书单，发起新一轮挑战。无法完成任务的人要把列出的书捐献给图书馆或穷人。

《环球时报》记者发现，德国参与"冰书挑战"的群体主要有4类：一是作家，特别是一些中青年作家热情最高，如贝里塔·萨巴格、齐格弗里德·朗格尔等都推荐了对自己影响最大的书籍；二是政要，如德国副总理加布里尔、教育部长万卡也通过社交媒体公布有意义的书籍；三是文体界名人，这些人的网络知名度最高，特别受青少年关注，如德国足球名将拉姆、著名歌手萨拉·康纳等都向粉丝列出改变自己人生的佳作；四是普通民众群体，许多人还捎带讲述了自己与书籍的故事。

再看德国人晒出的书单，几乎各类书籍都有，既有《浮士德》《铁皮鼓》《朗读者》等名著，也有《格林童话》《小王子》《长袜子皮皮》等童书，还有《人死前最悔恨的5件事》《爱的艺术》等心灵鸡汤，此外侦探小说、诗歌集、学术类书籍也在其列。

德国柏林洪堡大学文化学者海尔穆特对《环球时报》表示，德国人晒的书单虽然很长,但在民众中影响力最大的书籍有两类,一是个性化书籍,比如名人自传,可以激励自己;二是大局观深刻的书籍,比如历届诺贝尔文学奖得主的书籍,让自己看清世界。

柏林银行职员尼克对记者说,晒书单可以培养大家的阅读习惯,促进人们思考价值观、人生观,而不仅仅关注物质生活。德国《莱茵邮报》评论说,晒书单也能看出一个人的生活态度。许多人为了给别人留下好印象,往往晒"体面"的名著书单,自己甚至根本没读过这些书。这样就使活动失去了意义。

实际上,晒书单在德国长期有人做,并非一时兴起的赶时髦行为。德国各大文学网站论坛都有经常性的荐书活动。读者每月推荐一本好书,并写下读后感。每年,网站还会总结出一份"年度推荐书单"。

德国是全世界人均书店密度最高的国家,平均每1.7万人就有一家书店。记者看到,几乎每家书店都有晒书单的传统。记者住处附近一家名叫卡利夫的书店,每个楼层按书籍分类安排一名咨询员,每人每周要向读者推荐一本好书。德国1.4万个图书馆里的管理员,也要张贴自己的书单。社区管理处也会在街头借书亭晒书单。德国各城市的文学组织、各大基金会、阅读促进协会等平时也开展活动,让作家和名人们与读者零距离接触。

印度:
政要助推"冰书挑战"

□张笑竹

"冰书挑战"由印度喀拉拉邦一个名为"一村一个图书馆"的公益组织发起,意在帮助印度农村消除文盲,让更多人养成多读书、读好书的习惯。自去年出现至今,"冰书挑战"在印度的社交网络上一直保持活跃度,《环球时报》记者在印度人专门为冰书挑战建立的网站上看到,目前每天的相关跟帖依然有近千条。包括印度总理莫迪在内的许多名人参与其中、推波助澜,在原本就喜欢阅读的印度又掀起新的读书热。

从印度名人们晒出的书单可以看出鲜明的个人特色。比如莫迪出身印度教色彩比较浓厚的印度人民党,他晒出的书单前三位分别是印度教的经典《薄伽梵歌》以及印度两大史诗《摩诃婆罗多》和《罗摩衍那》。印度国大党领袖拉胡尔·甘地的书单则显示了他的西方教育背景和大男孩本性,他晒出的10本书中,有关米老鼠和唐老鸭的儿童读物赫然在列。拉胡尔的母亲索尼娅·甘地是意大利人,追随丈夫拉吉夫·甘地步入政坛,她晒出的书单中包括《意印词典》和《凯撒的妻子们:缔造罗马历史的女人》等。

此外,比哈尔邦首席部长尼提士·库玛尔、西孟加拉邦首席部长玛玛塔·班纳吉等政要也纷纷晒出书单。印度民众对名人列出的书籍评头论足之外,也不乏调侃的跟帖。

尽管"冰书挑战"由印度人发起,但分享阅读经验的传统在印度并非自古有之。在印度古代,只有最高种姓的婆罗门有资格阅读吠陀经。低种姓的"贱民"的阅读行为可能会引来杀身之祸。随着印度社会的发展和开放,阅读如今已经不再是上等阶层的特权,但人们普遍认同阅读是一种高贵行为,正因如此,互相推荐好书更成了印度人珍视的行为。

印度以软件和外包服务闻名于世,但手机和电脑还远未成为人们常用的阅读媒介。所以相比线上的晒书单行为,线下的交流其实更活跃。《环球时报》记者曾询问一名在大学任教的印度朋友对网络文字的看法,他表示网络上的推荐信息半真半假,一些有广告嫌疑,还是面对面的书友会更靠谱。据记者了解,印度的书店、咖啡馆甚至公园会不定期举办读书分享活动,人们现场展示自己正在追的新书、好书,其中西方畅销小说和印度本土作家创作的宗教、哲学书籍往往是这类活动中的宠儿。

此外,要想了解印度精英们在追什么书,不妨到新德里市中心的可汗市场去看看。那里的海龟咖啡屋推荐的书籍被不少白领尊为"阅读风向标"。低声细语伴着书香、咖啡香,这就是印度白领小资的理想境界了。

英国:
网上晒书被批"土豪"

□纪双城

《环球时报》记者在伦敦街头进行采访时发现,很少有人听说印度近期发起的"冰书挑战"活动。在记者解释了这项活动的规则后,英国人表现出的兴趣也不大,"不如冰水浇身让人感觉有挑战性"。

"读书原本就是很自我的兴趣爱好",伦敦芬彻利一所小学的教师史迪沃特对记者说,他不认为需要跟着别人的喜好去选择书籍,也不会把自己读过的书拿到网上去晒,因为感觉这种土豪式的互联网行为与读书的沉静气质不符,"会让人觉得自己很炫耀,很肤浅"。

英国人不喜欢网上高调的晒书行为,却热爱以社区为单元的书友会活动。大城小镇上星罗棋布的读书俱乐部为他们提供了组织平台。此外,无论在大学校园还是生活小区,都有热心人张罗阅读沙龙。大家坐在一起,喝杯茶、吃块点心,利用周末的半天时间一起聊聊淘到的好书。在社区工作的艾伦告诉记者,除政治家外,英国人都喜欢在度假归来后,和朋友介绍一下自己这段时间读了什么书,而不是去了哪些地方。因为前者可以用来分享,后者就属于个人隐私了。

话说回来,英国人其实也很关心社会名人们在追什么书。英国媒体除了每周固定刊登最畅销的书单外,也会通过各种途径满足公众的好奇心。最近活跃在苏格兰政治舞台前线的前工党首相、苏格兰议员布朗就被曝光,他最爱读的是美国前副总统戈尔关于美国政府怎样做出决策的《难以忽视的真相》,以及前美联储主席艾伦·格林斯潘的《混乱时代》。布朗的第三选择也让人颇感兴趣,那就是英国作家巴斯蒂安·福克斯的作品《恩格尔比》。该书讲述的是上世纪70年代发生在牛津和剑桥大学里的故事。书中主人公出身卑微却苦心钻研,最终成为报纸记者。英国议会负责监督公务员行为操守的公共账目委员会主席、知名政治家玛格丽特·霍奇说,她最近利用假期读了阿迪契的小说《美国佬》,还准备读一下罗伯特·哈里斯的《军官与间谍》。

加拿大:
书虫发起博客"圈地运动"

□陶短房

在加拿大,晒书单的"大户"主要是报纸杂志和指南类图书(包括网络版),许多人读书、买书的确是以它们为首要依据。一些得到教育局和学校许可的图书经营单位,也会把自己的推荐书单直接寄到学生家中,不过学校并不直接参与。

个人晒书单通常都是借助网络,例如在脸谱等在线交友平台接力传播,如果被网友认同就会继续传递,反之则会"烂掉"。但总体上,加拿大的这种"书单接力"十分理性,大多数人倾向于把阅读当作一种个人取向,不会将自己的结论强加于人。诸如"某某必读"、"不读一定后悔的大作"之类的溢美之词,在加拿大会被视为"文化灌输"而招致反感。因此,一般"书单接力"的范围仅限于知根知底的熟人、同行、兴趣小组,类似亚洲这种打破阶层和职业等界限的"海圈",当地人是不太容易买账的。

加拿大人还有一个更重要的晒书单平台——个人博客以及由个人博客构建起来的博客圈。在中国,博客似乎大有被微博之类抢走风头、变成明日黄花的趋势,但在加拿大,个人博客的地位还是很稳固。

和中国博客大多挂靠门户网站不同,加拿大门户网站极不发达,个人博客要么挂靠于专门的托管网站,要么由博主自己租用空间搭建,对外展示主要靠加入一个个的"博客圈子"。这些圈子最大的特点是博主之间要么关系密切,要么志同道合。在这样的圈子里晒书,针对性和专业性更强,虽然看上去不够"生猛热闹",实际效果却反倒好得多——本来在当今时代,行业分工就已经变得越来越细化,"隔行如隔山",阅读的个性化也因此变得更趋明显。若非同专业、同爱好的朋友,彼此间的"晒"也确实很难引起共鸣。

(摘自《环球时报》2014.10.24)

关于柏林墙的五大误解

□霍普·哈里森

柏林墙倒塌25周年,这件事改变了全世界。如今,这一事件被赋予了太多的意义,不仅包括其历史重要性,还有人们对这件事的解读、回忆和传说。许多人都记得从媒体上看到的那天晚上的场景:欢乐的柏林人站在勃兰登堡门附近的柏林墙顶上跳舞,但真实的情况及其真正的意义则不那么为人所熟悉。接下来,我们将逐一澄清人们对这一冷战遗迹的一些误解。

1. 柏林墙是一堵墙

实际上,柏林墙是两堵平行的墙,相隔约150米之遥,中间的区域是所谓的"死亡地带",内有警犬、瞭望塔、泛光灯、铁丝网、防车辆路障和武装警卫。这条96英里(1英里约合1.6公里——本报注)长的边界将实行民主和资本主义制度的西柏林包围,使之与实行共产主义制度的东柏林以及周边的东德乡村隔绝开来。另一条屏障沿着850英里长的东德与西德分界线修建,沿线埋有100多万颗地雷。所有这一切都是为了防止东德人出逃,而不是防止其他人闯入。

共有5000多人成功逃离:藏在西德人所驾驶汽车的秘密小隔间里;利用热气球飞越柏林墙;通过西柏林人在柏林墙下面挖掘的地道;游泳跨越柏林的运河或河流;或者仅仅是直接翻越边界,不过这要有好运气。数百人或是数千人在试图逃离时被杀;还有许多人被捕入狱。德国研究人员目前仍在调查究竟有多少人在穿越边界时丧命。

2. 修建柏林墙是苏联采取的一个关键举措

1952年,苏联人关闭了东西德边界,但由于整个柏林仍然在四大国(美国、苏联、英国和法国)的控制之下,于是苏联人放过了柏林。后来,西柏林成为心怀不满的东德人的逃生门,东德领导人瓦尔特·乌布利希便想要关闭东西柏林边界。苏联人认为,关闭柏林内部边界会使他们看上去很残暴,而且在技术上也是不可能的。

在随后的8年里,东德领导人一直在就这件事劝说克里姆林宫领导人赫鲁晓夫,当他们觉得赫鲁晓夫或许会默许时,东德方面便开始秘密进行准备。他们大量囤积铁丝网和水泥岗哨,并组建了一支绝密工作组,为关闭道路、铁路和地铁制订方案。到了1961年夏天,每天通过西柏林离开的东德人超过1000人，赫鲁晓夫便同意让乌布利希封锁边界。已做好充分准备的乌布利希迅速开始行动，这令赫鲁晓夫感到意外。

3. 罗纳德·里根总统促成了柏林墙的倒塌

许多美国人认为，罗纳德·里根于1987年6月在柏林发表的演讲——《戈尔巴乔夫先生，推倒这堵墙！》——导致了柏林墙在1989年倒塌。但戈尔巴乔夫在苏联集团内部推行的改革以及东德人自己的行动远比里根的演讲更重要。

当柏林墙于11月9日开始倒塌时，这起初是一个错误。面对着1989年发生的反对东德政权的民众示威活动，以及成千上万名到东欧国家的西德使馆寻求避难的东德人，东德领导人放弃了原有的签证规定。根据原有规定，东德公民必须要有迫切的理由才能出境旅行，比如出席家庭成员的葬礼或者婚礼。放弃该规定后，东德人出境仍然需要申请签证，但签证的签发更加迅速，而且没有附加条件。

然而，负责宣布这些变化的东德共产党员官员京特·沙博夫斯基缺席了关于旅行程序变动的大部分关键会议，他在11月9日出席新闻发布会时准备不足。当记者问到，这项新法律将在何时生效时，他回答说："立即生效。"他这么说让人误以为，人们可以立即越过边界。

不过他的真正意思是，人们可以立即通过适当的方式申请签证。

在接下来的几小时里，成千上万名东柏林人聚集在柏林墙的各个检查站门口。由于东德领导人并不准备完全开放边界，因此检查站的负责人没有接到新的指示。博恩霍尔默街检查站的值班长官哈拉尔德·耶格不停打电话给他的上级，想要询问应该如何应对在门口聚集越来越多、希望越境的愤怒的东柏林人。大约在晚上11点半，耶格终于放弃，允许人们全部过境。其他检查站的警卫很快纷纷效仿。东德政权再也没有完全收回控制权。

4. 柏林墙在1989年11月9日倒塌

在那天晚上和接下来的几周里，东德当局拆除了部分柏林墙，以便在东西德之间建立更多的过境关口，还有无数的"凿墙者"用锤子和凿子从墙上敲下一部分拿回家留作纪念。不过，绝大部分的柏林墙依然挺立。

柏林墙的正式拆除从1990年夏天开始。人们用了将近两年的时间才全部拆除柏林周边的边界防御工事，拆除原东西德边界的防御工事则用了四年时间。即便在今天，还有数以百计的地雷留在原来的边界附近，没有被发现或拆除。在柏林，人们保留了一英里多一点的柏林墙，这些墙体分散在几个地点。如今，在美国境内被用于公开展览

红头文件里的治国密码

□毛予菲

"中国政治文件很重要,很多关键决策的制定与贯彻落实都由文件推动。尤其红头文件,是观察和理解中国政治的绝好切口。"清华大学政治学教授张小劲在接受采访时,如此评价红头文件的重要性。

从信息传递到治国工具

什么是红头文件?张小劲随手从办公桌上拿起清华大学《暑假期间教室开放通知》,"比如这个文件,抬头是红色的,右下角还配有清华大学行政部门的红色印章,这就是红头文件。"

"在研究中央红头文件起草、下发过程中,我们发现,这正好反映了中国政治生活的运作方式。"张小劲说,上世纪30年代,共产党在陕北建立革命根据地,党内大小事务都由文件规定和规范。那时,文件成为传递战略信息的方式。尤其在长期的地下斗争,惨烈残酷的环境下,党内的多项决策只能通过文件或是口头文件的形式传达到各分支。比较正式的一份红头文件是出现在1942年。当时在延安,无论是元老功臣,还是基层群众,都在学习由22份文件编纂而成的《整风文献》,整风运动在这份红头文件的指导下"火热"地开展起来。

"从延安时期开始,起草文件被认为是最核心的权力,毛主席也很重视。"张小劲说。1945年4月20日,中共六届七中全会通过《关

的柏林墙墙体倒是比柏林还多。

5. 德国人和其他国家人民一样热烈庆祝柏林墙倒塌

实际上,与其他国家的人民相比,德国人对待柏林墙的态度远远更加矛盾。毕竟,为了阻止人们离开东德,德国人向他们的同胞开了枪。此外,对许多德国人而言,尤其是对东德人而言,事实证明统一比他们预想的更加具有挑战性,在整个20世纪90年代乃至后来,德国的失业率一直居高不下,随之而来的是人们的怨恨。另一个因素使柏林墙倒塌的庆祝活动变得更加复杂,那就是11月9日在德国历史上意味着另一件事:在1938年的11月9日,纳粹袭击了犹太人的商铺、教堂和住房,那晚被称为水晶之夜。纳粹历史的阴影令许多德国人不愿为德国历史的任何方面举行庆祝活动或表示自豪。

(摘自《华盛顿邮报》网站 2014.10.30)

于若干历史问题的决议》。这份文件就是以毛泽东的草稿为基础完成的。"这份文件通过后,他在党内的绝对权威就树立起来了。"

毛主席不仅重视文件的起草工作,对文件制度的发展也有贡献。在机要室工作过的叶子龙曾回忆,一次,他误将一份主席还没审阅的文件,丢进了文件堆。主席要看时找不到,非常生气。后来他们就想了个办法:领导人审阅过的文件,就在自己的姓名处画圈,表示已阅。这样,就能把读过的文件与未读的文件区分开了。这一文件圈阅制度至今还在使用。

新中国成立后,随着共产党政权的巩固,文件也从最初的传递信息,发展为治国工具。之后的"三反""五反"等运动就是以文件形式开始的。

改革开放的"初稿"

在中国的历史进程中,有一份红头文件不得不提,这就是中共十二届三中全会通过的《关于经济体制改革的决定》。

1984年十二届三中全会,邓小平将红头文件正式推上改革开放的舞台。参与起草该文件的一名成员曾回忆,邓小平在谈到十二届三中全会中心议题时,激动地说:"最理想的方案是通过一个改革文件。十一届三中全会无论在政治上、经济上都起了很好的作用,这次三中全会能否搞一个改革文件?这个文件将对全党起巨大的鼓舞作用。就搞这个文件,别的就不搞了。"

张小劲说:"作为第一份标志着重大政策方针转变的政治文件,它的成型历经了很多磨难,非常不易。"当时,有不少人认为"计划经济"和"商品经济"是对立。因此文件最初的提纲仍是"计划经济为主,市场调节为辅",时任中共中央总书记的胡耀邦看到这个提纲后,很不满意,"根本就没有脱离原来的调子嘛"。他立即调整起草小组,并向经济专家征求意见,经过几个月的反复讨论,这份改革文件才通过。后来,邓小平在接见起草小组成员时说:"这次经济体制改革的文件好,就是解释了什么是社会主义,有些是我们老祖宗没讲过的话,有些新话。我看,讲清楚了。"

张小劲说,"突破性的改革大多是由特定的红头文件启动,特别是历届三中全会的《决定》起了重要作用。"

1993年,中共十四届三中全会《关于建立社会主义市场经济体制若干问题的决定》,成为社会主义市场经济体制第一个总体设计;2003年,中共十六届三中全会《关于完善社会主义市场经济体制若干问题的决定》,成为完善社会主义市场经济体制的完整纲领;2013年,中共十八届三中全会《关于全面深化改革若干重大问题的决定》,中央作出全面深化改革的重大战略部署。

从"市场"到"治理"

2013年4月24日,中共十八届三中全会《关于全面深化改革若干重大问题的决定》起草小组第一次全体会议召开,习近平总书记担任组长。张小劲说:"党的最高领导人担任三中全会《决定》起草小组组长,这还是本世纪以来的头一次。"此前,习近平已经走进基层调研。

对于起草工作,习近平的要求很严格。当时,他给起草小组提出"三不写":一般性的举措不写;重复性的举措不写;纯属发展性的举措不写。张小劲说:"这次文件不'十全十补',不面面俱到,以前文件中的空话套话少了,起草小组确实下了一番功夫。而且,对起草小组上报的每一稿,习总书记都会逐条、逐句、逐字,认真审阅,提出了许多重要修改意见。"

关于这份《决定》的内容,张小劲说:"在这份《决定》中,'治理'一词成为亮点,共出现24次。以'治理'作为关键词的段落,总字数为2037,约占全文的1/10,分布相当广泛,让人明显感觉到党中央的政策重心。"

张小劲说,从这些关键词的发展变化中,可以看出中国社会的发展方向。在1978年十一届三中全会的相关文件中,"发展""改革""经济"成为关键词;1993年十四届三中全会、2003年十六届三中全会相关文件中,"市场"一词最火。"这种变化和党的政策制定,和我们的生活息息相关。改革开放初期,我们更注重市场体制的建立,一味追求经济发展。随之出现了各种社会问题,十八届三中全会强调国家的'治理',将社会、经济统筹起来发展。我想,在将来,'国家——社会''政府——市场'的关系肯定会发生变化,国家'治理'将成为新的发展方向。"

这些重要的红头文件一般有两三万字,要经过预调研、主题调研、文本起草3个步骤,历时半年到一年才能完成。有些要配备专门的起草小组,由特定人员来起草,初稿完成后还要经过多次讨论、修改才能下发。文件出台以后的一项重要工作职能,就是组织民众传达学习最新文件精神,基层的响应和贯彻也成为文件内容能否落实的关键。但文件在落实过程中,却出现了不少问题,文件学习甚至变成了一种形式。

张小劲说,十八大《决定》下发后一周,我国十多个省都发了相关的落实文件。看起来大家是争先恐后地学习,但很多都是走过场没有落到实处。习近平在中央党校开学典礼上的讲话《关键在于落实》中,曾引用一副对联:上联是"你开会我开会大家都开会",下联是"你发文我发文大家都发文",横批是"谁来落实"。强调的就是这个问题。

(摘自《环球人物》2014年第22期)

蒋介石究竟有多少财富

□杨津涛

个人资产数千万

蒋介石的个人资产究竟有多少,目前还没有权威档案可以对此问题证实,但有两份资料,能让我们大致了解一二。

蔡元培在1935年1月1日的日记上,记录了当时的公益组织为找人募捐,在上海作的一次调查:"……国府要人之财产多系秘密,而就可调查之范围内调查,则诸要人在本埠所有财产估计如后:蒋介石,房产、地产130万元,不动产约1千万元。宋美龄,不动产及动产合计3500万元。"

如果这份资料可信的话,那蒋介石夫妇在上海即有4630万元的财产。不知道急赈灾区普捐助会的依据为何,其调查结果只能姑且备为一说。

有人还在美国斯坦福大学所藏的张嘉璈(1889—1979年,上海宝山人,银行家、实业家)档案中,发现了1939年10月,日本特务机关对国民政府官员在上海外国银行存款所作的秘密报告。报告显示,蒋介石拥有资产6639万元(809万美元)、宋美龄有3094万元(377万美元)、宋子文有5230万元(637万美元)、孔祥熙有5214万元(635万美元)。鉴于情报机关所作调查,目的不是公开发表抹黑国民政府高官,因此有一定的可信度。

不过,后来蒋介石夫妇到台湾,损失了大部分财产。国民党中央评议委员会主席团主席郝柏村在接受大陆媒体采访、回答国民党是否贪腐的问题时说:"你说贪污腐化?你看老总统(即蒋介石)在溪口的房子,他来台后也没买房子,蒋经国也没有自己的财产……当然他们过去不能说没钱,也许在南京或哪个地方有房子,但都丢掉了,如果说他们贪污,应该买了很多东西带出来,但并没有。"

2003年,宋美龄逝世,长期陪伴她的孔令仪也说:"姑姑一生不管钱,身后仅留下12万美元银行存款,别无其他资产。"据说,宋美龄晚年在纽约的生活费用、医疗费用,都是由孔家支付的。

夫妇生活皆很简朴

蒋介石、宋美龄结婚后,他们每天的膳食费仅有3元。蒋介石侍从秘书汪日章回忆:"蒋介石和宋美龄请客吃饭也是常有的事,但菜肴是普通的,有些人出来后说吃不饱。

传奇书店

□张 爽

莎士比亚书店
——法国巴黎

1919年,美国移民丝薇雅·比奇在塞纳河左岸开了第一家莎士比亚书店,乔伊斯、海明威等知名作家都曾在此留下了自己的足迹。海明威在这里完成了自传《流动的盛宴》。

由于无力经营,比奇在1941年将书店关闭。1951年,同样在巴黎左岸,美国老兵乔治·惠特曼开了一家叫作西北风的书店,并在1958年得到比奇准许更名为莎士比亚书店,书店不但继承了它的名字,也继续保有它的精神。迄今为止,书店已经合并了多位作家位于巴黎的故居,安静地坐落于左岸拉丁区,仍旧展示着海明威书中描绘的美好画面。书店最多可以容纳4人过夜,大部分客人会选择停留更长时间,少则一周,多则一个月。

天堂书店——
荷兰马斯特里赫特

建成于13世纪、占地1100平方米的多米尼教堂在2006年被改建为天堂书店。在受到多方赞誉的改建工程之前,这座哥特风格的建筑曾经是马斯特里赫特交响乐团的

在宋美龄的厨房里没有过多的酒肉,都是按少量吃新鲜配置的。"

汪日章还说:"蒋介石在这方面也够吝啬,若有部下请求济助,最多只批200元,就算是面子十足了。宋美龄选购衣料,总是跑上好几家,问明价格后,才选择合意的地方去买。"

蒋介石和宋美龄平常出门都不带钱,怕他们急用钱,平常值班人员身上都带着1000元公款,并轮流交接。宋美龄喜欢到处逛,碰到自己喜欢的东西,但身上没钱,只好向侍卫借钱,事后还给侍卫。

另外一个事例可以从侧面来证明,蒋介石长期不亲自花钱。蒋介石的私人医生熊丸曾回忆:"有一天他向我要安眠药吃,但因他当时心脏不好,不能吃安眠药,所以我便给了他别的药,他也心知肚明。有一回,他竟趁医生不在时,喊副官到他书桌下的皮包里去拿钱,那副官在他的皮包里摸来摸去,却只找到两张10元美金……"

(摘自《党史天地》2014年第23期)

驻留地,举办过儿童狂欢节,甚至也曾用于屠宰牲畜。现在书店内储藏着由荷兰语、英语、法语、西班牙语和意大利语图书约4万册,还提供全城最为香醇的咖啡。每年约有140多个大小活动在此举办。"这里总有事情发生。"天堂书店代表托恩·哈莫斯说道。

厨师书店——
澳大利亚墨尔本

厨师书店位于墨尔本最有趣的街道上。曾是一间有150年历史的地下酒吧,是澳大利亚唯一专门出售烹饪类书籍的零售书店。你能想到的任何类型的菜谱或烹饪读物都能在这里直达天花板的书架上找到,店内还珍藏了一些18世纪的烹饪读物。店内所有书籍都在全球范围内同价销售。

斯特兰德书店
——美国纽约

早在1920年,曼哈顿第四大道的6个街区被人们称为"书行",因为这里有48家书店。时光荏苒,斯特兰德书店成了唯一的幸存者。自从搬到现在位于百老汇十二街的新址,这家深受人们喜爱的纽约书店建立起了庞大到令人震惊的目录册,包含250万册新书、二手书和珍本。

1200书店
——中国广州

虽然开始营业时间不长,但这家与众不同的24小时书店已经声名远播,不仅仅是因为他们贩售书籍和咖啡,也因为他们为旅行者提供了一个避风的港湾。受到巴黎莎士比亚书店的启发,1200书店的店主刘二囍在书店内的一间客房为背包客提供免费的住宿。

斯坦福斯书店
——英国伦敦

来到伦敦科芬园中心的大型露天书店——斯坦福斯,总会让人兴起旅行的念头。作为全球最大的旅游专门书店之一,透过那一排排的书架,你会看到一个富有冒险精神、充满无限可能性的世界。当然不只是旅行指南和地图,在这里还有很多有关旅行的文学作品,包括一些语焉不详的文字。对于那些想要了解在不丹山区捕虾,或者用勺子横越卡哈拉里沙漠这样鲜为人知故事的人,斯坦福斯绝对不会让你失望。

最后一家书店
——美国洛杉矶

这家仓库一般的书店销售全新的书籍和二手书,也有专门的绘本和唱片区。夹层的"书店迷宫"区域藏有10万多本书,每本售价只要1美元。由于书店标志性的圆柱形书架,这里成为了许多摄影作品的取景地。

(摘自《环球时报》2014.9.22)

八旗子弟是怎样败家的

□余 钊

辛亥革命以后,民国政府只允诺付给退位的末代皇帝溥仪每年400万元,清朝政府以往发给八旗贵族的俸银、禄米一律停发。对于满洲八旗贵族来说,长期以来的一大笔固定收入突然之间化为乌有,昔日的王公贵族失去了经济来源,陷入坐吃山空的境地。

清代北京城内仅王府就有几十座,贝勒、贝子府也有许多。王公们只有这些府邸的使用权而没有所有权。到了民国时期,清王朝一倒台,这些府邸连同大量金银珠宝成了王公贵族的私产,本来可以使贵族子弟过上比较富裕的生活。但由于贵族们的后代过惯了挥霍浪费的日子,在没有了俸禄之后仍然不知道节省,依然讲排场、比阔气,造成坐吃山空、入不敷出的状况,最后只能靠变卖家产打发日子。北京城里的各大王府在短短的二三十年里就迅速败落了。

赫赫有名的睿王府,在民国时期每年减少7900两俸银,1500石禄米,地租收入也急剧减少。后来王府将东北、河北的庄地都卖出去了,每亩只卖了3角5分钱,尽管固定收入几乎断绝,王府的开支却比清朝时还要大。因为过去对八旗贵族有种种限制,不准随便外出交结部院大臣、封疆大员,不准没事串亲戚,不准无故离京。民国时期这些限制都没有了,贵族子弟们就玩得更痛快了。

睿亲王魁斌死于1915年,他的两个20来岁的儿子中铨、中铭过惯了花天酒地的生活,老子死后更没人管了。为了比阔,哥俩儿花费巨款修建新房、花园,每个房间都安上电话,又添了西餐厨房,出门不坐轿,而要坐马车、汽车。王府里预备了两辆汽车、八辆马车,家里还买了大量洋货,价格十分昂贵。这两个少爷还经常和一群豪门子弟在前门外聚赌。1919年,兄弟二人卖掉了西郊的别墅,拿着两万元钱,带着妓女到天津去玩。两天的工夫,连花带赌,钱就全没了。

如此大肆挥霍,一掷千金,靠的是变卖家产。不到10年,家里值钱的东西卖得差不多了,于是又靠典当房屋借钱。王府中的500多间房屋典出去后借了10万元,没过多久又花完了,只得把王府附近家人居住的20多间小房卖掉,后来又把祖坟墓园中的建筑和树林全都卖掉。

到了1924年,由于交不起借款的利息,王府被债权人告到京师审判厅,翌年法院把王府的房屋查封了。本来这些房屋能卖几十万元,足可还上欠债,但是懦弱无能的中铨听说法院查封了房屋和家产,吓得躲了起来。家人也以为一贴封条,房子和东西都属于人家的了,于是匆忙搬家,将府中的汽车、马车等物品都送给司机、车夫作为工钱。王府中物品只运走了六七十车,因无处存放,暂时寄放在当铺里。40多个箱子的衣服只开了一张200多元的当票。可笑的是,40多箱的衣服后来居然无人过问,以至于两年以后,这些衣服都成了死当,全归当铺所有了。

王公贵族后代的无能和懒惰真是令人吃惊。睿亲王的后人又将看坟的养身地1000多亩卖给了看坟人,每亩仅8元。再往后就靠当衣服、首饰混日子。原来雇用的十几个人也雇不起了。

到了1931年,由于穷得没办法,中铨想借移灵的机会把祖宗棺材里的陪葬珠宝取出来卖钱,因为和县衙门分赃不均,被人告发,法院判了中铨7年徒刑。他坐了5年监狱,于1939年去世。他的三个侄儿只得靠摆小摊维持生活。昔日豪华富贵、炙手可热的睿王府还不到30年,就一败涂地了。

民国时期庆王奕劻退出了政治舞台,长期在天津租界里定居。奕劻和其长子载振把大量现金存入东交民巷的各家外国银行,这样既能收取利息,又不会被军阀抢去。父子俩还进行商业投资。并且向民国的一些新贵赠送古玩、珠宝,以此来保证自家生命财产的安全。

1917年奕劻病故,两年后载振三兄弟分了家。1924年载振迁居天津,并投资商业、旅馆业,办起了新业公司。他还利用巨额资金做黄金、美元的投机生意,还买了一些股票。

载振三兄弟迁居天津后,留下一些佣人看管北京的庆王府。1927年国民军方振武将他的司令部设在庆王府内,一年后离去时,将府中的家具物品都拿走了。日军占领北京时期,载振兄弟将庆王府卖给了日伪华北行政委员会。

载振一家平时的生活异常奢侈,加上妻妾成群,鸦片烟瘾又很大,庆王府的日用开支浩大。日军占领天津时期,新业公司经营不力,业绩一落千丈,载振只得靠变卖古玩、珠宝、玉器维持生计。1948年,载振病死在天津。

载振的三弟也是个吃喝嫖赌样样都会的花花公子,在赌场上常常一晚上就输掉一两所房子。他的妻子、儿子、儿媳也跟他一样吃喝玩乐抽大烟,几年下来,把卖王府时分到的十几万元财产挥霍一空,然后就卖珠宝、玉器、古玩、首饰、衣物,最后终于陷入贫病交加的境地,于1925年死去。他的两个儿子后来靠捡破烂或向亲友乞讨为生。

醇亲王府在清末出了光绪、宣统两个皇帝,并长期领取亲王双俸。

书籍和笔是世上最强大的武器

□潘采夫

马拉拉能够为失学儿童呼吁,被枪击后能得到跨国救治,能出书传播自己的故事,能站在联合国讲坛,向全世界说出:"书籍和笔,是这个世界最强大的武器。"足以证明这个世界的文明进步。

去年,17岁的女孩马拉拉成为最年轻的诺贝尔和平奖获得者。这位在塔利班枪口下大难不死的巴基斯坦女孩,成为全世界失去上学权利的儿童的守护者。

11岁时,马拉拉就不得不为自己的命运忧心忡忡,在父亲的帮助下,她在博客写下自己的故事,当塔利班到来,她和其他孩子失去上学的权利。当时的背景是,塔利班于2009年发布教育令,禁止女孩上学,并炸毁了100多所女子学校。马拉拉继续为上学呼吁,塔利班将她视为"恶魔",派武装分子袭击校车,向马拉拉和其他几位女孩开枪,子弹打穿了马拉拉的脑袋。

一般情况下,马拉拉无疑会成为施暴者枪下的冤魂,如那些塔利班枪下和美军空袭中丧生的孩子。如果这个世间有神,只能理解为,冷眼旁观的神实在于心不忍,轻轻拉了马拉拉一把,让她成为意外的一个。邪恶的子弹没有摧毁马拉拉,反而使她成为全世界最著名的女孩。

众多书籍和电影,包括不久前在北京上演的话剧《喀布尔安魂曲》,都述说了阿富汗和巴基斯坦那片土地上发生的悲剧,马拉拉只是如恒河沙数的故事中的一个。射

民国时期,其他王府的俸银禄米都停发了,唯独醇亲王载沣每年可以从清廷内务府领4.2万两"岁费"。直到1924年溥仪被赶出紫禁城,这笔岁费才停发。

载沣父子不会理财,家里的财产都交给管家处理。因坐吃山空造成家境逐年衰落,后来只得变卖家产,将府中的金银、珠宝、古玩、字画都拿去典当、出卖。1939年,载沣将宣武门内太平湖的府邸卖给了日伪政权,得款20多万元,存入银行吃利息。抗日战争胜利后,位于后海北沿的醇王府的境遇比起其他王府来要好一些,还没有当卖一空。

(摘自《半月选读》2014年第21期)

向马拉拉的子弹、撒向阿富汗平民的炮火，以及飞向巴米扬大佛的火箭弹，成为这片土地的苦难象征。

从塔利班，到阿富汗战争，西方与中东的冲突，是一部漫长的冲突历史。从公元七八世纪阿拉伯世界的扩张发端，到1095年，欧洲开始了多次十字军东征，后来奥斯曼土耳其称雄欧洲，直到工业革命以后，西方建立了压倒性的优势。两个群体互相称对方为野蛮人，两种文明都成为对方的巨大威胁。

而在他们争霸的千年里，中国在遥远的东方向他们出口着瓷器和丝绸。这才是文明。

一部叫《天国王朝》的史诗电影，讲述了十字军和阿拉伯军队争夺圣地耶路撒冷的故事，基督教在西亚最杰出的占领者鲍德温四世，和雄才大略的阿拉伯统帅萨拉丁会面的场景，被描述得动人心魄。萨拉丁夺回耶路撒冷之后，向基督教徒展示了他的宽容与尊重，显示了令两个世界心折的骑士风度。可惜这样的智者太过稀少，攻伐、摧毁、杀戮，是两个文明征战史的基调。

讲述这些，绝非为证明当代战争的合理性，反而是想说，当今的世界，早已不是原始部落的洪荒时代，也不是中世纪的宗教黑暗时期。随着科学与人文的进步，人道主义观念的普及，当然也有现代战争毁灭性的威胁，人类就很多问题形成了共识。无论战争如何冲突，不可杀害俘虏，伤员应该得到医治，平民的生命不受侵犯，妇女儿童应该受到更多保护，儿童有受教育的权利，知识与思想有得到传播的自由。这些原则必须超越国家、宗教、战争、意识形态等框架，得到全世界人民的守护，并得到战争人员的遵守。破坏了这些，就是践踏了人类文明的底线，这也是联合国《人权公约》和《儿童权利公约》的基本出发点。

在几百年前，像马拉拉这样的小女孩，最大的可能是成为战争灰烬，根本没有发出声音的机会。马拉拉能够为失学儿童呼吁，被枪击后能得到跨国救治，能出书传播自己的故事，能站在联合国讲坛，向全世界说出："他们以为子弹将会让我们沉默，但他们失败了。那一沉默中响起了成千上万的声音。""看到黑暗我们认识到光明的重要。在沉默中我们认识到声音的重要。""当我们见到枪械时我们认识到笔与书本的重要。""书籍和笔，是这个世界最强大的武器。"这样的话语，足以证明这个世界的文明进步。小女孩马拉拉，成为塔利班阴影下的光亮，她也将照亮那片天空。

人是需要信仰的，没有信仰的人们缺少敬畏，但在文明时代，信仰理应走出极端与激进，与科学文明和人文精神结合起来，成为个人内心与灵魂的守护者，而不是成为强迫别人服从的武器。

（摘自《南都周刊》2014年第38期）

60年来，中国公务员怎样发工资

□吴木銮

新中国成立以来，公务员工资管理的权限经历了高度集权到有限分权，再到分权的过程，2006年工资改革再度将工资管理权限集中在中央政府。

公务员工资改革陷入央地关系的怪圈：一放就乱、一乱就收、一收就死。

该不该给公务员涨工资？这个话题始终处在公共舆论热点，又始终说不清楚。在停滞八年之后，最新一轮的公务员薪酬改革也已经箭在弦上，但新的争议也再次出现。

另一边厢，2013年国家公务员考试中，仍有138万人争夺12901个职位（竞争比例约为107:1），其中最热门职位竞争比例高达9411:1。也就是说，即便最近的"八项规定"等挤出了一部分公务员的额外收入，可它依然还是个诱人的金饭碗。

中国的公务员工资制度正在陷入一个各方不满的怪圈：合理的公务员涨薪也可能引起民众的"拍砖"，人事部门长期压制工资增长又会引发公务员的不满，还会导致地方政府变相给员工涨工资。

笔者过去六年的跟踪研究发现，公务员工资管理一大症结在于中央地方关系。新中国成立以来，公务员工资管理的权限经历了高度集权到有限分权，再到分权的过程，而2006年工资改革再度将工资管理权限集中在中央政府。

集权的1956年工资制度

1956年工资制度是最集权的。全国干部适用同一张工资表，分为三十个工资等级，同一级别的干部收入在各个地区是不同的，全国一共分为十一个工资区。当时的干部平均工资高于全社会平均工资。

第一个工资制度的出台是在1956年。

之前，为了巩固政权，中央政府集中精力处理解放战争后的一些相关事宜，经济建设的权限就交给地方政府。问题随之而来，人才流失问题在当时非常突出。许多又红又专的干部选择留在地方政府工作，有些为了照顾家庭从中央政府转到地方政府，有些因为地方政府可以让干部们创新地开展工作。不过，新中国成立后几年,中央政府开始有意识地逐步收权,提高中央权威,1956年的工资制度是在这种背景下产生的。

此时的工资制度是最集权的。当时全国的干部适用同一张工资表。这张工资表中,政府的雇员被分为三十个工资等级,工资一至三级是给最高级的领导干部(比如主席、总理、副总理等)。同一工资级别的干部的收入在各个地区是不同的,全国一共分为十一个工资区。新疆等地的干部收入就比其他地方高。

一张工资表,对人事干部来说是再省事不过了。不过,负面效应也层出不穷,人事管理官员无法应付不同的情况。地方上想出不少方法补偿,比如提供房屋、托儿所、理发室和食堂等。诸如此类的方法变相地侵蚀了正式工资制度的效力。看起来中央政府对工资管理事项有绝对的权威,事实上地方的执行却脱离正常的轨道。

值得注意的是,工资管理与财政管理的关系极为紧密。如果地方政府对财政支出拥有极大的支配权,可能会将一部分公共资源用于改善职工的福利。1956年之后30年的工资制度虽然是集中管理机制,但伴随着财政管理权限多次的变迁——分权和集权交替进行,工资制度的实际执行也出现多次的波动。

总的来说,当时的干部平均工资高于全社会平均工资,而干部实际收入与自己的努力和承担的责任关系不大,与所在机构、所在地区的财政汲取能力却有很大的关系。尽管在一张工资表下,这一时期的地方干部工资分配已经出现差异,当然,严重程度上还是远远赶不上后来。

有限分权的1985年工资制

虽然有限分权,当时社会上的平均主义还是占上风,因此地方政府在工资管理方面的创新也极其少,"下海"和人才流失问题逐步凸显。

1980年代的旋律主要是放权。

就工资的分权管理而言,这个阶段国家领导人提出的政府机构改革起到了重要铺垫作用。当时一些领导人认为,中国政府要减员三分之一,地方政府要减员更多,认为在减员基础上建立一个有效的干部工资制度对吸纳人才极为重要。这些说法现在是常识,当时刚经历"文革",还是很受抵制。因此,一些开明领导人对干部体制改革及工资改革的支持的重要性不能低估。

改革开放初期,中央政府还批准了数次干部提薪。尽管这些计划有很多阻力、政府的财政赤字也因此扩大,工资改革的思路却已奠定下来。

1985年的工资制度与1956年的截然不同,采纳的是结构工资制(沿用至今)。也就是,我们无法简单根据一个干部的工资级别来判断其工资收入水平。工资分为多个单元,每个单元承担不同的功能。比如1985年的工资分为基础工资、职务工资、工龄津贴、奖励工资。基础工资是希望能大体维持工作人员的基本生活费用,而工龄津贴则是反映一个干部参加工作的年限。

1985年也明确了工资分级管理权限。当时的工资改革文件称,"中央、省、自治区、直辖市国家机关行政人员和专业技术人员的职务工资标准,由国家统一规定。省辖市、行署、县、乡国家机关行政人员和专业技术人员的职务工资标准,由省、自治区、直辖市在不超过本方案附发的省辖市、行署、县、乡国家机关行政人员职务工资标准和国家安排的工资增长指标范围内制定"。

之所以称之有限分权就在于中央政府对于工资、奖金、津贴等有原则性的规定。而工资管理(包括确定职务工资),各部门和地方政府有一定的自主权。

尽管是有限分权,但当时社会上平均主义还是占上风。因此,地方政府在工资管理方面的创新也极其少,"下海"和人才流失问题逐步凸显。

逐步发育壮大的私营部门实施灵活的工资政策,工资水平与市场基本相匹配。当时民间有说法是"造导弹不如卖茶叶蛋"。这种所谓的"脑体倒挂"与公共部门工资制度僵化有关。1980年代中,邓小平在深圳河畔的一个小渔村问当地一户农民收入,女儿邓榕怕他听不见,就大声讲:"老爷子,比你工资还高呢。"

1993年工资制:
继续分权,地区津贴出世

地区附加津贴成为地方工资分权管理的重要政策工具,也让公务员工资管理陷入各种批评。比如"自肥",一些重要部门有各种额外收入,成为公务员津贴的来源。

八年之后,进一步分权的1993年工资制度在国家推行《国家公务员暂行条例》的背景下出台了。"脑体倒挂"现象因为新增的"地区津贴制度"一定程度上得到了缓解,但也诱发了更大的负面效应,为之后长达十余年工资管理混乱埋下伏笔。

1991年,时任人事部部长赵东宛和中国社会科学院副院长刘国光联合主持"工资改革理论研究研讨组",这个课题组的调研意见影响了1993年工资改革。小组的研究报告提出,适当的工资分权管理将会提高公务员队伍的工作效率,有利于人才的吸纳以及公务员队伍的精简。

课题组还提出一个工资指数,这个指数与当地的通货膨胀率、财政收入的增长率以及国有企业的增长率相挂钩,让地方政府在调整当地公务员薪酬时有所依据。这个思路与当前许多发达经济体所做的薪酬调查是相当接近的。遗憾的是,这个工资指数没有被采纳。

1993年工资改革的序言提到"防止高定级别、高套职务工资等现象发生"。这是此前工资制度集权或有限分权的遗留问题——由中央政府制定的工资标准与当地的生活水平若有极大的脱节,地方政府就想方设法通过高定级别、高套职务工资来满足当地公务员一些合理(也包括不合理)的要求。

地方的诉求在1993年工资改革中得到了回应,出台了地区津贴制度。

地区津贴又分为艰苦边远地区津贴和地区附加津贴。艰苦边远地区津贴主要适用于一些特殊地区,实施过程中争议不大。而地区附加津贴是根据当地经济发展水平和生活费用支出等因素来定,同时还要考虑公务员工资水平与企业职工工资水平的差距,一开始就被赋予极重的任务。要试图弥补中央所定工资与地方实际生活水平的差距,还要弥补当地公务员工资水平与其他企业工资水平的差距。

功能繁重的地区附加津贴成为地方工资分权管理的重要政策工具,也让公务员工资管理陷入各种批评。1993年工资改革的文件明确写明,地区附加津贴的细则在1994年适当时候出台。迄今为止,这个诺言没有实现。当时的人事部部长宋德福曾经在多个场合解释细则未出台的原因,归结起来主要是经验和人力不足。

工资分权管理后,地方政府及用人单位可以灵活运用地区附加津贴来调整本地区和本单位的工资,也可以在人事管理方面有所创新,比如深圳政府就曾在人事管理方面有一定的创新,不过,工资"双重不平衡"的问题依然难以解决,高级人才的薪水远低于企业同类员工的水平,低技能公务员收入却高于企业同类员工。

与此同时,地区附加津贴展现了巨大的负面效应,成为"自肥"工具。一些重要部门有各种额外收入,其中一部分就成为津贴的来源。地区津贴与当地生活成本、工资差距关系不大,完全取决于政府部门的汲取能力。

重新集权的2006年工资制

各种批评下,2006年工资改革进行全面的中央收权。财政部的综合司还加挂了一块牌子,"清理规范津贴补贴办公室"。

结果,2006年工资改革的重要目标就定在了"规范津补贴"上。2006年工资改革文件开宗明义提出:"努力解决当前公务员收入分配领域存在的突出矛盾,逐步缩小地区间收入差距,促进公务员队伍建设,促进党风廉政建设。"

各地公务员工资收入差别很大。即使是省内,公务员之间的收入差距也很大,2001年广东有关部门做了官方的工资水平调查,发现深圳市的科员或者东莞市的科长的工资水平比大多数其他地方的处长还高。

乱发津补贴则与腐败有很大的关系。许多部门以权谋私,尽管最终不是部门首长独占私利,而是全局员工一起分享"收入"。政府的掠夺行为与公共服务背道而驰。

各种批评下,2006年工资改革进行全面的中央收权。财政部的综合司还加挂了一块牌子,"清理规范津贴补贴办公室"。许多与此相关的工作中,纪委和监察部门也参与其中,他们的目标是像抓廉政建设一样治理工资和收入分配问题。在此过程中,工资管理出现了一些关键词。比如"阳光工资""同城同待遇"和"限高、稳中、托低"等。

"阳光工资"意味着所有公务员的工资都是公开透明的,但这个"阳光"主要还是对内。

"同城同待遇"是要求在一个城市工作的公务员,如果职位资历相同,不论是在财政局工作还是在文化局工作,都应拿到相同的工资。

"限高、稳中、托低"是公务员工资管理中的新词。限高是封顶一些油水部门的额外收入;"托低"就是增加基层和"清水衙门"公务员的工资;"稳中"则是保持原来分配较合理的部门的工资水平。

规范津补贴的目标在于实现工资管理内部透明化、部门之间和地区之间的工资差距不能过大。不过,中央政府至今并没有明确列出相应的标准。

至于中央政府的收权,则主要是通过工资审批权限进行的。按照现行的做法,地方的津补贴标准要根据"下管一级"的办法报请上级政府审批。也就是县里的津补贴标准要由市级政府进行审批。

再度集权之后,"双重不平衡"依旧

各级地方政府需要转变职能和改善公共服务,而当前的公务员工资集权管理却是一个重大的障碍。

工资管理权限变迁的背后是财政管理权限的变化。1980年代以来,地方政府逐步获得财政管理的重要权限,这些权限对地方经济的发展有很大的好处。许多西方学者认为,将权责和激励机制解决得很好的中国式财政分权对中国经济腾飞有重要贡献。

1994年分税制实施后,政府的财政收入端趋向集权,支出端则高度分权。地方政府因此有余地设置各类支出的优先顺序。在此基础上,有些地方政府及部门利用津补贴制度变相给公务员涨工资,引发中央政府于2006年重新界定工资管理的权限。

问题在于,再度集权管理后,问题是否得到了解决?

过去六年间,笔者在中部和东部地区做过多轮公务员工资管理调研。总的发现是津贴和补贴的规范程度确实上升了,许多"清水衙门"与"油水部门"的公务员工资已经比较接近甚至拉平。

但是,2008年,笔者却在某省党报看到这样一份有趣的来信,作者是当地税部门官员,他认为,阳光工资后收入没有差别,税务人员变得懒惰、懈怠,当地政府为了激励,在完成一定的税收任务后给予额外的报酬(不一定是货币形式)。换句话说,地方政府在用更巧妙的方法增加公务员实际收入。

这样的情况并非个案。"双重不平衡"问题,在集权管理之下,并未得到解决。高级和低级的公务员之间的薪酬差距较小,因此高级干部或者有着居高不下的工资外福利,或者选择跳槽下海,或者干脆用各种方法"自肥"。另一方面,低级公务员的实际薪酬仍然有着极大吸引力,公务员考试热度依然不减即是佐证。

从全球范围来看,公务员工资管理的权限出现下放的趋势,重要原因便是"双重不平衡"——低级别公务员职位的工资比私有部门同类职位高,高技能、高级别职位则比私有部门同类职位低。从公共部门的发展趋势来说,高技能人才的需求是增加的,而一些技术含量很低的工作可以外包给一些私有部门。一套由中央制定、几乎不重视当地劳动力市场现状的工资管理模式是很难处理"双重不平衡"问题的。

因此,许多发达国家要求给基层政府的人事部门放权,各种工资管理创新也在公共部门展开。

为了应对市场经济的需求,各级地方政府需要转变职能和改善公共服务。而当前的公务员工资集权管理对政府转变职能却是一个重大的障碍。

在分权框架下解决合法性问题

公务员工资陷入中国央地关系的怪圈:一放就乱、一乱就收、一收就死。

近年来西方国家政府改革的经验表明,三项政府改革至关重要。一是财政管理和预算改革;二是官员队伍内部的组织改造;三是公务员薪酬体系改革。因为公务员薪酬改革极富争议性,多数国家先着手的是前两项,不过,一旦薪酬改革失败,前面改革的成效会大打折扣。

对中国来说,公务员工资改革的重要性,无需赘言。最新的消息是,新一轮公务员薪酬改革正在准备当中,总的目标是"调整工资结构,扩展晋升空间,建立比较机制,实施配套改革"。

从历史来看,中国公务员工资改革陷入央地关系的怪圈:一放就乱、一乱就收、一收就死。

要走出当前的困境,中央地方关系的重塑是必不可少。一些研究中央和地方关系的学者早已指出,集权和分权不是一种零和游戏。分

女性拯救日本经济？

□ 简 博

安倍推崇的"女性经济学"：是否真的能带动日本经济，就目前来看也很难说，因为如果没有女性群体大规模地真正独立，恐怕"女性经济学"也只是海中捞月。

日本首相安倍晋三可以说是日本女性的"妇女之友"，因为他在女性问题上相比起其他国家领导人独树一帜，他不仅把"女性经济学"作为执政理念，还在各种公开场合大谈女性对补充日本劳动力的重要性，积极鼓励女性走出家庭到职场中去。他充满激情地说，"日本必须成为女性发光的地方。"

女性经济学是什么

"女性经济学"这一概念早已有人提出，在高盛证券公司工作的美国日裔女性战略学家松井凯西在1999年首次提出了这个概念。她在著作《女性经济学：日本的隐形资产》中认为，让更多的日本母亲重返工作岗位应该成为国家的重点任务，因为它能够让日本国民生产总值提高15%。

十多年后，松井凯西的"女性经济学"为安倍所用。2014年6月，急于改变日本经济现状的安倍，正式射出经济改革的"第三支箭"，"女性经济学"是其中一项重要内容。"女性经济学"政策主要内容

权并不等于削弱中央的权威，在一些操作层面上的分权反而有利于中央政府对全局的控制。

在公务员工资管理事项中，中央政府可以制定工资结构和工资指导原则。更直接的，中央政府可以制定全国和分省的工资总额，地方政府在此约束下再自主决定工资管理具体执行方案。

更重要的是，工资制定的合法性基础应该在分权的框架下进行解决。从发达国家的经验来看，要想民众对公务员薪酬有一定的认同度，立法机关对工资方案的事前公开的审查是极为重要的，此外还需要进入民意机关的辩论和审核。这样，公务员获得相应的薪酬（哪怕是高薪），也有了民意基础和程序上的公正性。这也是此前工资改革没有抓住的要害。

（摘自《南方周末》2014.8.28）

包括:第一、在2020年以前,把女性在企业管理层所占比例由2013年的7.5%提升至30%,上市公司在年度报告中公开女性高管比例;

第二、在2017年以前,新增40万个负责照看孩子的住所,新增可照看一万名学龄儿童的课后托管项目,以保障女性全天候投入工作;

第三、日本政府将商讨具体措施,为休产假和育儿假的女性提供更多援助,计划向处于育儿期的女性提供短时间工作和在家利用电脑办公的"远程工作",同时推进男性职员休育儿假的制度。

第四、安倍还承诺考虑改革现行税收和养老金制度,使全天候工作女性的权益得到进一步保障。

不仅如此,男性劳动力主导的建筑业也会实行建筑女工的"扩招"。东京将在2020年举办奥运会,随着建筑设施需求的增加,届时建筑行业将面临劳动力不足的问题。日本建筑业联合会决定在五年内把建筑女工的人数翻一番,增加到18万人。为此,建筑业联合会拟将成立以女性为主的工程队,还将在建筑工地设立女厕所,为女性在工地工作提供适宜的工作环境。

具体措施不少,安倍支持女性就业的声音也是雷声隆隆,处处为女性经济学背书。安倍呼吁日本三大商业协会为每家企业委任至少一名女性高管制定目标。安倍访问非洲时强调,"增加女性工作机会和社会活跃度不再是日本的一个选项,而是最紧迫的事情。"世界经济论坛达沃斯年会开幕式上,他发表演讲称"女性劳动力在日本是利用最不充分的资源,日本必须成为女性发光的地方","没有'女性经济学','安倍经济学'就不能成功"。

而他做出的显著的实际行动是在2014年9月份,他任命五位女性进入内阁,为历届内阁女性阁僚数量之最,包括前首相小渊惠三之女小渊优子。安倍说,此次任命是重申让更多女性任领导职位的承诺,而且新内阁的女阁僚必定能"带来新的女性视角,刮起一股清新的改革之风。"

日本女性地位有待提高

但是,安倍如此推崇女性就业目的为提高日本女性的地位吗?当然不是。这背后是日本严峻的劳动力紧缺现状。

根据日本总务省公布的数据显示,日本15~64岁的劳动力人口时隔32年再次减少至8000万人以下,日本的社会经济活动面临严重劳动力不足问题。日本人口在2005年首次出现减少,2013年人口的自然减少量达到25.3万人,在1947~1949年婴儿潮时期出生的人口在2015年也将年满65岁;另一方面,2013年日本的人口出生率依然维持在1.4%左右,预计今后也不会出现大幅提高。

按照联合国的标准,一个地区65岁老人占总人口的7%,该地区即被视为进入老龄化社会。而根据日本总务省的数据显示，日本65岁以上人口为3186万人，占总人口的25%，这让日本成为世界上人口老龄化最严重的国家之一。而这个问题不会在短时期内得到缓解，因为据预测，日本老龄化率在2035年将达到33.4%，即每3人中就有1位老人。

劳动力的缺乏必定制约着一个社会的发展，面对这个状况，急于拯救日本经济、为自己的政绩添加光彩一笔的安倍不能不着急。2012年底，安倍上台之后，为改变困扰日本经济20年的通货紧缩，陆续提出振兴经济的"三支箭"，即：激进的货币政策、灵活的财政减税政策、经济结构改革，总称为"安倍经济学"。近两年的时间，日本经济在这三支箭的刺激下显露出复苏的迹象，但更多地是招致批评。日本民主党党首、前日本经济产业相江田万里认为，"现在日本的经济状况其实是在倒退，基本上安倍经济学的政策就是错的"，并说，"安倍还在安慰我们说'再等半年就好了'，即使再等一年，也不会有好转的。"

不仅如此，安倍推崇的"女性经济学"是否真的能带动日本经济，就目前来看也很难说，因为如果没有女性群体大规模地真正独立，恐怕"女性经济学"也只是海中捞月。

在本部位于瑞士的"世界经济论坛"发表的一份男女平等调查报告显示，在世界上参与各行业工作男女人数差别方面，日本排在第75位，在先进国家中排名最后。"世界经济论坛"指出："世界各国想从经济危机中摆脱、持续恢复景气的话，有必要消除男女差别。"

而现实也指出日本女性的地位仍然堪忧。2014年6月18日，在东京都会议上，女性议员盐村文夏发言质疑政府的育儿政策时，自民党男性议员铃木章浩竟然公然对盐村说，"你还是早点结婚吧"、"你又没生过孩子"。此言一出，引发各党派女性议员的指责。这事儿闹到最后，安倍也不得不出面，通过盐村所在的反对党大家党党首浅尾庆一郎转达歉意。

此事的背后，隐藏了日本的"男主外，女主内"的传统观念，而且社会习俗认为，女性必须结婚，不结婚的女性或多或少会受到世俗的压力。

关于"婚后女性工作"的问题，日本内阁府曾做过一项调查，仅有18.3%的男性希望婚后妻子能出外工作，而另一方面表示婚后想要出外工作赚钱的女性则多达46.9%。可以看到，日本男性与女性在婚后工作上存在着很大的分歧。

看来，安倍真的打算让女性"拯救"日本经济，得先革新日本性别观念才行。

（摘自《世界博览》2014年第21期）

芬兰：循规守法渗透到血液里

□李骥志 徐 谦

在严酷自然环境中生存的芬兰人，形成了特有的民族性格：坚韧不拔、宽厚善良、诚实自律、循规守法。超市里，顾客自己给食品称重、贴价签；地铁上，没有检票员，乘客上车后自觉刷卡；过马路时，即便路上一辆车都没有，也要等绿灯亮才走。

芬兰人从小就开始学习道德和社会学课程，接触基本的法律知识。社会环境的潜移默化及良好的学校教育，使"自觉遵纪守法"成为他们的行为准则和道德底线。"法大于天"是社会共识，人人遵纪守法成就了井然的社会秩序。以下是记者亲身经历过的两个小故事。

芬兰法律禁止18岁以下未成年人饮酒。琳达是一个出生在芬兰的华裔女孩。今年夏天，她随家里人到中国度假，恰逢一位长者80寿诞，便同去餐馆吃饭，当时琳达离18岁生日只有一个星期。席间，亲朋好友斟酒，轮到她时，她本能地谢绝说："我还没到18岁，不能喝酒，谢谢！"母亲故意试探说："你很快就满18岁了。而且现在是在中国，没人知道你不满18岁，尝一点儿没事儿。"她认真地回答说："差一天都不行。别人不知道，可我自己知道。"琳达说，她18岁前从未沾过酒精，有时候母亲烧鱼时想放些酒来除腥，都会被她制止。琳达酷爱巧克力，但是冰箱里存放的几块含有微量香槟酒的松露巧克力，她和妹妹都从未碰过。

记者的一位朋友做菜很拿手。一家芬兰公司得知后，请她去帮厨，为公司圣诞聚会做中国菜。这是一家小公司，只有4名员工，朋友的任务是做一道鱼香肉丝，这对她来说可是"小菜一碟"。菜上桌后，朋友的手艺大受追捧，她还应邀与员工们一起进餐。吃完饭，老板佩卡要付朋友报酬。从采购食材到菜端上桌，一共花了大约3个小时，朋友可以得到60欧元。佩卡向朋友要税卡，她没带，佩卡就让她改天送到公司，然后再付款。朋友不太理解，就随口说："你直接给我现金不就行了吗，省得我再跑一趟，多麻烦呀。"佩卡回答说："那怎么行。那是逃税，是犯法的。"朋友说："只有这一次，别人不会知道的。"他说："可是我自己知道。"其实对佩卡来说，依法付酬不仅麻烦，而且要多付不少钱。那次，朋友税后拿到手大约50欧元，而佩卡实际支付了约100欧元。

按照芬兰法律，雇主付薪酬并

中西法律文化的特征

□李文静

我国传统法律文化的特征

与道德紧密结合 中国古代法律和道德的关系演变路径如下：分立——融合——分立。汉代之前，法律和道德是相互独立的，法即刑，是对外战争和对内镇压的工具；汉武帝罢黜百家、独尊儒术后，法律和道德开始逐步融合，经魏晋南北朝至唐，达致礼法合一之境界，此状态一直维持至清末；自鸦片战争始，清廷被迫变法革新，学习、借鉴西方法律体系和精神，传统礼法合一、出礼入刑之中华法系解体，法与道德又开始重新分立。

法之工具主义属性 我国的法起始于镇压异族血缘的战争，其主要内容为刑，这就决定了它以国家权威为后盾。

法并非最高权威 法的工具主义属性决定了其只是统治者管控国家的手段，在国家治理中并不具有最高权威。更为重要的是，我国古代社会国家政权产生的路径是战争，它不需要法的授权，法只是争夺权力胜利的一方对另一方的制裁以及对其治下百姓的管控。

秩序为法之最高价值追求 作为社会规则，法本身即承载着分配、确认、保护秩序的功能。传统中国之法律亦不例外。只是古代中国之法要维护之秩序是有利于巩固皇权之秩序，稳定是法的终极价值追求，也可以说是法唯一的价值追求。

司法中重视实体正义 与现代法治程序正义至上的理念截然不

不是简单地给钱了事，除了付工资，还要为员工支付养老保险和失业保险等额外支出。员工的工资中含有个人所得税、个人应付的养老保险、失业保险等。这样算下来，雇主的实际支出是员工税后所得的两倍以上。因此，芬兰人都把税务局称作"税收熊"，既有对"抢钱"的戏谑，又有对法律的敬畏。

两个不同的人，在不同场合、不同情形下说出"我自己知道"，足以说明：循规守法的观念已经渗透到芬兰人血液里，自觉自律是他们做人的基本准则。

（摘自《参考消息》2014.11.3）

同,传统中国司法的目标是实质正义,注重探求审判结果的正当性。

西方法治文化的特征

理性思维 韦伯认为,西方法律的思维是形式理性主义的思维,其要求为,"所有的法律决定必须是抽象法律命题之'适用'于具体的'事实情况';所有的事实情况,必然能够通过法律逻辑而从抽象的法律原则做出决定"。从某种意义上说,法律是一种科学,有着严格的证成、推论公式。

重视程序正义 程序正义观念的发展源于三方面的原因。第一,陪审团裁判以及作为其前提的当事人主义诉讼结构。第二,遵循先例原则。第三,衡平法的发展,衡平法其实就是法官法定的自由裁量权。由以上三个原因可知,并不存在一种客观标准来判断审判结果是否正义,在此情况下,司法正义只能通过程序本身来体现。

法为最高权威 总体而言,法的最高权威具有以下几方面原因:第一,宗教信仰传统。西方法是在宗教的深刻影响下不断发展的,许多法律来源于宗教教规。人们对法的态度不是畏惧,而是归属和依赖。第二,私法文化传统。早期商业文明的高度发展使西方社会很早就进入了公民社会,在这种形态的社会中,规范平等主体之间的私法是法律的主体。契约精神是西方人的主流意识形态。

构建中国特色的法治文化

在社会转型过程中,不能抛弃法治对秩序的追求。公民和国家都必须在法治框架内开展各自的行为,不得片面强调自己的权力、权利而侵犯他人和社会的权益。

目前我国司法领域的困境主要是大众对司法审判的不信任,并由此而导致了对法的不信任,信"访"而不信"法"。

法律信仰缺失的深层次原因在于传统法律文化和现代西方法治理念的冲突,以及法官过于严格甚至僵化地使用法律规定。司法审判是一门科学,它需要严谨的逻辑思维;同时,也是一门艺术,它需要法官在严密、规范的法律规定和纷繁复杂的社会关系和文化状态中找到一种平衡,其所做出的司法判决既要合乎法律的精神,又要合乎社会基本道德的要求,更要兼顾国家和社会发展的客观要求。同时,在努力实现程序正义的同时,我国司法还承担着继续追寻实质正义的责任。

尽管总体上来说,我国目前的法和道德是社会调控的两大体系,二者相互独立,但是,法作为社会规则,其从根本上仍无法与道德完全脱离。在目前社会主义道德体系和核心价值观未全面实现的状况下,更需要法来保障和引导。这也是法自身的规范和引导功能的要求。

(摘自《学习时报》2014.10.27)

十大地球神秘现象

一、珠穆朗玛峰正在"侧移"：意大利里雅斯特大学教授乔治·波雷蒂(Giorgio - Poretti)对珠穆朗玛峰的高度进行了认真勘测，发现印度和亚洲大陆不间断地碰撞导致它向东北方向移动，每年移动42毫米，而不是碰撞导致珠穆朗玛峰逐渐增高。

二、浮云重量达数百吨：蓝天中漂浮的棉花糖状的浮云会让人们认为云层是非常漂渺，像雾一样的物质，然而云层却非常重，它们都是由水滴构成，云层重量平均可达到500吨。

三、大地震发生缓慢：许多大地震存在前震，但是科学家非常惊奇地发现，地震带岩石处于缓慢潜变过程。他们用超敏感设备对加州圣安德烈亚斯断层和新西兰阿尔卑斯山断层进行勘测，阿尔卑斯山断层历史曾出现多次地震，但勘测数据表明地震中心截面较为平静。

四、气旋可以"舞蹈"：从理论上讲，气旋是北半球具有风流逆时旋转的低压系统，它在南半球顺时旋转，在适当的风向下，气旋可以成为飓风或者任何形式的低压系统。日本气象学家Sakuhei Fujiwhara称，当两个气旋逐渐接近时，将在中心区域形成"舞蹈"状结构。

五、瑞士每天升降25厘米：科学家一项非常精密的测量显示，地球具有"弹性"，结果表明，瑞士每天地球潮汐"升降幅度"达到25厘米。

六、岩石能够适应生命存活："内岩生微生物"能在岩石环境栖息，它们是极端微生物，意味着它们喜欢生活在极端的环境之中，研究人员甚至在3千米以下的岩石层也发现它们的踪迹。多数内岩生微生物以落入岩石缝隙中的食物和水为食，但一些能够吃岩石并排出酸液，有助于分解更多的岩石屑。

七、地球拥有磁场龙卷风：当"信使号"探测器飞越水星上空时，美国宇航局专家非常吃惊地发现，该行星磁场存在800千米直径的"龙卷风"。事实上，地球磁场也存在类似的"龙卷风"，但是人们不必担忧，这不会导致人们死亡。地球拥有密集大气层，足以保护人类免遭致命辐射流的伤害。

八、下一个超级火山喷发不可能在黄石公园：黄石公园有间歇泉、温泉和沸腾的泥温泉，许多专家认为黄石公园火山喷发或将成为未来最大的威胁。但事实并非如此，最

值得关注的南极七大实验

□刘 霞

南极的科学季又要来了。南极又要进入夏季,世界各地的研究小组也抓紧时间,在这(相对)温暖的季节向南进发。开展一个又一个高大上的实验,希望解开一些迄今还困扰我们的未解之谜。

1959年12月,12个国家签订《南极条约》并于1961年生效,迄今各国在世界上最偏远的大陆——南极洲已建有60多个观测站和100多个考察基地。今年,29个国家在南极洲开展科学研究,这意味着从今年10月到明年3月,将有大约800名科学家和支持人员前往南极洲开展夏季考察,其中,仅仅美国就有100多个研究项目,这些研究项目将对很多关键的问题进行调查,包括气候如何变化、宇宙最初始的面貌等。美国《大众科学》网站近日为我们列出了需要关注的七大实验。

海洋中的食物链

纳撒尼尔·B·帕尔默科考船是一艘281英尺(约86米)的破冰船,其主要负责运送参与AML实验的研究人员在海上搜寻两英寸长的甲壳纲动物——野生磷虾。

在南极生活的企鹅、鲸鱼以及人都以野生磷虾作为食物来源。尽管对野生磷虾的研究已经进行了30年,但生态学家们对其过冬模式仍然知之甚少。AML团队正在进行一项为期5年的研究,希望最终

新研究表明,未来超级火山的候选者可能是智利的Laguna del Maule火山,现已探测到可制造6级火山爆发指数的岩浆池。

九、龙卷风是无形的:当遇到龙卷风时人们都纷纷寻找躲避处,你知道龙卷风最初是如何形成的吗?毕竟空气是无形的,事实上,我们所看到的龙卷风是由水滴、灰尘和残骸构成的凝结云,其内部是无形的快速旋动空气流。

十、莫纳罗亚山是全球最高的山脉:谈及莫纳罗亚山,人们一定不会认为它是全球最高的山脉,而认为是珠穆朗玛峰。事实上,后者是海平面之上最高的山峰,前者作为夏威夷岛的一部分,露出海平面部分并不高,但是其主要部分隐藏在海平面之下,从底部至山顶,莫纳罗亚山的高度10.2公里,比珠穆朗玛峰更高。

(摘自腾讯科技2014.9.26)

绘制出隐藏于海冰之下的野生磷虾的分布图,目前研究已经进入第三年。这项研究将有助于美国政府对南极洲的磷虾捕捞业进行管理。

全球海冰融化

嵌入南极洲冰块内的全球定位系统(GPS)和地震传感器与位于格陵兰岛上的传感器一起,编织了一张密实的极地冰观测网(POLENET)。

今年,研究团队将在另外三个地点铺设传感器,计划每处铺设重达3000磅的监控设备。这些设备收集到的数据将帮助地理科学家们预测,随着南极洲西部的冰面不断融化,地球的地壳会如何回升。这一项目或许可以让科学家们确定,海冰的不断融化是否正如其他科学家们年初时发现的那样,是一个像脱缰的野马一样无法控制的过程,以及这种回升是否会导致地震和火山爆发。

捕捉飘忽的中微子粒子

数十年来,天文学家们一直希望能够探寻到中微子粒子。这种"神龙见首不见尾"的粒子将有助于科学家们厘清自然界中的一些神秘现象,比如超新星的工作原理以及暗物质的实质。传统的中微子探测器,比如位于日本的"超级神冈(super-kamiokande)"探测器是水罐,建立在废弃的矿井之下。而"冰立方中微子天文台(IceCube)"的大小为超级神冈的2万倍,但成本仅为其2倍。

"冰立方中微子天文台"是科学家们迄今设计的最疯狂的观测台之一,其位于南极洲约2.4公里深的冰层下1立方公里的冰块内,由86根装备了传感器的电缆所组成,每根电缆包含有60个光学传感器,这5160个传感器的使命,就是搜寻太阳系和我们所在的星系外的中微子。

2010年,"冰立方中微子天文台"竣工,2012年,其发布了首个观测结论。迄今为止,科学家们已经捕获到了30多个中微子。今年,该研究团队将对去年安装的计算机进行测试,他们希望这台计算机能使探测器更加自动化,而且能发现宇宙中的中微子源于何处的线索。

"襁褓"宇宙

美国哈佛—史密森天体物理学中心今年3月17日举行新闻发布会,宣布研究人员利用位于南极的BICEP2(宇宙泛星系偏震背景成像)望远镜,观测到了宇宙诞生初期急剧膨胀(暴胀)的首个直接证据。

根据宇宙大爆炸理论,宇宙在大爆炸后不到1秒的时间里膨胀了1078倍,这一过程被称为"暴胀期"。大爆炸形成的"最古老的光"穿越漫长时空,成为均匀散布在宇宙空间中的微弱电磁波,仿佛是宇宙的背景,因而被称为"宇宙微波背景辐射"。BICEP2望远镜的观测对象,便是"宇宙微波背景辐射"这一"大爆炸的遗迹"。

哈佛—史密森天体物理学中心等机构的物理学家首次从"宇宙微波背景辐射"中发现了磁性偏振信号,并经过3年多的分析认为,这种偏振正是大爆炸瞬间产生的"原初引力波"造成的,从而获得了支持宇宙"暴胀期"理论的最有力证据。美国哈佛大学理论物理学家阿维勒布表示,这个发现"揭示了宇宙如何开始等最根本问题"。

但最新研究也引发了一些科学家的质疑。他们认为,需要更多的证据来证实或者证伪这一发现。有鉴于此,科学家们在南极铺设了BICEP3。BICEP3拥有的传感器比其前任多5倍,且观测视角为其前任的3倍,它将帮助证实或者证伪BICEP2提供的研究结论。

黑暗中的微生物

生物学家们对于那些靠太阳生活但在南极洲暗无天日的冬季也能存活的微生物知之甚少。因此,ALPS研究团队在两个冰雪覆盖的湖泊内铺设了传感器。这些海藻探测器、浮游植物采样器以及水化学分析设备可用于全年的数据收集。该研究团队将于这个冬天首次获得第一手的冬季数据。研究结论将帮助天体生物学家们预测,在冰雪覆盖的天体,比如木星的卫星"欧罗巴(Europa)"上,是否也有同样的微生物生存。

隐藏的恒星

因为南极洲位于极地的右边,在那个地方,地球混乱的大气层非常稳定而且可以预测。这就意味着,巨大的气球——有些比球场还要宽、像华盛顿纪念碑(高169米)一样高的大气球能够围绕南极洲大陆旋转并最终仍然落到其出发点附近。这个季节,"长时间气球(Long-Duration Ballooning)"研究团队将使用大约1700磅重的伽马射线望远镜,观察由于地球大气层的阻隔而不可见的恒星。这一技术提供的研究结论可与利用宇宙飞船进行的研究相媲美,但成本要低很多。

企鹅的进化

企鹅是一种非常重要的食肉动物,它们揭示了南大洋的生态系统如何适应气候变化。"企鹅科学(Penguin Science)"研究团队的科学家们目前正使用位于南极洲冰面下,拥有4.5万年历史的骨头和蛋壳以及对活的阿德里企鹅进行长达15年的研究收集到的数据,描述企鹅对环境的适应情况。今年,该研究团队将集中厘清的问题是,企鹅的觅食能力究竟是一种后天习得的能力,还是遗传特征,以及这种能力是否能随着海冰的融化而继续保持下去。

(摘自《科技日报》2014.9.28)

表情与进化

□杨 阳

尽管世界各地风俗文化迥异,但是人们在喜怒哀乐时面部表情却相差无几。科学研究发现,这些表情是长期进化的结果。

笑容背后的进化论

大多数人都知道"笑一笑,十年少"这句俗语。但科学家说,粲然一笑,并非人类独享,最初的"笑"是早期较高级灵长类动物在群落内部相互表示和平、喜爱的一个符号,包括狒狒、猩猩在内的灵长类动物,都有笑的表情。

在生物进化过程中,善于笑的灵长类动物有明显的进化趋势。这和人类社会的场景非常类似:在种群内部它们能够改善关系、获得更好的"社会地位",从而繁衍和抚养更多的后代。在人类社会中,到底什么样的笑才最具有亲和力?科学家用电脑放出不同的笑声,让受试者选择什么声音最亲切,结果发现逐渐降音高的"哈哈"声最受欢迎。他们解释,这也有进化的原因在里面。当我们的祖先想一起嬉戏时,他们情绪放松,由高到低的音高恰恰表示着没有戒备,久而久之这就作为一个通用的表示无主动进攻性和亲切的标志了。生物行为学家说,几乎所有的动物都有类似表示愉悦、亲切的行为符号。比如马,它会昂起头、一溜小跑以表达快乐。经过数千万年的进化,只有灵长类动物才能做到运用脸部的几块表情肌肉完成这个功能,就是笑。

哭泣是一种进化行为

人们哭泣是因为它会让我们好过点,还是因为它能清除我们体内蓄积的化学物质?现在科学家提出了一个引发哭泣的新理论:在某些时候,大哭一场只是人们获取注意力、赢得认同的方式。即泪水表明你放下防备,借此阻止他人进攻。

以色列特拉维夫大学的进化生物学家奥伦·哈森认为:哭泣是一种高级的进化行为。分析表明,眼泪模糊人们的视线后,可以放低人们的戒备,是可靠的投降信号。眼泪还可以用来呼救,互相表明好感。眼泪也是一个团体团结一致的表现。哈森指出,眼泪模糊视线后可以轻易地阻止攻击性行为。同样地,眼泪无疑显示了脆弱无助,是与他人亲近的战略。哈森还指出,眼泪可以用来建立并强化人际关系。与他人一道哭泣时,如果彼此都放下了戒备,便意味着我们在感情上联系在一起,是真正的朋友,有着同样的感触,这是非常人性化的表现。

人们生气时表情为何都一样?

"皱着眉、噘着嘴、张大鼻孔"——一看就是生气的样子。澳大利亚的一项研究显示,人类在漫长的进化过程中形成了一张世界通用的"生气脸"。研究指出,人做出愤怒表情时,要收缩面部大量肌肉。与面部肌肉组织舒展的表情相比,愤怒的表情使人看上去更加"强壮",这就似乎在告诉对方"我要反击了",以威慑对手。这是人类在漫长进化过程中发展出来的一种提高谈判和妥协效率的办法,就像狒狒都会向有威胁的对手龇牙一样,龇出的牙越长说明潜在的破坏力越大,因此可用这样一个简单的动作来吓走敌人。科学研究表明,生气是为了在竞争与争斗中进行有效谈判的一种行为表达。即使是从没见过发怒表情的盲童,发怒时也会做出与常人一样的表情,这表明人生气时面部表情并不是随机的,而是表达着同一种信息。

人类为何会有恐惧的表情?

设想一下,如果让你做人类进化的设计师,你要做的就是尽力保证人类能在随处可见猛兽毒蛇的原始环境中生存下来,而这个原始环境中唯一的生存法则就是弱肉强食,你会怎么做?你会让远古人类的大脑运行什么样的程序呢?没错,让他们学会恐惧。

早在100年前,著名生物学家达尔文就发现,哺乳动物的恐惧表情与人类的恐惧表情几乎一样。在恐惧的瞬间表现为:眉梢上扬、瞳孔扩大、眼光发直、嘴张大。更大的恐惧会伴有肌肉的紧张发硬、毛发竖立、起鸡皮疙瘩、毛孔张开、冷汗直流,同时,内脏器官功能亢进、肾上腺素分泌、血压升高、思维变慢或停滞,这就是我们俗称的被"吓傻了"。

人惧怕的东西有:蜘蛛、大型动物、蛇、黑暗、高度等等,而对那些真正危险的东西,甚至有可能夺走我们生命的东西却不害怕,比如:枪支、电源插座、汽车。前者是进化的结果,例如人们惧怕蜘蛛和蛇。那是一种来自远古的恐惧感,这种恐惧感深埋在我们的基因里。在人类进化的过程中,人们恐惧某种东西,就会把这种基因遗传给下一代。心理学家发现,人与动物之间最大的差别在于,人对不存在的东西也会产生恐惧——我们自己也对这种现象感到奇怪,因为我们不知道这种恐惧从何而来。科学家相信,这些恐惧心理是进化的结果,因为它会增加我们防范的本能,有利于人类社会的成长,使我们人类延续到今天。

(摘自《百科知识》2014年第10期)

人类能否实现"虫洞"旅行

□洛伦·格拉什

作为一个有好奇心的物种,人类长期以来一直梦想前往宇宙最遥远的深处。那么,我们该怎样用一种不至于耗费数千代人时间的方式来探索宇宙呢?在研究人员设想过的许多方案中,有一种技术仍然特别受到推崇,尤其是在科幻领域——那就是利用捷径,即被称为"虫洞"的理论隧道。

时空穿越理论上可行

在理论上,虫洞是由时空组成的隧道状连接,它们缩短了宇宙中两个相隔遥远区域之间的距离。其设想是,太空旅行者可以利用这些隧道进行时间远远短于数千年的太空往返。已经有众多的书籍、电视节目和电影利用了太空旅行的虫洞概念。

但是这究竟是否可能?人类有朝一日能否借助虫洞前往另一个银河系甚至更远的地方?科学家认为,这种概率极小,但却是可能的。尽管如此,要建造一个可以用来旅行的虫洞,我们将需要大量的特殊条件,并对这种神奇秘道的来历有所了解。

在20世纪初之前,牛顿的万有引力理论一直在学术上占据统治地位。它解释了为什么我们会"粘在"地球上而不是飞到太空中。但是1915年,爱因斯坦完全撕碎了这一概念。他提出理论称,引力实际上是时空翘曲(即时间和空间结合成连续统一体)的结果。从根本上说,一个物体的存在使其周围的时间和空间发生变形,从而在宇宙中形成印记。而正是这种时空变形产生了引力效应。

爱因斯坦及其同事内森·罗森认为,虫洞实际上是发生了翘曲的变形空间,它可以把宇宙时空中两个不同的点连接起来。其结果便是一种可直可弯的隧道状结构,它把宇宙中相距非常遥远的两个区域连接起来。爱因斯坦的数学模型预言存在虫洞,但还没有人发现过虫洞。

现实难题短时间无解

迄今为止,物理学家们还没有确定虫洞在宇宙中自然形成的方式。不过,理论物理学家约翰·惠勒认为,根据他的量子泡沫假设(即在任何时候虚拟粒子都十分怪异地不停出现并消失的理论),虫洞有可能是自生自灭的。

不幸的是,惠勒的理论认为这些忽隐忽现的虫洞十分微小,仅达到普朗克长度量级,即长度大约为10的负33次方厘米。换句话说,虫洞小得几乎是不可能测量的。

不过,姑且假设我们可以在虫洞出现的时候发现它们:我们或许可以让它们变大。要做到这一点,你需要有一种被称为"奇异物质"的特殊材料。奥斯汀高级研究所的高级研究物理学家埃里克·戴维斯说:"宇宙中正常物质的规则是它具有正能量密度和正压力。而奇异物质稍有不同。它是具有负能量密度和(或)负压力的物质。"

奇异物质的负特性或许会把虫洞的周边向外推,使之变得足够大和足够稳定,以容纳人或宇宙飞船通过。问题是奇异物质并不容易得到:它只存在于理论中,我们不知道它什么样子,而且还不知道从哪里可以找到它。

但假设我们连这个问题也克服了。我们找到了一个微小的虫洞,我们设法获得了一些奇异物质,我们把这个隧道扩大并使之变得稳定,大到足以容纳宇宙飞船。卡内基-梅隆大学物理学教授理查德·霍尔曼解释说,任何非奇异物质的插入有可能使虫洞失去稳定。换句话说,进入虫洞会让你立刻毙命。

对于利用虫洞展开太空旅行的前景,戴维斯比霍尔曼稍稍乐观一些。他解释说,利用奇异物质是从头开始制造能派上用场的虫洞所需的全部工作。

(摘自《大众科学》2014.10.26)

今日说法

我们生活在"后启蒙"时代,尤其是在美国,这已经不是秘密了。这个时代里理性、科学、证据、逻辑论证和辩论已经在许多领域,或许甚至在整个社会里,都输给了迷信、信仰、观占和正统。

——美国著名新闻记者、密歇根大学教授尼尔·加布勒(Neal Gabler)说。

①前天的教训吸取了吗?——经验很重要。②昨天的错误改正了吗?——知错且改很重要。③今天的工作完成了吗?——执行很重要。④明天的计划订好了吗?——规划很重要。⑤后天的目标明确了吗?——方向很重要。

——每天"五问"。

规划成了政府直接参与市场的一种竞争工具,多种规划并存,且存在"互相打架"的现象。

——中央财经大学政府管理学院城市管理系副主任王伟表示,一些规划已发生异化。

回顾近几十年来的"工薪史",都会演出"加薪三部曲":公务员率先,体制内的"参照执行",体制外的能跟上就跟上。

——社科院专家唐钧发文支持公务员涨薪,他认为这虽不算什么道理,却是历史的惯性。

上海如何登顶全球城市

□杨 天

这是上海第一次考虑在城市发展史和人类文明史上能够作出什么样的贡献。

2014年，上海举全城之力，开始系统描绘未来的发展蓝图。

三项重大战略规划几乎同时启动：上海市国民经济和社会发展第十三个五年规划纲要，目标到2020年；上海新一轮城市总体规划，目标到2040年；上海未来30年发展战略研究，目标到2050年。

此前，上海市政府印发的《关于编制上海新一轮城市总体规划指导意见》（以下简称《指导意见》）中，未来上海发展目标定位已经明确——要在2020年基本建成"四个中心"和社会主义现代化国际大都市的基础上，努力建设成为具有全球资源配置能力、较强国际竞争力和影响力的全球城市。

"所谓全球城市，强调的是整个世界城市的金字塔尖，是最高等级的世界城市。这个目标是上海以前没有过的，也可能是中国城市以前没想过的，这是上海第一次考虑在城市发展史和人类文明史上能够作出什么样的贡献。"上海社科院城市与发展研究所副所长屠启宇告诉《瞭望东方周刊》。

源头 + 码头

1991年，美国学者萨森在其著作中首次提出"全球城市"（Global City）的概念。他以伦敦、纽约、东京为例，认为全球城市就是全球经济网络的管理中心，生产性服务业则是这些城市的主导功能。

"全球城市最初讲的是金融为核心，资本驱动，生产性服务业为主这样的城市结构。这个基于全球化以后流量经济意义上的概念很快被引入实践，为新兴市场经济城市找到了发展目标。"屠启宇介绍。

同济大学可持续发展与管理研究所所长诸大建对本刊记者表示，要将全球城市这样一个最初主要是经济性的概念，变为对上海未来发展有整合性指导意义的战略发展目标，必须对原有概念梳理拓展，加入科技、文化、生态、治理等内容，使其成为"中国版"全球城市。

屠启宇也认为，全球城市的内涵应该更加丰富，幸福感、生态绿色、创新创意等新的城市概念，都应该加入其评价标准。

2001年国务院批准的《上海市城市总体规划(1999-2020)》,明确了上海到2020年建成国际经济、金融、贸易、航运"四个中心"和社会主义现代化国际大都市的总体目标。

屠启宇向本刊记者提供的一份分析报告显示,上海目前在金融、贸易、航运中心的全球综合排名分列第六、第九和第七位。

根据麦肯锡"全球流量经济枢纽城市"数据,屠启宇团队对上海四个中心建设作了一次"全面体检":"上海已整体进入全球枢纽城市等级体系的第二集团,完全可以在2020年达成基本建成四个中心和国际大都市的战略目标。"

而在诸大建看来,上海上一轮的规划,有把"四个中心"与"现代化国际大都市"混同甚至替代的现象。事实上,前者是上海城市发展的国际功能和经济影响力,后者还包括区域维度和市域维度的许多基本功能。这导致过去对"四个中心"抓得比较紧,对"现代化国际大都市"在理论研究和实际操作方面较虚。

结果,一方面使上海在区域维度和市域维度上的发展与四个中心建设有差距;一方面在国际维度上上海的输入性影响大,输出性影响小。

"上海有没有足够数量影响世界的本土企业?有没有足够数量影响世界的文化、社会组织?"诸大建追问。

上世纪30年代,上海曾经辉煌,在金融、航运、贸易甚至制造业等方面都达到了很高的水平,形成了相当的国际影响力,与纽约、伦敦、巴黎等国际大都会齐名。

"如今上海要重振国际功能建设全球城市,国内外的竞争对手都多了很多。比如北京,目前世界500强企业总部以及国际性非经济组织就比上海多。"诸大建说。

他认为,上海要在新一轮竞争中做大全球城市的影响力,需要减少许多同类型的竞争,紧抓自己使科技创新能更快转化为生产力的特色,加强全球创新中心特别是科技创新中心的建设,把制造业和服务业更好地整合。在这一方面,上海相对北京、香港等城市是有传统优势的。

屠启宇将拓展后的全球城市内涵,概括为"源头+码头","上海原来建设四个中心,都是属于流量经济,是建设码头,接下来要冲击登顶全球城市,必然要考虑科技创新、文化创意、思想传播这样的源头问题。"

区域须联动

根据《指导意见》,未来上海要形成中心城、新城和新市镇,融入长三角城市群一体化发展的空间格局,与长三角的区域联动可能更加密切。

"前几拨规划中,上海着重发

展的是行政区范围,特别是外环线内外600万~1000万平方公里的中心城区及其连绵区。未来,我们不仅要对外看国际功能,也要对内看区域功能。"诸大建说。

"将来的城市竞争更多地是城市群的竞争。上海竞争力不断提升,很大程度上需要长三角区域的整体发展。"上海市城市规划设计研究院副总工程师詹运洲,在7月初举办的"改革论坛2014"会议上说。

屠启宇认为,上海地域范围内已不构成所谓完整产业体系,反而在长三角范围内,可构成一个完整的具有相当国际竞争力(主要体现在成本和集群配套上)的产业体系。而上海面临的人口、空间等各压力,也需要在长三角区域范围内纾解。

"从上世纪90年代到世博会之前,上海与周边地区一直是水平方向的同质竞争比较多,垂直方向的供应链上的服务比较少。"诸大建说。防守型、自我型的发展思路,造成了"上海有龙头地位、没有起到龙头作用"的尴尬局面。

借助2010上海世博会的契机,上海通过基础设施、观光旅游、环境保护、产业投资等区域性的经济活动,与长三角地区密切联动。"新的规划中,怎么把这种联动变得更主动,需要上海做分圈层思考。"诸大建说。

他认为,目前上海在全球城市排名中名列前10或前20,要大幅度靠前有相当难度,但将以上海为门户城市的长三角地区变成世界第一的巨型城市区域,是有希望的,因为这一地区的经济水平、基础设施、社会发展等较好,共享文化也比珠三角和京津冀要好得多。

一个名为"大上海都市圈"的概念,近几年在学术圈被广泛讨论。

"将长三角分成若干大都市圈,上海是最关键的大都市圈,以南京杭州等为中心是次级大都市圈。在学术性研究中,一般认为现在上海的影响力和基础设施,对接在江苏是考虑到昆山苏州一线,在浙江是到嘉兴和舟山一线。"上海社科院城市经济与规划研究室主任张剑涛告诉《瞭望东方周刊》。

《指导意见》也首次提出,要"统筹考虑市域及与近沪地区的空间协调发展,突破行政界限,综合谋划人口、产业、生态和城乡空间格局"。

"上海要建设全球城市,必然要想出策略打破功能提升扩展和人口增加之间的影响链。这就需要调整产业结构,细化城市功能。一些核心功能聚集在中心城区,其余的衍生功能等可以考虑向大上海区域范围内转移。"屠启宇说。

对于都市圈内多个行政主体的协调难度,张剑涛并不担忧:"国外大量标杆城市都是如此。欧洲叫功能性城市区域,美国叫大都市统计区。大巴黎规划中涉及60多个主体,人家都能协调,我们也可以。"

城市须留白

1946年,一群专家学者齐聚上海,绘制出了中国大城市第一部完整的现代总体规划——"大上海计划","有机疏散"、"快速干道"和"区域规划"等欧美最新的城市规划理论被引入,希望解决人口膨胀、土地紧张等问题。

68年后,相似的问题依然摆在新一代上海规划者面前。

早在上一轮规划中,为纾解中心城区的压力,上海就曾提出要发展郊区,构建"多轴、多层、多核"的市域空间布局。在"十一五"规划中,又提出打造"1966"四级城镇体系规划框架,即1个中心城、9个新城、60个左右新市镇、600个左右中心村。

"但是新城建设的效果不好,一些没有定位为新城的郊区反而扩展了,人口失控、环境污染也是事实。'1966'部署总体想收缩集聚,但想控制蔓延的反而蔓延了。"屠启宇分析。

按照2001版规划,上海到2020年的规划建设用地是3226平方公里。目前已经逼近这个红线。

上海市政府在本轮规划讨论中表示,从现在起要实现建设用地零增长甚至负增长。在诸大建看来,土地零增长只是一方面,还有能源消耗和二氧化碳排放、生活垃圾等也要零增长。

"上海早已到了需要用生态红线倒逼城市发展的时候,有必要从增量扩展性的发展变成存量更新式的发展。"诸大建说。

他将这个过程比喻为打麻将,13张牌一张张摸进来,现在要开始换牌了。

"上海的创新驱动,最重要的是绿色导向的创新驱动。"诸大建说。

把土地、能源、二氧化碳和废弃物排放这些资源环境红线圈定后再做规划,符合现在流行的"反规划"理论。"反规划不是不要规划,而是要在市域范围内在空间、资源、环境、生态等方面留白,对各种物质项目进行增长管理,反过来做空间战略规划。"

这种为城市留白的思路,与资深建筑设计师邢同和不谋而合。

据邢同和介绍,前一轮规划中提出的从中心城到新城、从中心镇到集镇的策略,是为了避免"摊大饼"。但随着城市规模增大、人口增多,已经逐渐有合拢、并入之势。例如现在的嘉定区和宝山区,新城跟老城已经连接起来。

"如果新城、老城不断扩大,同上海的中心城结合,上海将成为一块更大的'大饼'。所以应该居安思危,给子孙后代留出一片发展空间。不要把规划做满、做足。"邢同和说。

他认为,留白不等于任意空出一块土地,或搁置一间废弃厂房,而

中国六名最长寿人瑞的养生经

□谭敦民

近期,中国老年学会公布了2013年度中国十大寿星排行榜。数据显示,中国百岁老人第一次突破5万大关,达到54166人。按照年龄顺序,前十名被评为"十大寿星",高寿者以少数民族居多,其中有四位来自新疆喀什地区,来自新疆疏勒县的维族女寿星阿丽米罕·色依提以128岁高龄稳居榜首。

现在,我们来看看中国最长寿的六位老人有什么样的养生经。

128岁阿丽米罕:
歌舞高手,赤脚走路

新疆喀什疏勒县128岁的阿丽米罕老人生于1886年6月25日,就是清朝光绪十二年。老人爱唱情歌,一年四季喝冷水,心态和身体都比较好。唱情歌、逛巴扎,走亲访友讲笑话,是老人的生活常态。原我国第一寿星广西巴马罗美珍老人已于2013年6月4日去世,这就意味着阿丽米罕成为中国最长寿者,也被认为是世界上最长寿的人。

阿丽米罕已经历3个世纪,皮肤依旧不错。老人至今耳不聋、眼不花,只是说话快了有点儿气短。尽管脸上和脖子上的皮肤已经松弛,但还是能看出昔日的轮廓,乍看上去,也就像个80多岁的老太太。从10岁算起,她已经唱了100多年歌,跳了100多年舞。老人经常把拐棍当热瓦普(一种民族乐器)弹奏,当场表演起一段新疆情歌,神情投入,歌声柔美。音乐和歌唱让老人心旷神怡,心胸开阔,这也是她长寿的秘密之一。

另外,阿丽米罕老人习惯于赤脚走路,一直到现在也是打着赤脚。老人的孙子说,奶奶的这种做法相当于一种足底按摩。

122 岁图如普：
80 岁得子,顿顿西红柿

新疆喀什地区的图如普·艾麦提老人前两次婚姻没有子女,老人79岁时娶了第三任妻子,80岁得子,古今罕有;82岁时,妻子又为他生下一个女儿。图如普老人年岁虽高,但身板仍然硬朗,视力可以看清百米之外,可以赶牛,可以做简单的农活,行动虽然较缓慢,但稳稳当当。

图如普日常起居很有规律,通常早9点起床,先做礼拜,一天做5次。接着,就开始忙地里的活儿,如给玉米地除草。他还养了10多头羊,他拔的草就是羊的饲料。午餐后午睡一个半小时。老人最喜欢吃苞谷、高粱这些粗粮,也喜欢吃抓饭,常年喝鲜牛奶。老人炒什么菜都喜欢放西红柿,吃羊肉必定要有洋葱,这是老人的习惯。

图如普将夏天种的西红柿挂到院墙上晒干。到了冬季,没有蔬菜时,老人就将晾在墙上的西红柿干摘下一颗,扔进汤里熬汤。老人认为,西红柿是长寿果,洋葱能降血脂,对以羊肉为主食的维族人来说非常有益。据老人子女介绍,干果巴旦杏仁老人也爱吃。巴旦杏仁俗称薄壳杏仁,是维吾尔人传统的健身滋补品。

122 岁打兰弯：
穿衣时髦,每天喝一两酒

在云南怒江大峡谷两岸的山崖上,居住着傈僳族、怒族和独龙族等少数民族,他们或三五户成村,或独门独户居住。一位傈僳族的长寿老太太打兰弯就居住在这里。

今年122岁的打兰弯居住在怒江边上的小院里,她总是身穿藏青底、花彩纹的傈僳族服装,头戴红豆纱冠。老人说:"黄灰土气咱不要,穿艳倒有老来俏。"热爱生活、穿衣时尚是她的特点。老人有个嗜好,从18岁开始,每天要喝点自家酿的玉米酒。不过,她喝酒很节制,每天一两,遇到节日,最多二两。酒在古代被认为是医药的首选,"酒乃百药之长",少饮,舒筋活血,有益健康。

121 岁亚库普·卡斯木：
步行七里,养花种草

亚库普·卡斯木老人生于1893年1月4日,现居住在新疆喀什地区麦盖提县吐曼塔勒乡吐曼塔勒村。不服老的亚库普喜欢和年轻人比赛掰手腕。儿媳说:"父亲身体好,从家里到他们干活的地里,来回大约有7里地。父亲每天走来回,一点问题都没有。"亚库普还很有情趣,他家的院子一边是个巨大花架,各种花草错落有致,另一角是几株葡萄树,都是老人自己栽种。每天摆弄花、浇浇水,老人自得其乐。

121 岁田龙玉：
日食两餐,爱爬台阶

田龙玉是湘西凤凰县官庄乡新

民村人,出生于1893年农历4月28日,土家族。田龙玉在乡下生活了113年,直到2006年才进了城。

田龙玉说她自己很爱劳动,劳动就是最好的锻炼。她说她住进城之后,才晓得城里人还要专门抽时间锻炼身体,乡下人则不要,天天劳动,本身就得到了锻炼。

进城后,田龙玉有段时间住在外孙女滕召珣家里。滕召珣家有一个露天小院,种着辣椒、葱之类的蔬菜,田龙玉经常给蔬菜浇水。"每天不做点小事,不走动走动,身上就难受,我现在都还是这样的。"田龙玉说。此外,田龙玉还喜欢爬坡走台阶,以此锻炼身体。

田龙玉一辈子都是按湘西老百姓的习惯,一天只吃两餐饭,而且全是五谷杂粮,除大米外,苞谷、红薯、洋芋她都喜欢吃,冬瓜、南瓜、白菜、萝卜、豇豆是她的美味佳肴。现在年纪大了,豆腐是她的最爱。

119岁尧力达西·尧勒瓦斯:不穿短袖,讲究养生

居住在新疆阿克苏地区乌什县依麻木乡119岁的尧力达西·尧勒瓦斯,有自己独特的养生方法。炎热的夏日,人人都满头大汗,尧力达西穿着长衣泰然自若,连扇子都不用。尧力达西解释说,新疆太阳紫外线强度大,如果直接照射皮肤,会加快体内水分流失,让人更感炎热,相对来说,穿长衣、躲树荫,能缓解阳光照射所带来的热量。

尧力达西老人一生不吸烟、不喝酒,鸡蛋和奶提子是他最爱吃的两种食物。老人比较自恋,常说:"我年轻的时候可帅了,那时候很多姑娘亲手摘葡萄给我吃。现在老了,一吃葡萄就想起当年自己英俊的模样。"

乌什县人民医院为老人做了一次全面体检,结果显示,尧力达西体况相当于中年人。尽管已经不再务农,尧力达西老人还是保持每天外出活动的习惯,每天上午10点左右走出家门,在门口晒晒太阳。但正午期间他从不出门活动,他说:"热养生,并不代表越热越好,适度热才是正确的养生之道。"

(摘自《百科知识》2014年第11期)

今日说法

瀑布的水逆流而上/蒲公英种子从远处飘回/聚成伞的模样/太阳从西边升起,落向东方/子弹退回枪膛/运动员回到起跑线上/我并回录取通知书/忘了十年寒窗/厨房里飘来饭菜的香/你把我的卷子签好名字/关掉电视/帮我把书包背上/你还在我身旁

——香港中文大学微情书大赛一等奖《你还在我身旁》

中国最后的原始部落

□牛小北

云南临沧的沧源县,有个阿佤山,翁丁佤族原生态村就坐落在阿佤群山中。据说,佤族在翁丁已经居住了200多年,这里是中国佤族历史文化保留最完整的地方,也是佤族传统民居保留最完整的原生态村落。

接待我和妻子的小女孩叫做依巴。我们直接入住依巴家。由于我们的到来,依巴父母不仅把他们的卧室腾了出来,还宰鸭杀鸡的招待我们。要知道,这对于平时只吃米线和白水焯青菜的依巴一家来说,是难得的礼遇!

依巴能说普通话,自然成了我们的导游。翁丁村至今仍保留寨门、寨桩、祭祀房、龙潭、古榕等文物古迹,居住民全部是佤族,以家族姓氏为单位连片而居。我们看见一座较之周围大一些的房子,还带院落。依巴说这里是寨主家,我刚要迈步往里走,却被依巴拦住,她指了指寨主院门上插着的两个树枝,道出了缘由。

按照当地风俗,门前插树叶表示家里有新生命诞生,外人不能进入。当第二天再次路过寨主家的时候,树枝已经不在了,我们便进入寨主家中,可屋里并没有产妇和新生儿,寒暄过后,妻子就昨天插树枝的事询问。寨主夫妇听后哈哈大笑,原来是他家的母猪生小猪仔了!

翁丁寨子里,夜不闭户,路不拾遗,无论去哪儿,门一关就行了。翁丁的孩子们从会走路起就放在寨子里"散养",穿百家衣吃百家饭,健康快乐无忧地生活着。

翁丁佤族最具特点的,是每家每户都有永不熄灭的火焰。大多数妇女都抽烟袋锅子,上些年级的人都把牙齿涂成黑色以保护牙齿。

佤族是一个以黑为美的民族,认为黑色是勤劳、健康的象征。翁丁佤族的狂欢节"摸你黑",是远古佤族先民用一种叫"娘布落"能医治百病的神药涂抹在人们的脸上的活动,用于驱病辟邪,求得健康平安。每到这个时候,人们用仿制的、具有防晒、美容功效的黑色泥状保健品相互涂抹。抹在姑娘脸上,希望姑娘越来越漂亮,抹在老人的脸上,祝福老人健康长寿,抹在小孩脸上,希望小孩平安吉祥,抹在朋友脸上,期待友谊地久天长。

在我们离开前夜,依巴家又宰鸡为我们践行。依巴父亲说,可能再过几年,这个寨子将改为旅游胜地。

澳门,不是只有蛋挞

□韩良忆

到澳门,一定要尝尝葡萄牙菜,在澳门,你可以在同一家餐厅里,吃到来自葡式的香肠和咸鳕鱼、印度的咖喱、非洲的花生酱和马来西亚的虾酱,这些全都是澳葡菜常见的材料。

朋友即将利用三天两夜的短短假期,首度前往离台湾并不远的澳门。她对赌没多大兴趣,只想随意走走、吃吃美食,"我知道澳门的蛋挞很有名,"朋友在电话中向我打听,"除此以外还有没有什么特别的?"

那可多着哩。和近在咫尺的香港一样,澳门居民因以粤人居多,饮食口味自以粤菜为大宗,从高档的游水海鲜到平民的粥粉面和汤水甜品,样样不缺,都是地道口味。澳门还有一样,则是香港也比不上的,那就是"独步全球"的澳门葡萄牙菜。

说它独步全球一点也不为过,因为这种由不同文化激荡产生的菜系,只有在澳门才能尝得真味,反映澳门曾有的漫长殖民历史。

事情要从四百多年前说起,当时掌握海上霸权的葡萄牙舰队在澳门建立据点,葡萄牙商人和传教士纷纷来到珠江三角洲的这个港埠。葡人把日常厨务交给本地的广东厨师办理,后者则运用葡萄牙船只带来的各种珍奇香料、食材,结合中菜烹调手法,逐渐造就出美味的葡萄牙口味澳门菜。于是在澳门,你可以在同一家餐厅里,吃到来自葡式的香肠和咸鳕鱼、印度的咖喱、非洲的花生酱和马来西亚的虾酱,这些全都是澳葡菜常见的材料。

第一次吃澳葡菜,是久居香港的大学好友领着去的,老友在香港任高职领高薪,位高权重,压力也大,到处品尝美食,是他舒缓压力的方法。他吃遍香港不说,有时甚至渡海到澳门,只为吃一顿纯正的澳葡美食。那一回,在他的带领下,我在路环岛海边,生平头一遭吃到马介休球和红豆猪手这两道基本的澳

翁丁原始佤族部落 2006 年就在云南省人民政府公布的第一批非物质文化遗产保护名录中。随着这里被国家地理杂志誉为"最后的原始部落",慕名而来的游客逐渐多起来。

(摘自《北京青年报》2014.10.25)

葡菜，一吃难忘，钟爱至今。

马介休其实就是葡萄牙人一日不可少的咸鳕鱼干。鳕鱼原产自北大西洋一带，北欧的维京人在公元九世纪时发现，用风干盐渍的办法可长久保存鳕鱼，方便运送远地，鳕鱼逐渐成为欧洲人重要的蛋白质来源。有趣的是，把鳕鱼烹饪技术发扬光大的却不是维京人，而是南欧人，尤其是葡萄牙人。在葡萄牙，以鳕鱼干为材料制作的佳肴，据说有三百多种，就算天天都吃鳕鱼干，也可天天吃到不同口味。

干硬而咸的马介休必须浸在清水中至少一天，其间还要换水多次，把盐分冲淡，然后将泡软的鱼肉撕碎或切碎，混合洋葱、蛋黄、香菜、胡椒和土豆泥后，搅拌成糊状，最后加打发过的蛋白略拌，捏成椭圆形，入油锅中半煎半炸，至外皮金黄香脆，即成外酥内滑的马介休球，是很受大众喜爱的开胃菜。佐以一杯清冽不甜的白葡萄酒，吃来更香，而且不油不腻。

红豆猪手即是红豆炖猪脚，用的并非赤小豆，而是大红豆。除了两样主材料之外，通常还会放卷心菜、洋葱、蒜头、胡萝卜、土豆等，加上西红柿细火慢炖，并掺以葡式香肠和几种香料提味，炖到猪手软烂入味，大红豆也快化了为止，菜色红艳油亮、汁浓味美，虽然炖煮时并未加糖，却带有洋葱和西红柿天然的甜味，酱汁拿来蘸面包，特别香。

自从吃了那一顿，我也成了澳门葡萄牙菜的爱好者。有一回，甚至因为太想念美味了，从台北打电话给香港朋友，约好碰面时间和地点，那个周末就拎着简单行李，和他在澳门的码头会合，直奔路环那家名叫"法兰度"的餐厅。那股美食当前、舍我其谁的热劲，大概只有和我一样尝过澳葡菜好滋味，且同样好吃之徒才能了解。

澳门的葡式蛋挞固然香甜可口，可是到澳门旅游，如果只晓得买蛋挞，简直是辜负上天赏给你的味蕾。澳门，不只有蛋挞而已。

（摘自《南都周刊》2014年第34期）

今日说法

我不会因为500元"出卖"副市长。

——洛阳市副市长郭宜品，因涉嫌受贿500万，被列为网上追逃人员，但警方提供的举报奖金只有区区500元。媒体评论这更像消极追逃，网友对此调侃。

包容性改革的底线就是：不能有绝对受损的社会阶层。如果出现，就必须给予补偿。

——中国政法大学教授杨帆说，中国30多年以来的经济体制改革，从大的方向性上来说，没有错误。但令人不安的是，在经济总量极大扩张的同时，基尼系数却一直在上升。国家必须保护弱势群体。

美国民众如何看待中国

□陶 郁

最近,《当代中国》杂志发表两篇论文,通过随机抽样获得实证调查数据,描述了普通美国民众对中国及其在国际舞台上所发挥作用的印象,为我们了解美国人如何看待中国提供了新信息。

两篇论文的分析数据,都源于上海交通大学和美国杜克大学于2010年6~8月合作开展的一次专项调查。该调查通过电话访谈完成,旨在了解和理解美国普通民众看待中国的态度。样本覆盖了生活在美国48个州的810位居民。

研究发现,大部分美国民众对中国在国际舞台上的地位有比较清楚的认知。例如,超过七成受访者知道中国是美国的净债权国,超过六成受访者认为中美关系恶化会损害美国利益。不仅如此,中国经济实力也获得了大部分美国民众的认可,三分之二的受访者认为中国经济具有国际竞争力;而超过半数受访者认为中国的政治制度足以满足人民需求。

事实上,美国民众对中国感兴趣的程度超出了许多人的想象。不仅近八成受访者表示有兴趣了解与中国有关的新闻,还有8%的受访者到访过中国。通过报纸或亲身访问了解中国的美国民众,往往对中国持有更加正面的看法;而通过广播和电视节目了解中国的美国民众,对中国的看法则往往较为负面。

尽管中国这些年通过举办奥运会、推广孔子学院和播放国家宣传片等多种手段,试图增进外国民众对中国文化的了解,但许多美国普通民众似乎对此并不买账。调查显示,只有不到三成美国民众认为中国的流行文化具有吸引力,仅有四成左右美国民众意识到中国具有丰富的历史文化遗产。总体上说,美国民众对中国的好感有限;中国在美国民众眼中的可爱程度,不仅远不如日本和印度,甚至还略逊于俄罗斯。

具体来说,美国民众看待中国的态度,在很大程度上是因人而异的。调查发现,年轻人普遍比老年人对中国持有更积极的态度,如今六七十岁的美国人对中国敌意最深;同时,受教育程度较高的受访者,往往对中国看法更正面。有趣的是,那些对中国政治制度怀有负面看法的美国民众,往往不会抱怨中国未能履行足够的国际义务;而对中国政治制度相对比较认可的受访者,往往对中国所应担负的国际

印度人的自豪与自尊

□唐 璐

对印度总是表现出来的种种矛盾之处,很多外国人感到困惑:虽然它是一个崛起的大国,但那里依然拥有世界上最多的贫困人口,为什么上上下下的印度人总是能表现出相当的骄傲与自尊?

凭什么自豪

2014年9月24日,经过10个月漫长的太空航行之后,印度火星探测器"曼加里安"号成功抵达火星。当天特意穿上红马甲的印度总理莫迪宣布,"印度创造了历史……将几乎不可能的事情变成现实。"这一天,"自豪"和"骄傲"几乎成为所有印度媒体最热的字眼。

印度人的确有理由为自己的成就感到骄傲。火星探测一直以高风险著称,在世界各国把探测器送往火星的尝试中,成功率只有一半。而印度却成为亚洲唯一将探测器送入火星轨道的国家,也是世界上首创"一次即成功"的国家。更引人注目的是,"曼加里安"从可行性研究到进入火星轨道,仅用了4年时间,成本为7400万美元,而2013年11月18日美国发射的"MAVEN"火星探测器成本为6.7亿美元,印度的成本仅为美国的九分之一。

最容易提升印度人自豪感的莫过于板球。对于印度人来说,板球就如同宗教。每逢大的板球赛事,印度全国犹如陷入停顿。而在所有赛事中,印度与巴基斯坦队的比赛最为敏感,两队水平不相上下,一旦印度球队输给巴基斯坦,无异于让印度的民族自尊心受到一次伤害。板球已经被印度人赋予了浓厚的民族情感。对于印度民众来说,球队的胜利与国家的胜利别无两样。

除板球之外,还有一样能让印度人无比自豪的东西,这就是宝莱坞。尽管美国好莱坞电影在世界很多地方大行其道,但它走进印度市场却相当困难。2009年美国电影大师卡梅隆的作品《阿凡达》在全

责任具有更高的期待。

从这些最新研究所披露的数据来看,美国民众对中国感兴趣和了解的程度,要远远高于人们的一般想象。中国的经济实力和国际影响已经得到了美国民众的认可,但在文化领域和国际形象等"软实力"方面的表现似乎要逊色许多。

(摘自《青年参考》2014.10.22)

球多个国家电影市场拔得头筹,其在印度的票房也达到10亿卢比,但还是远远地落在了印度电影《三傻大闹宝莱坞》之后(35亿卢比)。印度人非常善于固守自己的文化,不管当今全世界流行什么,印度人还是要听自己的传统音乐,看自己的宝莱坞电影。

向文明深处探源

印度人喜欢把自己的古老文明与其他文明古国进行比较。在印度人看来,古印度文明所取得的辉煌成就无与伦比。其中不仅包括丰富的哲学与政治理论,还包括了博大精深的宗教(印度是印度教、佛教、耆那教和锡克教四大宗教的发源地),以及数学及其他自然科学和复杂的社会政治制度。印度引以为骄傲的是,当欧洲尚处于原始部落阶段时,印度早已经迈入高度文明时期。被誉为"印度的马基雅维里"的古代政治家考提利耶,很早就提出了一套系统处理与其他国家关系的政治理论,印度人还创造了梵文文字,据说目前世界上许多语言的文字中都可以找到梵文的踪迹。

或许正因为有着这种古老文明,印度精英一直认为印度是一个非常独特的国家,几乎没有其他文明能够与印度文明媲美。

敏感的自尊

2000年3月克林顿对印度的那次访问对印度意义重大。由此美国正式宣布解除因为核试验而对印度实行的孤立政策,印美关系也由此进入新纪元。不过,在接下来的十几年,印美关系发展确是经历了风风雨雨,两国之间闹别扭,有时就是因为印度的"过于自尊"而引发。

那些年,为帮助缓解印巴关系,美国高官没少在两国间穿梭。由于贸易、军事演习、反恐怖主义以及美在亚太的战略考量,印度与美国的关系也在逐渐密切。2004年3月,美国时任国务卿鲍威尔再次前往印度和巴基斯坦访问。3月18日,当印度外交部官员还在为刚刚结束的鲍威尔访印成功而沾沾自喜时,他们听到了鲍威尔在伊斯兰堡宣布的另一条消息:美国将给予巴基斯坦"非北约重要盟国"地位。对此,印度人无比纳闷,既然美国承认印美战略伙伴关系,对于这样一个关乎印度切身利益的重大战略问题,缘何在新德里期间鲍威尔对印度人守口如瓶?美国的这种"突然袭击"不仅引起印度人的强烈不满,更为严重的是令其自尊心受到伤害。

印美之间最近的一次"闹别扭"也与印度的自尊心受到伤害有关。2013年12月,美国联邦特工逮捕了印度驻纽约女副总领事科布拉加德,理由是她支付给佣人的工资低于最低工资水平,并在签证材料上造假。消息传出后,印度媒体和公众被激怒了。印度认为,美国对待受过良好教育的中产阶级女性科布拉加德采取如此"侮辱性态度"严重冒犯了印度。随后,印度政府宣布降低美国驻新德里大使馆的安全警戒级别,并拒绝延长美国大使馆学校教师的签证。

不受"嗟来食"

虽然已经崛起的印度仍拥有世界上最多的贫困人口,但印度人认为,贫穷是公认的事实,但这并非失败或是印度文明的瑕疵,印度并不能因为贫穷就放弃在全球应发挥的重要作用。与此同时,印度政治精英也一直力主自力更生而求得发展,而非总是依靠外援,印度对于一些国际援助所显示出来的不屑一顾,就是这一主张的体现。

2012年2月5日,英国《每日电讯报》披露的印度官方对英国援助的看法曾引起轩然大波。这家报纸报道说,2010年印度财长慕克吉在议会质询时曾表示,印度并"没有请求"英国提供帮助,英国援助与印度政府对发展的支出总额相比"微不足道"。印度精英对英国施以援助时的那种高高在上的态度也嗤之以鼻。他们不能容忍英国一方面把印度看作是"穷困的受援国",另一方面又在以"向印度乞讨"的方式企图占领印度市场。

2004年2月,在日本削减对华援助而决定把日元贷款更多转向印度时,印度人似乎并未喜形于色,相反,印度媒体奚落日本是"受到印度在国际上不断增加的经济和政治影响力的诱惑,而变着法向印度大献殷勤"。

同年,遭遇"世纪灾难"印度洋海啸重创的印度再次对外援显示出不屑。面对许多国家纷纷提出的巨额援助,印度政府宣布对来自任何"单一国家"的援助说"不"。遭遇海啸袭击最严重的泰米尔纳德邦当地民众自豪地表示:"印度是一个主权国家,我们相信政府,我们完全可以自力更生应付灾难。"

(摘自《环球》2014年第21期)

今日说法

一个人仿佛是包得紧紧的蓓蕾。一个人所读的书或做的事,多数情况下对他毫无作用。然而,有些事情对一个人来说具有一种特殊意义。这些事情使得蓓蕾绽开一片花瓣,花瓣一片片接连开放,最后便开成一朵鲜花。

——英国作家毛姆

大自然本有明智的安排,每个人的愚言愚行都不会流传久远,但后来书籍的出现打乱了这一切,让每个人的愚言愚行都可能与世长存,垂之千古。蠢人活着的时候让周围的人烦厌就可以了,却死有不甘,偏偏要战胜遗忘,折磨自己的后代,就好像他存心要让后人知道有这么个蠢人在世上活。

——孟德斯鸠如是说。

养儿防老的中西方差异

□刘 攀

在美国人看来,中国家族的关系非常紧密,这个有好有坏。孩子小时,父母忙着帮孩子安排进入好的学校,安排课外活动;孩子大学毕了业,又担心孩子的工作、交友和婚姻。走进中国超市,只看到一堆堆的年轻移民,带着老人,老人抱着小孩。操完了一代的心,还要继续操下一代的心。

我已经在美国生活多年,至今还是单身,每次回中国和小时候的朋友们相聚的时候,他们老是催我的个人问题,催孩子问题,好像我还单身,无儿无女,老的时候一定孤家寡人,怎么办哦?总是为我操心。其实,我自己好像还没有这样的忧虑,我生活的圈子里,不少老外单身朋友,没有孩子这个问题,没有人们感觉到那么严重,在我的心目中没有必须养儿防老的概念。

钱和房子能解决一切吗

养儿是不是可以防老?这是一个需要质疑的问题。现在中国的房价那么高,物价那么高,中国年轻人那么多的啃老,没有能力,怎么让孩子们来承担起养老的重担?有人有能力,又不愿意来承担养老;有的愿意,又有能力赡养老人,但老人又不愿意。比如:经常有家长希望我帮忙让孩子到美国读书的事情,我也看到很多留学的中国学生,毕业后就留下来,生活在美国,很多家长来美国,看儿女,生活非常不习惯,住在儿女们的大别墅里,自己不会开车,不会英语,不喜欢吃美国饭菜,看不懂英文报纸,电视,住不了几个月就吵闹要回中国……养儿是不是可以防老?那么没有儿怎么防老?

2007年秋天,我随一个老人中心的老人们到纽约郊外的农场去摘苹果,这个项目是每年都由纽约华人总商会赞助的,我已经参加过三次了。每次参加这个活动,我都感到老人家特别开心,很有活力,他们的生活充满阳光。他们在大BUS上都要唱卡拉OK,一路欢歌,他们讲了很多故事。看到他们,我就好想快点老,快点退休。

郊游结束后,有一位纽约的老太太想与我结伴回家。别人都走了,她等着我,因为我们住的地方离得很近。她打电话叫了一辆林肯车

（电话叫租的一种，一般都是舒适宽大的美国林肯车，必须先打电话去预约，不像街上的出租车）。我要付钱时，她很生气，坚决不要我付。她告诉我她一人住，房子是美国政府补贴的，每月有七百多美金的收入，她根本用不完这些钱，房子不用钱，保险不用钱，生活费一个月只花一两百美元。她年轻时到美国，在衣厂工作，每月为美国政府上税，为美国做过贡献，她对现在的生活状态很满意，经常去参加老人中心的活动。就算年龄大了，行动不方便，政府也有一种老人白卡的项目：由国家出钱，派家庭保健护士给你（不同于保姆，她们不仅仅为你做饭，洗衣，打扫卫生，还得有护理知识）。但前提是你必须是美国公民，才能享受这些待遇。

2008年秋天的郊游，我遇到另外一位老太太，她70多岁了，是在中国退休以后再由女儿、女婿申请来美的。移民来美国的老人，基本上跟这位老太太一样，一般是儿女申请来的，来美国后很自然拿到绿卡。老太太居住5年以后，加入了美国国籍，她就能享受美国老人们的一切待遇，每月700多美元，她最多用200多，每月存入500，一年下来就是几千美元，她已经给女儿好多个几千了。她高兴地说现在的收入比她在中国工作时要多好多呢，虽然她在年轻时没有为美国工作过，没有为美国做出直接贡献，但她的女儿们在为美国工作。

谁没有老的那一天呢？特别像我们这一帮人，人到中年还光棍一条，老的时候只有当"五保户"了（中国朋友们经常开我玩笑说还不结婚生孩子，老了了只能当五保户进敬老院了）。美国没有敬老院，只有疗养院，华人戏称那是"等死院。"放眼未来，展望我们的黄昏岁月，入籍倒是很有意义。更何况，我们一直在工作，一直为社会的繁荣做出贡献，一直在缴税，按照规定，政府会在你退休后根据你纳税的比例给你津贴，交了那么多年的税，不去享受这些待遇似乎也不合算。而且我想我到老时，每月绝对不止700美元。

我们很多美国籍的朋友曾经讨论过，大家老的时候可以一起修一个五星级的疗养院。大家在疗养院里享受政府补贴，单身的可以谈谈黄昏恋，把年轻时因为刻苦工作没谈恋爱的遗憾补回来，何乐而不为呢？前一阵子，拜访了一个美国友人。他们的家庭是很传统的美国家庭，家里除了两老之外，还有四个儿子。老大大学毕业从了军，去了德国。他们家很有意思的是一直没有买电视，因为他们对于美国媒体所播放的节目很不赞同。这次我去，发现他们家里多了一台电视机，我以为孩子都大了，两老终于想开了，买了个电视，后来才知道，这是大儿子出国前放在他们那儿的。

老太太一看到我就很兴奋地说："我们家里有电视了，真是方便很多。"老先生一听到她这么说，马上很正经地提醒她："这是老大的，不是我们的，他回国后可能会把它拿走。"我听到这话真是非常的惊讶。儿子的不就是父母的吗？何况以我的了解，他们两老和孩子感情很好，他们老大的个性，绝对会把电视给父母，不会再把电视拿走了。

但是他们的对话代表着一种美国父母的心态，他们并不把孩子视为自己的所有物，也不认为孩子的东西就是自己的，而是尊重孩子是一个对等的关系。这和中国父母觉得，"孩子是我的"，"养儿防老"的思想，是有很大差别的。就是因为中国父母有这种观念，父母会不尊重孩子的隐私权，婆媳中间会有很大的纷争，当孩子的意愿和父母不一样的时候，父母会用权威逼迫孩子屈服。

近些年来，一些中国老人飘洋过海来到美国，在子女家生活，但由于生活环境不同、语言不通，使得家庭关系变得不那么和谐，老人也孤单不少。当难以逾越的文化差异、语言壁垒、无比现实的经济压力、纷繁的家庭纠纷向这些老人扑面而来的时候，在美国的中国老人也会遭遇到无法"老有所依"的难题。

美国华裔老人难"老有所依"

最近在美国洛杉矶华人居住集中的一个富裕社区，来美国只有半年的天津老人朱力因养老问题和儿子、儿媳妇产生矛盾，于2014年1月7日涉嫌将儿媳妇刺死。朱力被捕后关进监狱，预定1月9日出庭。而在8日晚传出的消息是朱力在狱中死亡，疑似自杀。一个家庭遭遇这样的变故，令当地华人社区民众多有感叹。

据《侨报》报道，68岁的朱力来美国半年，人生地不熟，还不懂英语，他遭遇的情形与不少来到美国的中国老人相似，晚年生活在异国他乡不仅单调，而且也会遭遇不同文化矛盾的冲击。朱力在美国住不惯，想回到中国老家生活，但儿子和儿媳将他在中国天津的几栋房产都卖掉了，回中国老家养老连个窝都没了。据说朱力向儿子要钱，准备回国后买房子安居，结果也没要来钱。家庭的这种矛盾，让朱力无法忍受，在找不到解决办法的情况下，这位老人用最不理智的方式，在家中用刀刺死了41岁的儿媳妇李晓琳。

也有的华裔老人因在美国不断遭受家暴，希望尽早回国养老。曾向法拉盛社区组织求助的华裔耆老林女士，近期再次遭受家暴。由于身份等原因，求救无门的林女士最终表示，"如果凑到机票钱，希望尽早回国。"

新年伊始，遭受多次家暴的法拉盛华裔耆老林女士向媒体求助。据林女士描述，由于没能及时弯腰捡起"一枚硬币"逗孙子开心，导致一场家暴。当日，林女士的孙子不断把玩手中的一枚硬币，"抛向空中落到地上"。年近70岁的林女士弯腰捡起一次，一旁的孙子就会开心地欢笑。几次过后，林女士表示腰痛不能再陪他玩耍的时候，孙子则一把揪住其衣领，边推搡边嚷嚷着"打死你"。

林女士表示，几乎每天都会趁儿子儿媳不在家，偷偷地打电话向社区机构寻求帮助，希望能早日从这里搬出去。但眼下最大的困难在于"身份问题"，没有红蓝白卡，无法进入社区耆老中心。没有经济来源，一旦搬出去无法承担房租等都是需要面临的问题。法拉盛华人社区中心的工作人员表示，社区内的耆老中心只针对有身份的耆老开放，因此林女士的处境很难享受到政府福利。如果其在国内有一份稳定的退休金，回国养老不失为好的选择。

不仅华裔，其他亚裔也面临同样的养老难题。据《纽约时报》报道，Doanh 阮，卢女士81岁的母亲打包好行李，随时准备去越南。然后，她出不去门，因为门已被锁死，就是为了防止 Doanh 离家出走。

阮女士和卢女士住在费城郊区，阮女士患有阿兹海默，而61岁的卢女士两年前为了照顾母亲而辞职。陆女士说，在越南，如果父母生病，那么孩子一定要留在家里照顾父母。老年人不愿意去老人中心，认为"脑子有病的人才会去那里。"现在，这个家庭的主要经济支柱是陆女士的丈夫，一个建筑工人。

对于卢女士而言，尽管她参加了政府的免费教学项目，学习如何在家护理阿兹海默病人，但她说，"压力很大，很累，让人烦躁"。无奈，她只好把门锁住，防止阮女士跑出去。同时，她也把家里的照片全部拿下来，防止母亲联想到越南。

东西方文化差异导致养老难题

对于美国很多亚裔移民家庭来说，养老问题越来越突出。《纽约时报》报道称，根据调查，75岁以上亚裔和太平洋群岛的老人自杀率是其他族裔妇女的两倍。2012年，12.3%的65岁亚裔老人生活在贫困之中，而65岁以上的所有美国老人的贫困率为9.1%。目前，美国有亚裔人士1730万，其中75%出生在美国以外地区，而这些人口面临最棘手问题则是由于文化差异引发的养老问题。

RTI International 人口研究高级研究员冯占连表示，"孝顺父母""尊老"是中国传统文化的一部分。因此，在中国文化中，年轻一代在伦理上必须承担起照顾老人的义务。但是这个传统现在正在崩溃，或者由于家庭成员的分散，或者是由于夫妻两人都需要工作，谁来照顾老人成为一个难题。同时，横亘在亚裔老人移民中其他障碍还包括语言，很多老人没办法和医护人员用英语沟通，沟通只能借助于懂英文的家属交流,也是阻止亚裔老年人前往老人中心的障碍。语言甚至是首要障碍。

全美亚太裔老龄化研究中心的常先生表示,社区和非盈利组织应该多关注亚裔老人的养老问题,为亚裔移民提供多方面的帮助。比如说,在医护中心多雇佣双语护理,便于老人们交流。在美华人高度关注在美养老问题,也有华人办起了养老院,专门为亚裔老人建立"避难所"。据亚洲财富新闻网报道,5年前,一则写着"优雅老去"字样的广告吸引了正准备退休的苏珊·王的眼球。随后,从事会计工作的王女士开始参加学习班,并于54岁时获得了老年学学士学位。现在,王女士开办了老人之家。

王女士生于香港,先移居英国,后定居美国。到2014年,老人之家已经营5年,有7张床位,有一人间与两人间。在老人之家的后院里,有一个小菜园和一条小路,以便在这里住宿的老人可以在夏天散步。王女士雇佣了厨师,每天为老人做家常菜。在这所养老院,年龄最大的已经96岁了。

养老在美国到底好不好

有人说美国是老人的坟墓,有人说是天堂。在美国经营一家小型养老院的李院长说,对于每月收入达到中等水平,一旦被查出有大病便得长期住院,保险又只覆盖一小部分,自己卖掉房子也无法还清需高达十几万甚至几十万医疗费用的老人来讲,美国是他们的坟墓。而对于医疗保险和住养老院费用都由政府付的低收入老人来说,美国就是天堂。

亚裔银发族基金会的理事雷正义也说到,相对低收入的老人而言,中等收入的老人得到政府的关心会少很多,医疗补助和房产税方面没什么优惠。同样是住老年公寓,中等收入的老人要交的费用会多些。美籍华人的生活相对长居中国的老人孤单不少。

留美养老华裔的忧虑

经济收入。如果老人没有退休金,仅靠401K和社会福利的话,就一定要做好财务规划,不然就会出现"人活着,钱没了"的惨境。美国的老人往往是用了最宝贵的30年时间去付房贷,到了晚年,又把房子抵押给银行以换取养老的费用。临走了只给世界留下一抔骨灰。

身体健康。高额的医疗费用,令老人望而却步,有病也不敢去医院,只能平时多注意锻炼身体。老人们最好聚在一起唱唱歌跳跳健身舞,呼吸新鲜空气。长期闷在家里,容易生病,生病住院又是一笔大的开销,看病花了一大笔钱,心里又会感到很郁闷,这就形成了恶性循环。

心里孤单。有很多华裔老汉年轻时专心赚钱,一辈子没干过家务,到了老年,太太突然辞世,感觉一下子跌到地狱了。变老是一种自然规

欧盟的摇篮
——马斯特里赫特

□高关中

说到欧盟的诞生,就会提到一个城市——马斯特里赫特。马斯特里赫特位于荷兰东南角,是一个与欧盟的历史密不可分的城市。走在马斯特里赫特街头,时时可见蓝底黄星的欧盟旗帜随风飘扬。1992年2月7日,欧洲经济共同体12国代表在此地签署《欧洲政治和经贸联盟条约》,决定了结盟大一统的欧洲走向,并打破疆域,启动和发行欧洲单一货币,这样就为欧洲共同体(此次条约签定后,欧洲经济共同体更名为欧洲共同体)发展为经济、政治一体化程度更高的欧洲联盟铺平了道路。这一条约也被称为"马斯特里赫特条约",简称"马约"。随着马约的签订和生效(1993年11月1日),马斯特里赫特成为举世闻名的城市。

欧洲历史的一个缩影

欧盟条约所表现的融合不同文化的特点,在马斯特里赫特的历史发展和地理特质方面得到了充分的体现。

马斯特里赫特的历史可以说是欧洲历史的一个缩影。公元前50年,罗马人修建了从高卢北部(今法国)通往莱茵河边的军用大道,在马斯河上架起了桥梁,这样就为一座城市的诞生奠定了基石。这座城市就是荷兰最古老的城市马斯特里赫特,市名意为"马斯河畔的渡口"。随着罗马帝国的基督教化,382年,马斯特里赫特成为主教所在地。中世纪时期,它是神圣罗马帝国的一部分;1229年首次建筑了城墙防御系统;1632年该市纳入荷

律,老年人要多交朋友,多参加集体活动,让自己的老年生活变得更有意义。

居住问题。老人如果身体不够硬朗,是不适合单独住在家里的,万一生病了也没人知道。如果期望子女能经常来探望自己,要尽早搬到子女家附近住,趁自己走得动,到了新环境还可以交新朋友,等到85岁以后,如果子女离得太远,没办法经常来探望,更易滋生孤单感。

(摘自《世界博览》2014年第19期)

兰的版图。历史上它先后遭到西班牙、法国、比利时和德国的入侵,被占领达20多次。最后一次是在二战期间,马斯特里赫特饱受德国法西斯的蹂躏,直到1944年9月才被盟军解放。

欧洲长期分裂带来的灾难和痛苦,转化为人们希望欧洲各国合作并走向统一的愿望。1957年,欧洲经济共同体宣布成立,给地处荷比德三国边境的马斯特里赫特带来了发展的机遇。它从荷兰的边陲小城与比利时的列日和德国的亚琛一道,变为欧洲经济共同体的"金三角"。边界打破了,人员资金来往自由了,马斯特里赫特的经济和文化得到了快速的发展。

典型的欧洲化城市

由于地理位置和历史等因素,马斯特里赫特这个城市有着与其他荷兰城市截然不同的自然景观与人文风采。

在地理上,一反荷兰平坦低洼的典型地势,马斯特里赫特的海拔在46~111米之间。市东南20多千米的三国交界处是荷兰的最高点,海拔321米,享有"荷兰阿尔卑斯山"的称誉。步行上山约需半个小时,山丘顶上有一个50厘米高的圆柱,表示荷比德三国边界的交点,上面插着三国国旗,也是欧盟团结的象征。从这里进入比利时境内走上100米(早已废除了入境的护照检查手续),眼前出现一个瞭望台,站在瞭望台上,三国的原野景色尽收眼底。

由于和邻国紧密通商和人际交往的关系,文化上融合了德法荷比诸国的精髓,因此马斯特里赫特在饮食、建筑、宗教甚至语言腔调上,都与荷兰其他地区有着明显的差异。例如饮食,马斯特里赫特的菜品比较接近法国菜的风味,做得十分精致;啤酒方面也有很多爽口的当地品牌。再从建筑上看,外国风格对马斯特里赫特的影响比荷兰其他地区强烈得多,市内的罗马遗迹和中世纪的城堡都是很好的例子。罗曼式的拱门与壁画、法国哥特式教堂、马斯兰文艺复兴式的建筑,都可以在此地见到;德国的影响则是仿莱茵地区的头盔型屋顶。可以说,马斯特里赫特不是一个荷兰特点浓厚的城市,而是一个典型的欧洲化城市。

独具魅力的古迹名胜

马斯特里赫特的市中心位于马斯河西岸,大多数游客乘火车而来,在东岸的火车站下车,走过建于中世纪的7孔大石桥就到了古城中心,在这里可以游览马斯特里赫特最有魅力的古迹名胜。

古城有两个大广场,市集广场是市政厅所在地。这座古典式建筑完工于1665年,建筑的特别之处在于楼前台阶分两处,这是为了当时共同执政、但势不两立的布拉班特和列日官员各行其道而设计的。塔楼上安装着由43个大小不等的钟组成的钟群,合奏的报时乐曲十分悦耳,轻快的钟乐是马斯特里赫特的传统。这个广场上每周开两次集市,热闹非凡,还有从比利时列日和德国亚琛赶来买菜购物的人们;鲱鱼摊前总是大排长龙,而广场上的咖啡厅和酒吧也是座无虚席。另一个广场是弗莱特霍夫广场,这里在中世纪时是练兵的校场和处决犯人的刑场,也是朝圣者集会的地方。

广场西侧并排耸立着两座教堂,一座名为圣塞尔法斯大教堂,是荷兰年代最久远的教堂,始建于6世纪。浑厚的半圆突兀配上两侧的双子塔,很像德国莱茵河一带的罗曼式老教堂。大门口竖立着圣塞尔法斯的塑像,他是荷兰第一位大主教,于384年葬于此地,这就是该教堂的起源。教堂内珍藏着大量的宗教珍宝,最著名的是银制的圣塞尔法斯像和镶满了珠宝的镀金圣骨匣。相邻的圣扬教堂建成于15世纪,为哥特式建筑。1632年起,圣扬教堂成为新教徒的宗教场所,它那70米高的红色钟塔,据说是用牛血染红的。离开广场前,别忘了参观一下西班牙政府楼,这可是16世纪西班牙统治时期留下的建筑遗迹。

从弗莱特霍夫广场东去的格罗特街是主要的购物街。早在中世纪时,这条街就已经很繁华。街上有诸多酒吧、咖啡馆、面包店和奶酪店,为游客提供了品尝当地美食的好机会。马斯特里赫特有"两多",即教堂多和酒馆多。据说当年举行各国首脑会议谈判欧盟条约时,有些国家的领导人忙里偷闲,还特地到酒馆里去品尝一下马斯特里赫特的酒。

古城还残留有中世纪的城墙,东段的城门有个恐怖的名字叫地狱门,是荷兰现存最古老的城门。相传昔日流行鼠疫,患者需经过此门送去隔离收容,因而得名地狱门。时过境迁,现在此地已成为人们流连忘返的安静步道。

出了城门就是南郊,圣彼得山洞窟便位于市南2000米处的圣彼得山下面。自罗马时代以来,人们不断开采这里的凝灰石,用作建筑材料,结果就形成了这个洞窟。洞窟高12米,大大小小的通道宛如迷宫般错综复杂,总长达200千米,因此走在其中颇有探险寻宝的意味。洞内发现有史前时代的动植物化石(收藏在市自然史博物馆里)以及矿工画的壁画等。二战时,伦勃朗的名画《夜巡》就藏在这里,躲过了战火损毁的危险。圣彼得山洞窟分为南洞和北洞,北洞入口处有构筑于1701年的五角形圣彼得城堡。城堡内有避难所、通道、炮台遗址和水井等建筑。站在城堡最高处,游客可以饱览马斯特里赫特全城和周围广阔丘陵地带的风光。

(摘自《百科知识》2014年第11期)

重访巴黎

□杨荣甲

50年前(1964年)的深秋,作为1949年后第一批留法进修生,我曾第一次到过巴黎。此后,虽因工作关系,又访问或路过巴黎几次,却并无时间去细致入微的观察、探访一下巴黎的真实面貌。如今赋闲多年,竟有再访巴黎的机会,应当补补课,重新认识一下巴黎。

巴黎之净

这座艺术之都,无论是橱窗前,还是大街上,到处都有盛开的鲜花和迷人的芬芳,让人流连忘返。

我有个爱好,那就是虽不懂音乐,却在闲暇时喜欢戴上耳机利用电脑听听古典音乐或是轻音乐,那是我最好的休息方式之一。有一首曲子《Sous le ciel de Paris》(在巴黎的天空下)是我常听的曲子之一,那欢快、悦耳、令人陶醉的旋律常令我兴奋,产生遐想。5月22日下午,当飞机平稳地降落在巴黎的戴高乐机场,我又想起了那首曲子,脑中伴随着那悠扬的曲调,我们终于又乘车行驶在了巴黎的大道上!

在车上,我目不转睛地望着窗外,观察着既熟悉又陌生的巴黎,不禁备感兴奋。窗外的景象令我感叹、惊奇!巴黎似乎还是20多年前的巴黎,但那道路,那不高的一栋栋建筑却是那样的整齐、清洁。窗外的空气是那样的清新,那将众多楼宇隔离开来的城市空间是那么透明,而那蓝天、白云又有着那么鲜明的反差!而这原本也曾属于我们,但今天,我虽然早在10多年前就逃离到了距北京100公里之外的地方居住,即使在那里,我也早已忘记了大自然的本色。

大轿车一个小时之后将我们带到了凡尔赛门附近的 Adagio 酒店。这是一家连锁酒店,Adagio 是意大利语柔板乐曲的意思,住宿在这里,似乎让人有了点轻松、浪漫的感觉。

安顿好之后,即与朋友上街去散步,我想探寻一下,为什么巴黎的房屋会给我一种清洁、明快的印象。行走在干净的街道上,我注意到,周围房屋的外墙大都采用乳白色或淡淡的米黄色的墙漆粉刷,这墙漆质量甚高,那色彩既不反光,又显得很干净,经的起雨雪的冲刷而不留痕迹。返回旅馆的房间又仔细看了看室内的墙漆,亦有不怕污迹,只要擦洗即可恢复原来的模样。看得出来,旅馆所在的地区,住户大都属于中层或中下层的家庭。这里的房屋、道路之干净、整齐,既是天时、地利之故(天气温和,常有小风、小雨,湿而不潮),亦取决于"人的因素第一",虽很少看到有清扫工,但因人人自觉,故能保持洁净。只有仔细搜寻,才发现马路牙子边有一两个烟头和点缀在人行道上的几片落叶……

巴黎之美

在巴黎的大街小巷,处处都是花园、喷泉和雕塑,"巴黎人浪漫,因为他们呼吸着自由的空气和充满艺术的气息。"

巴黎之美,仁者见仁,智者见智:其建筑之美、时尚之美、塞纳河风光之美……但给我印象最深的却是:巴黎的文化之美、文明之美及法国人对自己历史无比珍视的美。

妻子从小曾生活在艺术院校的环境中,虽然后来从事了其他工作,但是在退休后却找回了少年时的爱好——对美术的兴趣。她对法国和曾生活在法国的印象派画家情有独钟和痴迷,买了不少有关的书籍和画册,还临摹了几十幅大师们的画作,对一些印象派大师们的故事如数家珍……这些对我也产生了一点影响,故第二天,当我们踏上了巴黎的自由行之路时,第一个要去的地方自然是收藏着著名印象派画家作品最多的奥赛美术馆,而不是卢浮宫。

奥赛美术馆坐落在美丽的塞纳河畔,与闻名于世的卢浮宫隔河相望。当我们进入到博物馆后,立即被这个由旧车站改建而成的恢弘的建筑所吸引,又为里面来自全世界如织的游人所震惊。岂止如此,只见这个壮观、多层的建筑内,展厅一个接着一个,虽说它仅是巴黎的第三大美术馆,但馆藏的各种艺术品就有两万多件,单是著名的油画作品就有2300多幅,被誉为是"欧洲最美的博物馆",特别是展出的印象派画作,几乎件件价值连城!我与妻子一个厅一个厅地走过,一件一件地欣赏,真让我们大饱眼福。这里有不少的画作曾在画册上欣赏过,想不到今天竟能亲临现场看到了它们的真迹。更令人感叹的是,其中有部分画作曾是私人的藏品而后捐赠给博物馆的。

展馆里还有一个亮点令我惊讶:几乎在每个展厅内都有成队的小学生在老师的带领下参观游览。他们很多人席地而坐,安静地听着老师的讲解,从小就潜移默化地接受"美"的教育。我相信,这将对他们的未来产生重要的影响。而巴黎像这样的博物馆就有近60家,大到卢浮宫,小到巴黎的下水道博物馆,甚至性史博物馆,应有尽有,巴黎真不愧是一座有着极为丰富内容的文化之都!

这一天,我们还游览了巴黎著名的爱丽舍大街。在大、小皇宫的广场上,我们见到戴高乐将军的塑像矗立在中央,而不远处的一块草坪上,又见到了丘吉尔的雕像。两位二战时期的伟人在这里继续向后人展示着他们的精神和魅力。继续向塞纳河的方向走去,就是华丽壮观的亚历山大三世大桥。桥头一侧竖立着南美解放民族英雄玻利瓦尔的塑像。过了塞纳河不远又见到了美国"独立宣言"的起草人杰斐逊的雕像……总之,巴黎的每个雕像、每座桥、每个广场都是一部历史,都是一个讲不完的历史故事!例如,这座亚历山大三世大桥是1892年为纪念法、俄结盟而修建的……蜿蜒流淌的塞纳河上共有36座桥,在下游一点有一座桥叫"米拉波"桥,是以法国大革命时期的先锋人物米拉波的名字命名的。米拉波曾以支持革命而闻名,死后被人们安置在先贤祠内。但不久人们发现他曾与保皇势力暗中勾结,就又将他搬出了先贤祠。这座桥的故事至此并没有完结。到了20世纪初年,法国又出了一位著名的诗人——阿波利奈尔,他的一首格调新颖、韵味十足的凄美爱情诗,又让人们对这座大桥产生了无限的遐想:

"在米拉波桥下流着塞纳河,和我们的爱;我是否该永远铭记,欢乐总在痛苦之后到来;夜幕降临,钟声敲响;时光流逝,我独自徘徊……"

而像这样的文化纪念物又何止塞纳河的两岸,巴黎全城无处不在。距我们下榻的酒店不到100米的地方就有一座不足几百平方米的小广场,那里仅有几棵树和供人们休息的座椅,但在广场的中央却竖立着一座不高的墓碑。广场名曰"起义广场",是为纪念1944年当地的人们反对纳粹统治、迎接胜利而举行起义的历史修建的。凶残的纳粹分子进行了报复,杀害了几十名当地人,其中包括几名年仅几岁的儿童。所有被害者的名字均镌刻在广场中央的墓碑上,提醒后人不要忘记这段惨烈的历史……

再往远处走一点,我看到了一座二层的小楼,上面写着"Espace de Jean Monnet",很想进去看看,却关着门。一时也不知Espace这个词应作何解释。我问路过的两位当地人:"这是否是那位最早提出欧洲联合,从而导致成立了钢煤联盟、而后是欧洲共同市场的那位让·莫内先生?"(如是,那这里应是让·莫内的纪念馆了),可惜的是,几十年过去了,连当地人也不晓得让·莫内伟大的业绩了。

巴黎之文明

巴黎的美还在于她的细节之中,是复杂与丰富性造就了巴黎今天的文明。

什么叫文明？这似乎是个太大的题目。但至少我可以说，文明不是用口号喊出来的，文明其实就体现在我们的城市、乡村的环境及每个人的一言一行、体现在我们日常生活的每个细节之中！

5月23日，我与妻子去奥赛博物馆参观，见排队的人相当多，就找了只有几个人的队排上了。这时一位管理人员立即告知我们，去另一边人多的队伍购票进入。我们只好转身，但刚迈出脚步，就又听管理人员叫住了我们，请我们回头，允许我们从这里快速进去购票参观。我想，大概是她注意到我们的白头发而动了怜悯之心？当然，像这样尊老的事例，在我们国家也处处得以体现……

还有一件小事更令我称奇：离我们居住不远的地方有一个叫马拉阔夫的小地铁站，那里没有专人售票，只有一台自动售票机。有一天，我去购买一张地铁票，先塞进1欧元硬币，又塞进了几十分硬币，但当我要塞进最后的5分硬币时，不想由于没对准进币口，硬币跳到了两米开外的地方，我只好去捡那枚硬币。当我捡回来时，令我吃惊的一幕发生了：自动售票机不等我投入最后一枚5分硬币，就为我"吐"出了一张票！我仔细一看，此票与正常的票稍有不同，它比正常的票长了一截，似乎是在提醒我：虽然你的钱不够，但我还是给你一张票，请你下次注意哦！我立即十分感叹：这是多么人性化的设计！售票机一个小小的程序设计，充分体现了对人的善意、信任和谅解。好了，我一定记住"你"的善意，但我是个在成年懂事之后就是个"宁愿人负我，我决不负人"的人，因此我决定保留"你"给我的这张票，将它收藏起来。

这件小事不禁又使我回想起1986年我路过巴黎时的两个细节。有一次我乘公交车过了站，结果多坐了两站到了终点站。车上的司售人员在得知我应在前两站下车后，便很客气地对我说：没关系，汽车10分钟后将返回，你再乘车回去就是了。我连忙问了一句：我是否应该再购一张票？回答很干脆：用不着！另一次，我乘地铁，明明是我不小心碰了前面人的脚，但不等我对他表示道歉，对方却回过头来对我说："Pardon!"（对不起！）。

联想到北京公交车上碰到的一些情况（应当承认，近年来北京公交车上的司售人员有了很大的进步，也发生过不少感人的事情），但我还是碰到过不止一次令人不快的情况：例如有的乘客零钱准备不足，到了车上拿出100元的大钞要买1元钱的车票，结果是，售票员不依不饶地与乘客争吵起来；居住在郊区，我还曾遇到过因为老者身上忘记带钱，售票员就要赶他下车的令人心寒的一幕……我只好出来进行劝解并递给售票员一元钱。

此外，国人所有的奇特现象也

常令我惊叹。似乎行人永远必须礼让汽车先行（即使十字路口有为行人设置的绿灯，但另一方向左转的汽车又当仁不让地与行人在争路抢行！）。一个人有汽车开，自然会有点得意，而开着宝马、奔驰车的自然似乎更是高人一等。结果是，在中国的马路上，行人的地位是最低的。近年来，每过马路，我必左顾右盼、小心翼翼。但也有例外，有一次我过人行横道时，碰到过唯一一次一辆小汽车停下来，车里的人给我摆了摆手，让我先过。结果一看，却是个外国人！而在巴黎，我经常看到，即使人行道是红灯，但只要有行人过街（行人也有不大守规矩的时候），汽车都会停下来礼让行人。巴黎的有车族并不以开奔驰、宝马而觉得高人一等，而只是以此作为代步的工具，所以90%以上的人开的都是小型车（巴黎的马路较窄，开小车自然实用的多）。他们开车的速度也较快，在巴黎的10多天里我从未看到有互相争抢的现象。

法国今天的文明演变也曾经历过一个较长的时间。只要读过法国的历史，看过法国以前的小说就知道，一二百年前，那里也是从贫穷、肮脏、甚至出言不逊打架斗殴乃至决斗走过来的（但有仲裁的决斗体现的公平原则却比我们东方的暗中较劲"君子报仇十年不晚"要公正些，也比我们今天仍鼓吹的"成者为王败者寇"要好些）。

写到这里，我禁不住要提及我在国内曾观察到的两个细节：一是两年前有一次我坐在北京朝阳区的某条街上看着小学生们放学回家的情景。只见他们三三两两，高高兴兴地边走边吃零食，吃完了之后，不少孩子就将包装纸随手扔到马路上……也是在两年前，有一次我和老伴到青岛进住车站附近的一家酒店。因为是暑期客房紧张。服务员把我们领到一个刚刚有人住过的房间，表示马上收拾干净后让我们入住，我一看，房间内一片狼藉，床上床下、桌上桌下、地板上到处是瓜子皮、花生皮、水果皮、废纸等等垃圾。我问服务员，这是什么人住过的房间？回答是，一群大学生放假了，住了两天刚刚走。我当场大发感叹：连中国的大学生都是这个样子，100年后我们也成不了文明的国家！这是整个中国教育的失败！后来又一想，这能单怪大学生们吗？又能单怪中国的教育吗？

（摘自《世界博览》2014年第28期）

今日说法

爱就是当你掉了一颗大门牙，却仍可以坦然微笑，因为你知道你的朋友不会因为你的不完整就停止爱你。

——6岁小孩写的作文《爱是什么》

英国没有国庆日

□易　茗

英国是个没有国庆日的国家。为了弥补不足,长久以来英国外交使团一直以女王的官式寿辰作为国庆招待会的日子。

官式寿辰与实际生日是两回事。现在在位的女王伊丽莎白二世的实际生日是4月21日,但官式寿辰定在每年6月的第一、第二或第三个星期六。

英国国内这一天的活动,主要就是在白金汉宫外的盛大游行,女王检阅近卫军团,观看旌旗演演。不过,这些与英国普通百姓生活关联甚少。

英国作为一个联合王国,各个组成部分,即英格兰、苏格兰、威尔士和北爱尔兰倒是都有自己民间的"国庆日",譬如英格兰有每年4月23日的圣乔治日,苏格兰有11月30日的圣安德鲁日。英国各个社群也都有自己的庆祝日,诸如华人的春节,印度人的排灯节,或是加勒比海人的诺丁山狂欢节。但是这些日子都有明显的地域和民族特色,有时甚至不无"离心"味道。

近年来,英国政府多番提议应设立一个举国同庆的日子,目的是为了促进国民间的凝聚与和谐,并鼓励他们为自己是英国人感到骄傲。来自政府内的主张,是把现有的一天公共假日改为国庆日。

2008年6月,布朗领导的工党政府的移民事务大臣伯恩就提议将现行的每年8月的公共假日定为国庆日。但由于这个夏末公共假日在英格兰和威尔士是8月的最后一个星期一,而在苏格兰是8月初,日期无法统一,这个提议遭到苏格兰民族党议员的反对,最后不了了之。

而现任联合政府也曾提议将每年5月的劳动节公众假日挪到10月,把它变成"英国日"或者与在英国历史上有着重要历史意义的特拉法加海战纪念日,也就是10月21日重合,成为英国国庆日,但这一动议遭到工会的反对,因为他们认为5月的公众假日是同国际劳动节连在一起的,不应该被取消。

此外,还有建议把现有的其他一些纪念日变为国庆日,比如,欧洲胜利日、诺曼底登陆纪念日、滑铁卢战役纪念日等,但都没能得到通过。反对设立正式国庆日的人认为,英国是由不同民族、不同宗教信仰、不同背景的人构成的多元化社会,如果订立的国庆日只凸显一个地方或

身体的极限

□沈姝华　陈　希

人类真的了解自己吗？人类身体是否存在极限？如果极限不断更新，是不是就能超越光速了？英国广播公司《焦点》杂志进行了一系列测试，寻找不同领域中的人们身体所能承受的极限。这些结果甚至就连最完美的运动员都可能达不到。

人体的极限

体温极限。 正常人体温变化不大，基本上在37度左右。人体体温降低，会出现一系列反应。比如，体温下降到36度时，反应和判断能力会削弱；下降至35度时，你将不能写出自己的名字，甚至走路都变得困难；降至33度时，你会完全失去理性；降至32度时，大多数人会崩溃；而体温下降到30度时，很多人将失去意识。

速跑极限。 在跑动中，力量来源主要依靠大腿前方的股四头肌提供。如果100米速度达到9.60秒，所要求的力量足以令肌肉裂开。因此，100米最快的可能时间是时速37.5公里。顶级运动员的最快速度大约出现在80米时，因此赛跑者的最大速度可能在每秒11.96米，或者时速43.06公里。

音量极限。 音量可以通过分贝衡量，飞机在50米外起飞时的音量可以达到125分贝，听起来让人非常痛苦。人类耳朵可以承受的最大安全音量是160分贝，而160分贝以上的声音可以造成耳膜破裂。

日常极限的标志

记性变差。 哥伦比亚大学焦虑民族的特点，将有可能影响其他人对公民身份的认同感。

对于设置一个国庆假日的建议，英国工会联合会（Trades Union Congress－TUC）表示支持，不过认为并不应该把它并入现有假日，而是在10月份增加一天公假。TUC说，英国目前是欧洲公共假日最少的国家之一。不过，雇主组织英国工业联合会（Confederation of British Industry—CBI）并不赞成，说这在生产方面会造成60亿英镑的损失。

所以，直到今天，英国并没有一个正式的国庆日。

（摘自《半月选读》
2014年第19期）

与相关疾病诊所主任安妮·玛丽·阿尔巴诺博士表示,有些身体健康的人记性不好。其实,这些人是"大脑超载",激素变化扰乱了记忆功能,使人无法记住更多的内容,因而容易忘记近期的事情。

头皮变敏感。 美国宾夕法尼亚临床心理学专家理查德·弗雷德博士表示,压力通常会导致皮肤中神经肽和其他自然化学物质增加,引起炎症。这种炎症会以痤疮或酒糟鼻等形式爆发,有的还会导致血管收缩,使面部和头部的皮肤过紧、刺痛或敏感。

喝咖啡也会困。 美国临床心理学家迈克尔·布里斯博士表示,喝咖啡后人的大脑活动会发生改变。如果咖啡因没起作用,就意味着身心已经极度疲劳,抵消了咖啡因的兴奋作用。

运动后更加难受。 美国妇产科教授萨拉·伯加博士表示,一般情况下,慢跑45分钟会让人感觉很轻松,但是如果你刚开始运动就感觉疲惫,就说明身体已经超负荷了。伯加博士研究发现,压力大的女性进行中等强度的运动时,身体能量会供应不足,感觉疲惫乏力。

午睡一会儿也做梦。 午睡最长时间为30分钟左右,通常只处于浅睡眠状态。但是如果你午睡时一闭眼就开始做各种奇怪的梦,就说明大脑严重缺少睡眠,迫不及待地想要进入深度睡眠阶段。

吃温和的食物也会加重泛酸。 一项研究证实,压力不会导致泛酸,但会加重泛酸病情。即使没有吃辛辣刺激的食物,泛酸症状仍然存在或更加严重,就说明压力过大。

(摘自《半月选读》2014年第22期)

今日说法

聊天时候喜欢用"!!!"的人天生热情神经大条;用"。。。"的玻璃心居多,是心地善良的交流障碍者;用"~~~"的多美女帅哥,善于聊天且体贴;爱用"。"的人坚决、高冷,看上去冷漠但交往后觉得人很好;从不用标点符号的人真的只是高冷。

——聊天符号与性格。

一点感觉都没有,钱是用来做事情的!

——阿里巴巴在纽交所成功上市,马云成为中国首富。别人问他对此有什么感觉,马云表示。

近乎相亲的商学院,近乎行骗的国学班,以及近乎精神病院的灵修培训……

——专栏作家宋石男称,中国现在伪精英教育盛行。

世上没有什么空的空间和空的时间,也总有可以看和可以听的东西。试图制造宁静,我们是做不到的。

——约翰·凯奇说。

东德为德国贡献了什么

□张 慧

10月3日是德国统一纪念日,25年过去了,统一的德国成了欧洲的中流砥柱。然而,40年的裂痕还没有完全弥合,东德虽然在地图上消失了,却仍然存在于德国的社会、文化和政治中。

更"安静"的德国

最初,德国统一的指导思想的确是西德的东扩。25年过去了,历史告诉人们,西德吞并东德并不是故事的全部。虽然西德的政治和经济制度仍占据统治性地位,但东德政治和社会文化的碎片仍得以保留,融入当代的德国,润物无声。

对于这种影响力贡献最大的,莫过于来自东德的总理默克尔。她是民主和自由的斗士,并没有复兴东德的打算,但她治理国家的某些方式会让人想起铁幕的另一端。

她不喜欢公开争论,从不首先挑起公共议题,沉默让她舒服。她偏爱大的联合政府执政,这样她就可以在其中缔造小团体的广泛共识。在她的治理下,德国变得更加安静了。

很多德国人对此甘之如饴。且不说东德人对此十分习惯,就连在西德长大的人也发现,其实自己不喜欢盎格鲁-萨克逊政治模式下那些激烈的冲突和二元论。默克尔帮助德国人找到了自我。

找回民族认同感

东德教会了德国人挥舞旗帜。统一前,德国国旗似乎只出现在两个地方——政府机构的旗杆上,以及举办国际赛事的体育馆内。

冷战时期,很多西德人首先自视为欧洲人,然后才是德国人。这一方面是对纳粹历史的不堪回首,另一方面则是因为首任总理阿登纳认为,只有融入西方才能将德国从水深火热中拯救出去。

而在东德,高高飘扬的国旗是每次游行的固定组成部分。一面小小的旗帜,象征的却是对民族和身份的认同与骄傲。德国统一后,"挥国旗文化"迅速从东传到西。

2006年的世界杯,德国成了旗帜的海洋。德国人不仅为本国球员喝彩,巴西、多哥的旗帜也出现在赛场上。挥舞旗帜不再是痛苦的挣扎,而是快乐的象征。有德媒认为,要不是有东德在,德国的民族主义几乎泯灭了。

柏林墙倒,心中墙在

柏林有座东德博物馆,访客中不乏原东德的居民。英国《卫报》整理了他们在纪念册上的留言,称多数东德公民不愿回到冷战岁月,却将那段历史看作他们生活的重要构成。那段岁月虽然充斥着秘密警察、失业、非法关押和逃离家园,也同样有恋爱结婚、度假娱乐、走亲访友的回忆。

有些西德人忽视那些欢乐的构成,而将东德的生活看作彻头彻尾的悲剧,这令东德居民感到郁闷。更令他们失望的是,一些西德人彻底忽略他们,将国家分裂的40年看作一场事不关己的梦。

如今,第三代东德人已成年了,柏林墙倒塌时他们多数还是不记事的小娃娃。长大后,他们希望与东德的历史坦诚对话,并非怀旧,而是希望通过直面历史搞明白,他们如何成了德国的少数派和弱势群体。他们的父母也有同样的诉求。

**表里如一的统一
还没实现**

德国统一25年后,默克尔最喜欢的饮食仍是东德的传统食品:蔬菜肉汤。她仍然用东德生产的洗衣液,一进超市就抑制不住囤货的冲动。在她人生的前35年,从来都是定量供给,没有享受过自由购物的乐趣。

《卫报》指出,默克尔的个人喜好反映出德国真正的统一是多么艰难,也体现出东德其实没有真正改变。

东德人占总人口的20%,而德国的政治、经济、科学和媒体精英中,只有5%来自东德。东德培养了默克尔,但她的内阁中都是西德人。排名前30的企业中。没有一家由东德人领衔。即便在位于东德地界的莱比锡大学和德累斯顿大学中,学术带头人也都是西德来客。媒体亦然,连主要读者分布在东部的《柏林日报》和《SUPERillu》,主编也是西德人。

25年过去了,德国《明镜》杂志称,在西德人眼中东德人仍是了不起的运动员,虽然格局有点小且容易自鸣得意。他们开车从不超速,总是穿着褪色的古怪牛仔裤。

将德国分为东西两部分并非"内部特权"。英国《每日邮报》描述了东西德国人的特质,称东德人珍惜为数不多的、幸存下来的东德品牌,比如"小红帽"起泡酒和施普雷瓦尔德泡菜,他们的假期总是在俄罗斯风格的乡间别墅度过。而西德人通常更加开放,对于艺术和文学的新趋势接纳能力更强。

(摘自《青年参考》
2014.10.15)

走进波兰最美的城市

□陈 婷

在这个多灾多难的国度中,克拉科夫是战火硝烟下惟一幸存下来的城市,古典端庄胜过华沙,精致风情比下格但斯克,珍贵的古迹得以保存。这里是波兰人心中真正的首府。

波兰南部,静静流淌着维斯瓦河(Wisla River)——波兰的"母亲河",从南向北呈 S 形穿过波兰南部山地和山麓丘陵,在格但斯克附近注入波罗的海,演绎出多彩四季,水边矗立着古都克拉科夫(Cracow),这座据称波兰最美的城市,我选择了维斯瓦河水量最丰沛的季节与她邂逅。

克拉科夫,从哪里拉开关于这座城市的记忆呢?从地下吧!

来到老城中央广场(Rynek Glowny),欧洲最大的中世纪广场之一。"我们现在站的地面其实下面已经垫高了好几米,猜猜为什么?"我的波兰朋友马清出了个难题,答案出乎意料,竟然是"垃圾"。古人无法处理的垃圾,便采用了最直接简单的方式:就地掩埋。一层层堆积起来,竟然使得街面比原先高出了四五米。如此漂亮的广场下面竟然是个大垃圾堆!带着好奇,我们特意去了一家"地下酒吧",因为那里还保留着从前街道的部分。古老的城墙残垣旁,卡座上的年轻恋人与沧桑历史交错并存的淡定,那一瞬间,定格在相机里,也留在记忆中。

中央广场的吉他声

虽然在波兰版图上这里已近边境,克拉科夫却是这个国度的心脏。小雨中,穿过旧城最大的弗洛瑞安城门,踩在古老鹅卵石老街上,心生清澄与宁静。波兰人喜欢雕塑,于是街角巷尾,立着很多名人的雕像。文学是波兰人的骄傲,克拉科夫人常说他们"生活和呼吸的都是文学。"十九世纪最伟大的诗人亚当·密茨凯维奇(Adam Mickiewicz),克拉科夫中央广场中央也有一座纪念他的雕像,他是人民心目中的民族英雄。不显眼的街角,著名的天文学家哥白尼的雕塑安静地矗立在林荫下,一旁是他的母校——雅盖隆大学。老城就适合这样,慢慢走,慢慢看,发现味道:百年来仍在经营的餐厅、咖啡馆儿、工艺品铺子……只是思绪随时会被从中世纪奔腾而来的马车打断,在马车呼啸而过扬起风时,我灵机一动,将相机调整成了黑白模式,顿时穿越回到上个世纪初。

回到老城,难得遇到放晴日子。建于1257年的中心市场(Cloth Hall Market)也是此行的一大目的地,目前的主体建筑是建于16世纪的文艺复兴风格的织物会馆(Sukiennice)。这里曾是欧洲最大的"购物中心",现在一层被各种纪念品商店占据,我没有想到的是,久负盛名的波兰国立博物馆,居然就在人潮涌动的手工艺品市场上方——达·芬奇名作《抱貂的女子》、肖邦弹奏过的钢琴、王室用过的桌椅餐具、贵族遗留的锦袍缎带,就这样和老城永远留在了一起。周末的中央广场(Rynek Glowny)上人特别多,街头艺人也纷纷出动,占据有利位置,游客、小贩、新架起的市集摊铺、拍婚纱的新人,好不热闹。突然,广场一隅传来吉他声,热情奔放的旋律一下子吸引住我。那个笑容灿烂的波兰小伙子,就这样一首又一首地演奏下去,意犹未尽的我最后买下他灌录的一张CD。美好的回忆,关于这座在千百年间保持传统而优雅的城市,不正是因为有着乐观而有才华的人民吗?

瓦维尔城堡的盛事

老城,石灰岩山岗上,伫立着克拉科夫的至高点——瓦维尔城堡(The Wawel Castle)。齐整的红砖墙,与内城的粉墙黛瓦相映成趣。作为最知名的波兰城堡之一,这座始建于9世纪的城堡是波兰古迹最为集中的宫殿之一,现在已经成为国家博物馆,里面想必挤满了熙熙攘攘的外国游客,如同我在其他欧洲国家看到的宫堡古迹一样。

里面果然十分拥挤,然而仔细看,除了旅游团,更多的是本地人,大家穿得都很正式,甚至手捧鲜花——打听下才知道,教堂正在举行一场隆重的教区主教加冕仪式。就在那个有着金色圆顶文艺复兴风格的主教堂(Wawel Cathedral),是600多年来历代国王加冕和最后长眠的地方。前任教宗保罗二世荣登罗马天主教教皇之前即为该教堂大主教,现在依然是天主教克拉科夫总教区的主教座堂。由意大利设计师设计建造,目前保留下来的最早部分建于10世纪的城堡是波兰的珍宝,涵盖了从罗马式、哥特式到文艺复兴式和巴洛克式的建筑风格,尤其深受文艺复兴的故乡佛罗伦萨传来的建筑风格影响。除了是国王接见、议事、宴请、起居的厅室对外开放外,在王宫东厅展出了历代名家油画、金银线壁毯、古老家具、古代兵器、国王衣饰用品等,还设有东方物品陈列室,将我们带入过去的岁月。出来时,正好赶上加冕仪式结束,身穿传统民族服装的波兰人兴高采烈,乐队演奏着民谣,和刚刚参观完毕的死气沉沉的内廷宫殿形成鲜明对比,昔日的国王们都挂在了墙上,古老的皇宫城堡相对于丰富多彩的世俗生活来说显得过于狭窄拥挤了。

隔都不能忘却的历史

没有到过卡齐米日(Kazimierz),就称不上完整的克拉科夫之旅。克拉科夫有着悠久的犹太文化传统,卡齐米日曾经是当时欧洲最大的犹太社区。二战爆发后,德军人下令在卡齐米日建立专为犹太人设置的"隔都"。犹太人的财产被没收,企业被关闭,儿童被带出学校……克拉科夫及附近地区的犹太人被迫陆续被集中到"隔都",期间先后有6.8万犹太人生活在这里。隔都四周建起高大的城墙,唯一的出入口均有人把守,至今仍然保留了一小段围墙,位于Lwowska街。你可以想象在这围闭的空间里,环境恶劣,墙的形状、材质以及颜色与坟墓很像,因为纳粹想让犹太人有一种被活埋的感觉。腥风血雨中诞生了传奇人物奥斯卡·辛德勒,他的军工厂位于Lipowa大街,给那些从纳粹集中营里逃出来的数百名犹太人提供工作,今天,这座建筑已经变成了纪念犹太人大屠杀遇难者的博物馆。而英雄广场上的68把椅子,代表曾在这里生活过的6.8万犹太人。

Szeroka大街是卡齐米日犹太区的中心地带,现在这里已经成为克拉科夫颇受欢迎的现代艺术区,外国游客接踵而至。街边一栋绿色的建筑还是化妆品帝国缔造者——赫莲娜·鲁宾斯坦的故居,她于1902年离开克拉科夫。

我慕名找到《辛德勒名单》的外景地之一的小咖啡馆,鲜花掩映下,恋人们喃喃低语,游客悠闲自在。和平,对于曾经饱受战争摧残的克拉科夫人,有着特别宝贵的意义,犹太社区所经受的一切苦难,是这片土地上不能忘记的历史。"这里的犹太人二战后基本都离开了。"咖啡馆的老板娘说。咖啡馆的墙上挂着《辛德勒名单》的电影照片,斯皮尔伯格的影片中很多场景是在这里拍摄的,也使得它更为年轻人所知。

这些潮湿而幽静的小巷与七十年前并无太大区别,也没有过多修饰,随意走进一家餐馆,墙上挂着的老照片,摆着老物件儿,然而,物是人非。

(摘自《南都周刊》2014年第42期)

今日说法

只有廉正的人才会穿没有口袋的西装。

——巴拉圭一家裁缝店的店主罗伯托·艾斯皮诺拉推出一款"反腐败西装",衣服上没有一个口袋。

关于衰老的十个谬误

□杨孝文

围绕衰老,社会上流传着很多不靠谱的观点甚至是谬误,其中尤以以下十个错误观点最容易让人信以为真。

一、减肥难度随着年龄增长提高

随着身体的衰老,新陈代谢速度的减慢,但不能因此将减肥过程中遭遇的困难归咎于年龄。如果你的饮食结构并非低脂肪或者低热量,减肥自然面临困难。低钠饮食结构能够降低减肥难度,而老年人服用的一些处方药往往与体重增加有关。

二、过量使用头发用品可导致脱发

过量使用头发用品如凝胶、摩丝、发蜡等会导致头发变脆和发黏,但并不会导致脱发。头发的生长取决于发囊,头发产品并不会渗透到头发深处,也就不会影响到头发的生长。但为了拥有一头健康的头发,建议人们在使自己拥有满意的发型时将美发产品用量降至最少。

三、脱发与母亲基因有关

一个人是否会随着年龄的增长而脱发取决于他的基因,但认为脱发与母亲的基因有关则是错误的。虽然秃顶的风险与遗传有关,但为了找到真正的原因,你需要检查父母双方的族谱,而不是想当然的将原因归咎于母亲。

四、50 以上的人最好进行低强度健身

任何形式的运动都有益身体健康,都比懒惰地坐在电视机前强百倍。对于 50 岁以上的人来说,很多人担心高强度的运动会给身体造成损伤,其实,不健身实际上更容易损伤健康,因为健身能够改善心脑血管的健康状况,帮助预防心脏病和其他疾病,如糖尿病等,同时还有助减肥。

五、饮食补剂可延缓衰老

美国每年都会投入数十亿美元对市场上销售的健康补剂进行宣传,将它们打造成所谓的"青春之泉"。但科学研究发现,任何一种号称能够延缓衰老的补充剂都缺少强有力的证据支撑,大量摄入维生素、酶和其他补充剂与促进健康之间没有任何联系。除了效用受到质疑外,定期服用很多补剂的安全性也让人怀疑。为了确保身体摄入各种所需的营养物质,你需要提高食物的品质,而不是依赖补剂。

六、肌肉损耗不可避免

人们普遍认为,一旦到了40岁,肌肉损耗便越发明显,是一个不可避免的现象。加拿大科学家进行了一项研究,比较53～75岁的经常健身的中老年人与同一年龄段惯于久坐的人,结果发现经常健身的人的肌细胞活跃程度与20多岁的小伙子相当。研究表明,40岁以后出现的肌肉损耗更多的与久坐的生活方式有关,而不是衰老。

七、冬天无需用防晒产品

即使在多云天气,紫外线辐射也能抵达地球,而后刺透我们的皮肤,导致早衰。与夏季相比,其他季节的紫外线更应该引起我们的重视。为了预防皮肤癌,人们应该每天使用SPF30防晒霜,包括雨天和阴天在内。

八、皮肤白者老得更快

迄今为止,医生和科学家尚未发现皮肤白的人衰老速度超过皮肤较暗的人的任何坚实证据。肤色越黑,说明体内的黑色素越多,随着皮肤的老化,被阳光晒伤的风险也随之提高。较白的皮肤往往较为干燥,更有可能出现细纹和皱纹。如果你的皮肤非常苍白,你应该使用补水和防晒产品,外出的时候还应该戴遮阳帽。

九、补水产品能逆转皮肤衰老

科学家研究发现,目前还没有一款护肤品能够让我们的皮肤上演"时间旅行",回到年轻时的状态。即使是最棒的补水产品和血浆所能做的也只是加速细胞更替,让表层皮肤看起来新鲜水润,给人更年轻的感觉。此外,补水产品还能润滑皮肤,补充水分,降低干燥,减少面部的细纹同时让眼睛周围的细纹变得不明显。

十、基因决定衰老速度

有关衰老问题的一个最大谬误当属"衰老速度在很大程度上由基因决定"。虽然从父母那里继承的基因会影响体内的组织,但衰老过程中,外部因素能产生巨大影响。这是一个好消息,意味着我们可以通过自身的努力控制我们的身体,让自己看起来更年轻。为了减少与衰老有关的环境因素对身体造成的伤害,我们应该减少直接暴露在阳光下的时间,保持均衡的饮食习惯,加强锻炼,同时减少与污染物的接触机会。

(摘自《百科知识》2014年第9期)

菜单语言学

□刘半甜

菜单设计历来是一门复杂晦涩的学问。它反映一个餐厅的内涵、理念、待客之道和引以为豪的优势。

菜单就是一家餐厅的展示窗口,也是让消费者乖乖掏钱的最有效和必须经过的途径。巧妙设计的菜单能让专挑便宜菜的人觉得自己小气,而挑最贵的菜就显得很有品位。菜单从顾客钱包里骗钱的计谋之一是把贵菜放在便宜菜旁边,尤其是把成本便宜、价格又不低的菜放在价格最高的菜旁边。深谙此道的老板聪明地把70美元的生蚝和115美元的高原水果放在右上角,然后是23美元的半打对虾,或者是15美元的大虾鸡尾酒。对虾单独来看贵得要命,但放在这里显得实在便宜。

作为消费者,你还得警惕那些餐厅的特别推荐,单独圈起的区域会吸引注意力,让其间的菜肴与众不同。如果有一道菜被特别展示,可以合理推断这道菜利润高,至少是镇店之宝。菜单设计历来是一门复杂晦涩的学问。它反映一个餐厅的内涵、理念、待客之道和引以为豪的优势。菜单学的研究也越来越深入,字体、样式、结构都已经被细细梳理,如今菜单学的新前沿是菜单语言学。

越贵的餐厅使用的语言越考究

1919年宾夕法尼亚饭店在纽约开设了第一家餐厅,他们提供的菜单很简洁:"羊肉"、"水煮土豆"等。约100年后,该酒店最新的餐厅:斯塔特勒烧烤餐厅,提供最新潮的食品诸如"棒棒糖科罗拉多羊排",以及"黄油土豆泥(爱达荷州土豆上浇上黄油和搅打至完美的淡奶油)。

不需要语言学家提醒,你也会察觉到菜单语言的变化。不过斯坦福大学语言学家和计算机科学教授丹·朱拉斯凯(国人对他的认识,除了计算机方面的书籍《语音与语言处理:自然语言处理、计算语言学和语音识别导论》,还有就是他考证英语调味酱catchup一词源自闽南语)就这个问题写了本书。在《食物的语言:一位语言学家对菜单的解读》一书中,他和一些同事通过计算机分析了美国6500家餐馆的65万份菜单。他们发现,高档餐厅的菜单与低档餐馆相比,使用更生僻的,更长的字眼。

丹·朱拉斯凯说,如果一个餐厅的菜单上把配菜或者小食写作:accompaniments 或者 complements,而不是写作 sides,脱脂咖啡写作 decaffeinated 而不是写作 decaf,那你的钱包就要出血了。通过统计分析,朱拉斯凯得出结论:一般长度的菜名上,每多一个字母,菜的价格就上涨 69 美分。廉价餐厅比昂贵的餐厅提到餐厅推荐的可能性多 3 倍,而昂贵餐厅比廉价餐厅提到主厨推荐的可能性要多 7 倍。

该书还告诉我们,仅仅从菜单的语言就可预测其价格,越贵的餐厅使用的语言越考究。还常夹杂外来语,比如英语菜单中会夹杂"tonnarelli(意大利语,稍宽的细面)","choclo(西班牙语,玉米粒)","persillade(法语调,味料)","oyako(日语,鸡蛋和鸡肉)",暗示制定餐单的人文化水平高,言外之意,顾客的社会地位也高。

在奢华餐厅的菜单上如果出现"异国风情"和"加有香料",顾客就得警惕了,一用这样的词,菜的价格就会增长。对朱拉斯凯研究的美国菜馆而言,异域风情的意思就是东方风味的,与日常熟悉的饮食不同的,一想到这些,食物冒险家或者美食猎奇客就想尝新,当然钱包就得出点血了。

高端餐厅从不自夸新鲜

朱拉斯凯研究发现,普通餐馆的菜单依靠所谓的"语言填充物",也就是说一些主观性的语言,比如美味,酥软和蓬松等词,"使用正面的模糊语言像美味的、棒极了、令人垂涎的,这样的词,这种菜的平均价格下降 9%"。

廉价餐厅经常使用"自然成熟"和"新鲜"这样的字眼,朱拉斯凯把这些称为表现"身份焦虑"的词语,在美国名厨,分子料理大师托马斯·凯勒的米其林三星餐厅 Per Se,从来不会使用"新鲜"这样的词语,因为这是理所当然的。但是赛百味就需要以此为卖点。像 Per Se 这样的餐厅在描述食材时习惯带上产地,比如波士顿著名牡蛎养殖场 Island Creek 的牡蛎,位于加利福尼亚州布伦特伍德市 Froq Hollow 农场的桃子,朱拉斯凯说,奢华餐馆比普通餐馆提及食材来源的次数要多出 15 倍来。

昂贵餐厅的标志性菜单语言并非总是属于高端餐厅所独有,食物术语就像食物趋势一样总是在循环往复,从稀有到主流,从过时再流行回来。比如说"通心粉(macaroni)"这个词是富有的美国人从意大利语借用来的,在 1900 年,你只能在奢华餐厅里才看得到,但慢慢的越来越普通了,最后沦落到街边小摊的菜单上都是了。不过如今有些名厨已经重新开始打造"意式起司通心粉"了,配料变成了精致的松露,或者牡蛎。

菜单语言的流行趋势是从奢华

餐厅向赛百味或者家常牛排连锁餐馆"苹果蜜"餐厅流传,食品开发专家芭波·斯塔基是北美最大的新食品与饮料独立开发机构马特森公司的部门主管,负责市场营销、食品趋势跟踪和消费者,芭波·斯塔基认为,第一个开始严肃看待菜单专利的是墨西哥连锁餐厅Chipotle,他们的菜单上总是标明尼曼牧场猪肉(尼曼牧场是美国天然食品行业中成长最迅速的公司,这家肉食品制造厂创办于1971年)。Chipotle提供灵活多变的菜单,只要顾客的点菜要求不是太过分,店内的服务生都会尽力满足,变着法儿烧制出来。

现在有些麦当劳汉堡包的面包不是"小圆面包buns"做的,而是"artisan rolls",样子像法式面包布里欧修的面包,星期五餐厅则夸赞其"自然成熟的西红柿"。高端食物提供者则开始反其道而行,随着高级菜单语言变成了大众货,那富人们就得做点什么显示自己与众不同,极简主义菜单正在蓬勃发展,比如旧金山的米其林星级餐厅Saison,最低消费是248美元,但是等菜上齐之后才会拿来菜单,留作纪念。在某种意义上,这是回到了200年前,当时顾客只说给我上菜,然后人家有什么就给上什么。

对懂行的顾客来说,菜单无声地诉说着,所使用的那些语言提供了一扇窗户来窥视我们的心理、财务状况和社会地位。读完文章,下次你再点菜的时候,可能跟菜单的交流就更深入了。

(摘自《世界博览》
2014年第19期)

今日说法

能把科技成果和市场匹配的人比科学家还稀缺。

——中国科学院研究生院教授吕布富认为,科技成果、科技论文不会自动变成生产力。过去科技成果之所以转化不顺畅,很多时候是因为企业家和科学家对成果的评价不一致、信息不对称。

野蛮战胜文明,通常非常简单,比如焚书坑儒,下道收编"以古非今"、"以妖言以乱黔首"的诏令,一把大火,一个深坑,指日竟功。文明改造野蛮,细水长流,千回百折,磨磨蹭蹭,时进时退。谁也说不准哪一天文明之树才能真正深植不摇。

——上海作家小宝在一篇文章中说。

埃隆·马斯克设想的"无人驾驶"应该是什么样呢?有一天,你的特斯拉汽车快没电了,它把你扔到一个咖啡馆,然后自己跑到最近的充电桩,电线自动伸出来插到充电口上,充满电就缩回去,汽车再返回咖啡馆等你。

——某人设想的特斯拉电动车的"无人驾驶"。

晋商之败：一场难挣脱的宿命

□ 唐　山

清代晋商做大，是专制环境下逆淘汰的结果。朝廷信任晋商，因为他们与徽商、浙商不同，家庭观念淡漠，子女、亲戚不在企业中任职，对皇权威胁最小。

1908年3月22日，北京德胜门外山西会馆，20多家票号驻京掌柜汇聚一堂，就成立"晋省汇业银行"展开讨论。

从传统票号到现代银行，这是历史性跃迁。

会议发起者是61岁的蔚丰厚票号北京经理李宏龄，掌柜们很快取得共识：每家凑三五万两白银，总股本500万两，由著名企业家渠本翘任总经理。

可消息传到山西，蔚丰厚总号大掌柜毛鸿瀚断然否决，从而"断送了整个山西票号业前途"，毛鸿瀚被认为是守旧、愚昧和狭隘的"代表"。

也许，忠与奸、智与愚的叙事充满美感，令人回肠荡气，让我们忽略了：晋商之败很可能是一场难挣脱的宿命，在他们骨子中，早已植入自毁程序。

谁都想离"老虎"远一点

20世纪初，山西票号风雨飘摇。

一是外国银行竞争，另一是各地钱庄纷起。以天津对上海棉纱款项为例，每年1000万两，50%走外国银行，30%走其他钱庄，山西票号仅剩20%。

幸好，1900年庚子之变，慈禧太后仓皇逃往西安，山西票号半天内便捐出10万两白银，深得嘉许，此后官款多由晋商经营，1906年，汇兑公款总额已达2250余万两，户部三分之一款项皆在手中，连庚子赔款亦交晋商办理，王公大臣纷纷把私人钱物存入票号。此时最大的30家票号总资产至少达到1.5亿两白银。

1903年，袁世凯请山西票庄入股天津官银号，遭拒。1904年，清政府试办户部银行，再请山西票号入股，又被拒。1908年，清廷推出《银行通行则例》，规定今后金融从业者必须验资注册，按章运作，否则取缔经营资格。这，显然有"罚酒"的意味，晋商们再不跟上，有封门之虞。

在京山西票号的经理们万分焦急，而李宏龄最为积极，一是蔚丰厚实力最强，二是他从业已40年，甲午之战、庚子事变时，各票号损失惨重,唯李宏龄业绩反增,这使他在行内享有美誉。在当时情境下,李宏龄是推动票号改革最合适的人选。

与北京的热闹相反,山西的股东们一片狐疑。

晋商做大源于清廷扶持,明清易代间,晋商走私通道是清军资源供给重要渠道,顺治入关后,山西范家被封为"皇商",最盛时受赐二品官服。

清代国家货币是铜钱,但中国历代缺铜,清廷命范家赴日购铜,一度承担全部进口额的50%。乾隆时,日本铜矿枯竭,严限出口,中间商惨赔,可范家不能不做,还不能提价,结果欠了清政府300多万两白银。失去利用价值的范家被查抄,四代兢兢业业,下场如此,怎不令晋商寒心?

范家并非个案,贩茶至俄罗斯是晋商传统的垄断业务,有"一条舌头吃穿刚够,两条舌头挣钱有数,三条舌头挣钱无数"之说,即懂汉语、蒙语和俄语的商人最受欢迎,1843年,此项生意规模已达五六百万两白银。

1905年,西伯利亚铁路贯通,俄商赴福建买茶,经海路直运海参崴,成本大降,晋商亦申请走海路,却被清政府拒绝。中小茶商只能用赊销拓展市场,遭不法俄商拖欠,晋商多方投诉,清政府却拒绝受理,恰克图商号从全盛时的140多家,下滑到只剩20多家。在这样的背景下,对清政府的谋划,自然会充满警惕。

有狼血才能在狼群中活下来

但,晋商做大,是专制环境下逆淘汰的结果,晋商的脉管里早已注入"狼血"。

朝廷信任晋商,因为他们与徽商、浙商不同,家族观念淡漠,子女、亲戚不在企业中任职,对皇权威胁最小。可不靠血缘,晋商只能靠"东(家)掌(柜)模式"来管理。

"东掌模式"便于吸纳资本,提高员工积极性,实现产权、管理权分离。可问题是,专制主义环境下产权从来不明晰,东家权利缺乏法律保障,无法有效对抗分裂、贪污、盗版等问题。

为强化凝聚力,晋商运作近乎黑社会化。比如只招山西人,入职需有人担保,高度重视员工培训,学徒期间无工资,人身自由受限,管理者甚至通过灌醉来考察属下忠诚度,经过三年半囚禁生活,入职后还要忍受等级森严的压迫。可即使如此,内部纷争依然激烈,因为晋商始终无法像徽商、浙商那样,通过血缘关系自动形成绝对中心、绝对权威。

"东掌模式"的短板,在票号之祖"日昇昌"中便有体现,该号是李箴视独资,大掌柜雷履泰与二掌柜毛鸿翙不合。一日雷履泰重病,毛鸿翙劝李箴视:"不如让他回家静养。"李以为是好意,果然劝雷。几天后,李去探望,看雷案头上有一摞给日昇昌各分号的书信,命令迅速停业撤回。

李箴视大吃一惊,雷履泰说:字号是你东家的,但分号是我安排的,让他们撤回来向你做个交代,我好从此告退。

李箴视忙给雷下跪,求他收回决定。雷履泰问:让我回家养病,是不是毛鸿翙的主意?李只好承认。以后李给毛鸿翙送来一桌酒席、50两白银,毛鸿翙明白了东家的选择,转投竞争对手门下。

东家怕掌柜,掌柜也怕东家,掌柜之间互相害怕,形成了管理上的"卡特尔化结构",没有权力中心,谁拍板都做不了主,使变革难以推动。

从中获取最大好处的是清廷,因为商人们更听话了。

一路正确地走向毁灭

李宏龄看到,传统票号利率高于10%,而现代银行利率一般只有4%。由于效率太低,票号拒接500两以下生意,只能靠高回扣争取公款业务,可外国银行也开始给回扣了。李宏龄认为,不出几年,传统票号将遭灭顶之灾。

可毛鸿瀚知道,票号看上去架子虽大,可权力不集中,变动过大,很可能整体崩溃。麻烦的是,分号经理犹如诸侯,大掌柜只能遥控,如果放任这样的以下凌上,将来如何掌控局面?

所以,毛鸿瀚冷冷地说:银行之议,不过是李宏龄想借机发财,以后这种电报不必再商量,直接扔掉。

这个回答大出李宏龄意外,如"冷水浇背"。说不动大掌柜,只好找蔚丰厚的东家侯家,他没意识到,此为晋商大忌(除大掌柜外,分号掌柜不能直接见东家,以防出现第二个毛鸿翙),所以侯家直接将李宏龄轰了出去。

每个环节都做了"正确"的事,可结果却是悲剧。

不出李宏龄所料,三年后(1911年),晋商公款业务下降到530万两白银,不足盛期四分之一,局面已无法支撑。

1912年,晋商重提组建银行,这一次毛鸿瀚成了积极分子,但亏空太多,未被批准,1914年,国务总理熊希龄允诺政府助力,可不久内阁倒台,票号再失机会。

李宏龄晚年回到故乡,靠一间小店铺维生,1918年撒手人寰,第二年,渠本翘亦辞世。1915年,蔚丰厚终于建立了银行,但始终无法盈利,苦撑7年后,1921年倒闭。在历史的大变局面前,所有人都输了。

回首1908年,真是一次机会吗?而建成了银行,晋商就能撑下去?

其实,专制主义犹如病毒,它深入骨髓,融于血脉,改变了每个人、每个细节,只要基因不除,就算有了变革的意识,也往往难以成功。

(摘自《南都周刊》2014年第33期)

鲁迅在俄国两大文豪之间的选择

□ 孙　郁

鲁迅背后的俄国资源,大家都是知道的。但就思想的覆盖面与分量而言,托尔斯泰与陀思妥耶夫斯基是最有影响力的存在,从鲁迅的接受态度可以看出这一点。

"立人"与无法"立人"的焦虑

1907年前后,托尔斯泰、陀思妥耶夫斯基几乎同时进入鲁迅的视野。他在《文化偏至论》《摩罗诗力说》里对托尔斯泰的价值取向有着真诚的肯定。不久之后,鲁迅与周作人所译介的《域外小说集》,许多作家都是陀思妥耶夫斯基的门徒。迦尔逊、安德莱夫的文本,差不多都流淌着陀思妥耶夫斯基的血液。鲁迅在有意无意之中,与俄国重要的文学传统开始相遇。

在讨论文化的根本问题的时候,鲁迅在众多的参照里选择了托尔斯泰的人道主义思想。这支撑了其"立人"的基本概念。《热风》动人的文字就回响着托尔斯泰式的声音。但在小说的写作里,托尔斯泰的影子却消失了,多了一种灰暗、痛楚和绝望的意象,那是陀思妥耶夫斯基精神的一种显现。连他自己也没有意识到,真正给自己带来审美震撼的不是前者,恰恰是后者的诗性。

鲁迅早期思想一个关键的亮点是关于"人"的描述,这是西方人道主义传统的一种表达。其间流动的就有托尔斯泰的元素。可是后来,当他凝视中国社会生活的时候,"立人"这个正面的话题被苦难的负面阴影代替了。他从陀思妥耶夫斯基的文本里找到了共鸣。那就是对无法"立人"的焦虑,出现的是与托尔斯泰相反的东西。你会感到他对陀思妥耶夫斯基传统的天然的好感,其肃杀、灰暗、地狱般的惊恐场景,把先前的温情的憧憬统统消解了。

对托尔斯泰的关注与远离

有一个现象意味深长,许多文人由托尔斯泰主义进入马克思主义。细想起来,那是因为马克思主义关于社会结构的构想,可能更具有革命性,托尔斯泰主义则流于劝善之途,无力感便增强了。与托尔斯泰从道德与审美的角度打量生活不同,鲁迅关注的是底层人自身解放的问题。托尔斯泰无论爱意多深,还是对现实无力感的爱。鲁迅以为,新的知识阶级,已经不是托尔斯泰那样的人物,还应当是进入生活深处的改革者。

1925年,在致徐旭生的信里,鲁迅说,在中国要成大事者,需学者之良知与市侩之手段。学者的良知,自然就包括托尔斯泰式的传统,而市侩之手段,乃俄、法大革命的遗风。鲁迅接受托尔斯泰的前提是,不是从孤立的层面摄取其遗产,相反,则在其中加进相反的因素。我们看他后来很少讲托尔斯泰,其实是现实性的吸引所致。在他看来,第一要务是铲除历史的垃圾,只说几句人道主义的话,大概是不得要领的。

鲁迅的意思很明显,实现托尔斯泰及西洋个人主义精神,在中国要先铲除不平等的障碍。空谈理想,自己憨厚地对待别人,却不幸被对手所害,在中国不乏其数。他在《论"费厄泼赖"应该缓行》就说:

俗语说:"忠厚是无用的别名",也许太刻薄一点罢,但仔细想来,却也觉得并非唆人作恶之谈,乃是归纳了许多苦楚的经历之后的警句。

这句话暗含的逻辑是,人道的精神固然好,可是在中国,仅仅拥有这些还不够。天真的学者说几句漂亮的托尔斯泰式的话,并不得要领。

他后来在译介卢那察尔斯基的《文艺与批评》的时候,以平实的语言转译了这位俄国批评家对托尔斯泰的批评。其中《托尔斯泰与马克思》一节,观点颇为明晰。那译文的看法是,托尔斯泰还不能以复杂化的观点看待社会的矛盾,也无法解决其间的内在紧张。卢那察尔斯基以为非暴力、无抵抗主义可能使敌对的黑暗肆意蔓延,乃一种助纣为虐的选择。马克思主义要解决现实的问题的时候,几个口号和观点是不能改变世界的。

这找到了旧知识分子的根本问题。在鲁迅看来,马克思主义者的思想可能比托尔斯泰主义更为有效。鲁迅渐渐远离托尔斯泰,与他对马克思主义的兴趣的增高不无关系。

陀氏乃精神的拷问者

今人对鲁迅的诟病的原因,似乎是他不讲"费厄泼赖",将温情放弃了。这是一种误读。

对于鲁迅来说,温情的、爱意的存在殊为重要。但这要看在怎样的语境里。中国缺少托尔斯泰式的爱,在没有宗教的国度,劝善的结果可能是远离善,伪善倒可能肆意横行。建立善的世界首先是铲除伪善的存在。而面对伪善,则不能仅仅以善的态度为之。这样,陀思妥耶夫斯基的意义便浮现出来。

在许多时候,鲁迅之所以用欣赏的眼光打量陀思妥耶夫斯基的文本,乃因为其有效地揭示了现象背后的本真。其不规则的、反逻辑的、超出感觉限度的审视,颠覆了世间的幻象。在精神的极度变形、夸张里,被虚幻之影笼罩的世间。露出本然。

鲁迅说陀思妥耶夫斯基是精神的拷问者,不仅是冷思后的悟道之言,也有自我生命觉态的唤醒后的共振。鲁迅似乎觉得,《罪与罚》写犯罪分子内心的独白,栩栩如生。每一种思绪都被跌宕起伏地绘制出来。拉斯柯尼科夫在仇恨哲学引导下的报复、杀人之举,是深陷灾难的一种扭曲。有学者提出这是二重人格的一种展示,是两个相反的人格在起作用。

这样一个自我清高的人却成了杀人犯,变为罪人。人是多么不可理喻的存在!作者在描述其心理活动的时候,一再写他在折磨、刺激自己的途中获得快感。这种精神畸形的存在,我们思之不禁为之寒栗。那些在仇恨里诞生的哲学不可能带来希望,而给人间的是毁灭性的灾难。鲁迅和陀思妥耶夫斯基一样,善于对人的内心进行细致入微的描写,一些地方完全出乎读者的意料。人的内心诸多无绪、黑暗、可怕的形影形成了一个令人震颤的空间。

鲁迅《野草》里阴冷无助的人与事,时光里凝固的泪痕,隐隐地有着《死屋手记》的遗响。在鲁迅身上的神异性因素,似乎可以和陀思妥耶夫斯基作一种类比,虽然他们的差异那么巨大。

不妨说,鲁迅欣赏陀思妥耶夫斯基的一个重要原因,是其精神画面的极度紧张无聊、绝望后,还有着巨大的人性的闪光。用德·斯·米尔斯基的话说是"充满高涨的激情"。展示社会的问题,直面人生的困惑,乃他们共有的特点。只是选择的途径与常人不同,乃从大众走向自己的心灵,以自己的变化而面对世界,复杂性才有真正的真实性。在天使与恶魔之间,人的选择有时候是超于常理的。我们并不能用美和丑简单地扫描这个世界。常理下的生命反应被无序的精神替代了。惊恐不是来自苦难感的出现,幸事亦可能给来绝望。

把目光投向了苏联新文艺

1936年,鲁迅给日文版的《陀思妥耶夫斯基全集》普及本写了导言。评价依然像十年前一样,没有什么变化。但有了中国视角里的话。文章一再谈及残酷的美带来的启示。在赞佩的同时,也略有微词,他看到了与我们东方人不一样的地方:

在中国,没有俄国的基督。在中国,君临的是"礼",不是神。百分之百地忍从,在未嫁就死了订婚的丈夫,艰苦地一直硬活到八十岁的所谓节妇身上,也许偶然可见,但在一般的人们,却没有。忍从的形式,是有的,然而陀思妥耶夫斯基式的掘下去,我以为恐怕也还是虚伪,因为压迫者指为被压迫者的不德之一的这虚伪,对于同类,是恶,而对于压迫者,却是道德的。

那时候鲁迅正在与小资产阶级的个性争斗,希望自己快些脱离旧影的纠葛。陀氏的那种痉挛对自己不过是一种负面的存在,在他看来,从陀氏的人物命运走出来,是一种解放的选择。从亲近陀思妥耶夫斯基到远离这个残酷的审问者,鲁迅的转变给后来的研究者也带来了认知的困难。

不希望在苦海的艺术里久久沉迷,那就要从孤独的个体世界走向大众。远离黑暗王国。在这个意义上看,他对高尔基的兴趣,渐渐超过旧俄作家的兴趣。晚年的鲁迅翻译高尔基的作品、法捷耶夫的作品,旧俄作家只有果戈理、契诃夫,没有陀思妥耶夫斯基这类作家。这里的价值取向是显而易见的。其小说思维被杂文思维代替的时候,《卡拉马佐夫兄弟》式的恢宏交响曲要想被召唤回来,已是大难之事。

鲁迅的转变,使他把目光放到了苏联新文艺之间。这和马克思主义的文艺观有所接近了。这时候他以往的那个头上模糊的声音渐渐被一种确切性所代替。他已离开陀思妥耶夫斯基式的无序之路,进入了确切性的天地。前者没有"权威的声音",后者则"有一个主宰性的声音"。马克思主义的艺术理念,要求作品思想的正确性,这未尝不可。但小说家的使命有时候不是思想正确问题,而是精神展示的真实性与复杂性问题。从复杂性到明晰性,那就把混沌未开的苦状让位于乌托邦的灵光缥缈的召唤,其实是朗照驱除魔影的缘故。试图摆脱混沌之状,但却越发混沌,这是他的一种悖论。而人性的柔美的部分也由此发出迷人的光泽。

从托尔斯泰到陀思妥耶夫斯基,西方学者已经说了许多。中国的鲁迅却有另一种鉴赏的体味,和他的生命哲学深切地连在一起了。两颗伟大的灵魂与这位东方的智者所不断凝视、对话的过程,也是鲁迅智性不断成长、成熟的过程。从俄国文学传统返回本土,在其参照里形成中国的问题意识和审美意识,终于使其成为与俄国文豪可以并肩的伟大的作家。

(摘自《光明日报》2014.10.20)

今日说法

立法者的权力无限制这一概念,部分出自人民主权和民主政治的结果。它又由于下面这种信念而得到加强,这种信念是:只要政府的一切行动都经过立法机关正式授权的话,法治就会被保持下去。然而,这是对于法治意义的完全的误解。法治和政府的一切行动是否在法律的意义上合法这一问题没有什么关系。它们可能很合法,但仍可能不符合法治。

——哈耶克说。

别挣扎了,你暴露年龄了

□黄小跑

对于很多人来说,宁愿暴露身体也不愿意暴露年龄。年龄,不但是女人,现在也是男人的绝密。但世界上那么多的陷阱,说不上哪个就让你暴露了:看世界杯,你是阿根廷的死忠——暴露了,你八成是看了当年大陆第一次直播世界杯的那批人;看《花儿与少年》,你慨叹凯丽怎么变成这样了——暴露了,你当年一定是抱着电视看过《渴望》,跟着刘慧芳一集一集哭过来的;朋友问你:"这酒怎么样啊?"你会不由自主地哼唱起来:"这酒怎么样啊,听我给你吹。瞧我这张嘴啊,一杯你开胃,二杯你肾不亏,三杯五杯下了肚……"停都停不住。暴露了,你一定是当年赵丽蓉奶奶的粉丝,看过1996年的春晚……

看电视最容易暴露年纪

有天和别人聊起暑假生活,我说暑假开始的标志就是中央台开始放《西游记》、湖南台开始放《婉君》了。另一个人疑惑,难道不是湖南台开始放《还珠格格》、四川台开始放《新白娘子传奇》吗?接着有人更疑惑,难道不是中央台开始放《武林外传》、上海台开始放《爱情公寓》吗?最后一个小姑娘的答案让大家直接崩溃和暴露年龄——难道不是浙江台开始放《喜羊羊和灰太狼》和中央台开始放《巴啦巴啦小魔仙》吗?

电视剧似乎是别样的年轮,看过与否总能暴露你的年龄。网上有个测试,罗列了40部电视剧,从早期的83版《射雕英雄传》到中间的《流星花园》再到最新的《甄嬛传》等。如果你看过20部以上,恭喜你,你应该涉入社会,在职场立足脚跟大展宏图了;如果看过30部以上,恭喜你,你应该成家立业,或许要准备生二胎了;什么,40部都看过了?那你还在这里做什么测试,赶紧去学校接孩子放学啊!

现在电视剧谁最红?什么,《古剑奇谭》里的李易峰,不就是2006年,《加油好男儿》选秀里四川赛区的第八名那个吗?什么,《相爱十年》里的邓超,不就是2000年,在《黄沙下面是沃土》演一个反派小角色的那个吗?什么什么?还有他媳妇孙俪,不就是2003年,在《情深深雨蒙蒙》里,跟在赵薇后面伴舞的那个吗?什么,他们都成大咖了?

记住,以后即便自己历史知识再丰富,和别人看电视时也不要这样说了,太暴露年龄了,挡都挡不住的节奏啊!

2014年7月,又和一帮表弟表妹看《中国好声音》。中间的广告太烦人,离开又怕错过关键。于是表弟表妹们只好一步不离地死守电视。只有我,可以很好地凭第六感算好广告时间,去上上厕所,去阳台转转,回来一看,节目正好开始,一点不落。而这种本事,是当年没有网络视频,不能快进广告练就出来的本事。

虽然暴露了年龄,但依然感谢岁月!

在KTV里的时光流淌

去什么地方最容易暴露年龄?就是KTV,也许你还习惯说去卡拉OK——这带有深刻时代烙印的称呼一出,什么歌还没点呢,你就暴露年龄了。

不要以为不唱"洪湖水啊,浪呀嘛浪打浪啊"或者"烽烟滚滚唱英雄"就不会暴露年龄。现在唱周杰伦都暴露了。是啊,当年那个被认为潮得不行,是年轻人必须去听的周杰伦也三十多了,他最初专辑里的一些歌也被点唱机归入到"经典老歌"一栏里了。有朋友说每次去点歌,看到自己最拿手的《听,海哭的声音》和《菊花台》都被归入"经典老歌"一栏,就有点心有戚戚然。稍感安慰的是,老妈爱唱的《映山红》、《边疆的泉水清又甜》从"经典老歌"划出,单独列为了"传统红歌"栏目。但老妈唱"妹妹找哥泪花流"时,自己就会不由地拿起另一支麦接到"不见哥哥心忧愁,心忧愁",从小耳濡目染的暴露年龄的本事,真是"抽刀断水水更流"啊。

在KTV暴露年龄还有一个特点,就是很爱给别人科普这是谁谁谁。前不久高晓松离婚曝光,于是在KTV里宣布为了高晓松,唱一首《恋恋风尘》给大家听。听到这个自认为肯定耳熟能详的名字时,很多人居然一脸茫然。什么,你们居然不认识高晓松。于是给他们科普高晓松,科普那些年轰轰烈烈的校园民谣运动。正为自己的渊博知识洋洋得意时,一个小朋友的话把我打回原形,"大叔真是饱经沧桑啊!"

不光是自己唱的歌,原来自己喜欢的偶像也容易暴露年龄啊。百度了一下自己偶像们的年龄:周杰伦35岁;张惠妹42岁;王菲45岁;庾澄庆53岁;罗大佑60岁;谭咏麟64岁。买噶,很多已经是德艺双馨的老艺术家了。知道现在最流行谁吗?是一个叫TFBOYS的唱歌组合,三位成员的年龄分别是15岁、14岁和14岁。

微博排行榜，
你刷你的我刷我的

现在微博上，有个热门新闻排行榜，不同年代的人点击的话题也是有分别的。比如7月17日的热门话题"怀念赵丽蓉"，90后、00后可能就不会关注。首先他可能不知道谁是赵丽蓉，其次即便知道一点，也不会意识到2014年的7月17日，是她逝世14周年的日子。相反，7月10日的热门话题"张艺兴妈妈生日快乐"，70后80后可能也不会关注。张艺兴是谁？当红男子唱跳组合EXO的成员之一。为什么给他妈妈祝贺生日也能上热门？因为这表达了行星饭们对偶像的热爱。行星饭是什么？是EXO粉丝的自称……

所以每到寒暑假时，微博热门话题上有大量你看都看不懂的话题，因为此刻的微博是比你更年轻的一群人的天下。例如谁谁谁给谁谁道歉，例如谁谁谁滚出什么圈等。让你一头雾水。别担心，不是你的智商出了问题，这都是年龄惹的祸。

一些特别的小技巧，
让我知道你多大了

有一个残暴的暴露年龄的技能小测试，拿一支铅笔和一盒卡带，问你这两者之间有什么关系？知道的，暴露年纪了。因为你以前就是拿铅笔插到卡带孔里手工倒带的。但是为了不暴露，有人就装傻说"铅笔和卡带能有什么关系呢？"完了，你还是暴露了，因为能准确说出卡带这个名词的，就已经……

还有就是电脑输入法这个，也很容易暴露年龄。一代代的输入法勾勒出不同的年龄。如果你还会五笔输入法，那不但暴露了你的年龄，更可以用"骨灰级"的网友来称呼你了。

且不说拿竿子粘知了，给书本包书皮或者拿铁丝弯钩镰枪这些明显的暴露年龄的技巧，其实很多暴露年龄的技巧是你自己都察觉不到，真情流露的。比如刷牙时，你是否会先把牙膏沾上点水再刷？如果是，那暴露了，你刷牙习惯的养成是在牙膏质量还不怎么好，只有用水滋润下才能顺滑使用的年代。如今的牙膏质量好了，早就不用沾下水再刷了，但这个习惯你是改变不了了。

还有就是玩的技巧：逗同事的小奶娃玩，说叔叔给你画个老头吧，于是随手就来——"一个丁老头儿（鼻梁），借我俩煤球儿（眼睛），我说三天还（抬头纹），他说四天还（嘴）。一个烧饼（圆脸），三毛三（耳朵），三根儿韭菜（头发）三毛三（胡子），一块儿豆腐（身子）六毛六（胳膊和手），两根儿韭菜（腿）不要钱。"瞬间就能把我和系着红领巾，穿着背带裤的80年代活泼的少年儿童形象联系起来，有没有。

去表姐家吃饭，上小学的侄女

说要给我做道西红柿炒鸡蛋。打鸡蛋时找不到搅蛋器,到处嚷"搅拌器呢,搅拌器呢?"我拿起两根筷子,在她面前迅速地把鸡蛋打得泡沫丰富,让她叹为观止,"老人家的生活技能真丰富啊!"什么?有那么明显吗?有那么明显吗?

不好,你暴露了

暴露年龄这档子事真是防不胜防啊。你有什么无意中暴露年龄的事情?看看别人的答案:

1. 锋芒,70后:一个电视台的节目,有个环节叫"谁在我身边",就是请有名气的明星来,让观众通过问答来猜出他是谁。有次请的是日本老演员荒木由美子,我一眼就认出来,"这不是《排球女将》里的小鹿纯子吗?"老婆意味深长地看了我一眼,"果然多吃了几斤盐!"

2. 豆丁,80后:一次同事脑筋急转弯比赛。题目是"为什么冬天的时候,除了要注意车底下的小猫小狗,还要注意阿杜?"全办公室就我回答出来了,"因为阿杜唱过的歌里有句歌词是'我应该在车底,不应该在车里,看到你们有多甜蜜'。"而这首歌是12年前的。

3. 克林,90后:堂哥的小孩在玩玩具,我逗他,"机器猫好玩吗?"他反驳我,"这不叫机器猫,这个叫哆啦A梦。"好吧,我们那个时候还叫机器猫来的。90后也开始老了吗?

4. 彭本,60后:朋友的女儿迷恋一个叫EXO的男孩组合,拿照片给我看。为了和她打成一片,我也仔细地评论起来:"这个男孩像三浦友和,这个鼻子像阿兰德龙,这个嘛,有点孙道临的味道!"然后我仿佛看到小女孩脑门冒出三道黑线。年龄藏都藏不住啊。

(摘自《深圳青年·创业版》2014年第9期)

今日说法

那些钱够我吃三辈子了,为什么还要上学?我收房租就行了。

——近日,数十名家长到北京市中小学心理咨询中心寻求帮助。其中,初中男孩小虎家里有14套房子,家里用2套,12套房子出租。小虎对咨询师说出自己的想法。

知道全部真实情况而却扯一些滴水不漏的谎话,同时持两种互相抵消的观点,明知它们互相矛盾而仍都相信,用逻辑来反逻辑,一边表示拥护道德一边又否定道德,一边相信民主是办不到的一边又相信党是民主的捍卫者,忘掉一些必须忘掉的东西而又在需要的时候想起它来,然后又马上忘掉它,而尤其是,把这样的做法应用到做法本身上面——这可谓绝妙透顶了:有意识地进入无意识,而后又并不意识到你刚才完成的催眠。

——奥威尔《1884》中论述"双重思想"。

被误读的林徽因

□王肖潇　田　亮

"顶勇敢"的抗战岁月

1937年夏,山西五台山区崎岖的路上,出现了一对年轻的夫妻,33岁的林徽因和36岁的梁思成。当时他们正下决心要找到一处唐代的木结构建筑。

然而,经过上千年的朝代更迭与战火,学者们了解的唐建筑实物只有砖塔结构。日本建筑学界甚至断言:中国已不存在唐代木结构建筑。这深深刺激了这对年轻夫妇。

他们从敦煌壁画中得到启示:唐代木结构建筑佛光寺或存在于五台山地区,于是便兴致勃勃地出发了。走了两天崎岖山路后,正值夕阳西下,他们惊喜地发现,前方一处殿宇沐浴着晚霞的余晖,气度恢宏,屹立于空寂的苍山中。佛光寺!一行人的兴奋难以言表。林徽因的儿子梁从诫生前回忆说:"多年以后,母亲还常向我们谈起他们的兴奋心情,讲他们怎样攀上大殿的天花板,在无数蝙蝠扇起的千年尘埃与臭虫堆中摸索测量。"

测绘结束后,林徽因夫妇的心情久久难以平复。然而就在此时,数百公里外的北平,卢沟桥上响起了枪声,抗日战争全面爆发。这次山西之行成为林徽因夫妇考察事业的最后一个高峰。

匆匆赶回北平的林徽因给正在外地的女儿梁再冰写了一封信:"我们都愿意打仗,我觉得现在我们做中国人,应该要顶勇敢,什么都顶有决心才好。"

1937年7月29日,北平沦陷。林徽因和梁思成为防不测,连日清点、整理研究资料。逃难前,为防止这些珍贵的资料落入日本人之手,他们将其存进天津英资麦加利银行。

当时,匆忙逃难的林徽因不会想到,1937年成为一个分水岭。这一年之前的林徽因,是传说中的林徽因:出身名门、事业顺利、婚姻美满、儿女双全。这之后的林徽因,人生是不断地失去:疾病夺走了她的健康、战争让她流离失所、事业中断、失去至亲。但1937年之后的林徽因,才是真正的林徽因。

林徽因、梁思成决定南下昆明,但这段路程格外艰难。此时,梁再冰印象最深的是父母在困难的旅行中配合默契、应付自如。"譬如打行李,两人合作,动作敏捷熟练,很快就能把一大包被褥枕头打成一个结实的铺盖卷;在外吃饭准备好一小铁盒的酒精棉,将碗筷消毒后再吃。这显然是他们过去到野外考察古建筑时'练'出来的本事。"

走到湖南和贵州交界处的晃县时,林徽因病倒了。感冒多日的她,因得不到及时的治疗和休息并发了肺炎。经过这场大病,林徽因的身体虚弱了许多,也为她后半生缠绵病榻埋下了祸根。

1940年,因为战局所迫,林徽因一家被迫离开昆明,迁徙到四川宜宾的李庄。这里气候阴冷潮湿,对患过肺病的人很不利。"妈妈的肺结核症复发了。她的病症来得极为凶猛:连续几个星期高烧到40度不退。李庄没有医院,可怜的妈妈只能独自一人苦苦挣扎。我早上起床时,常看到她床前挂着十几条被汗浸湿了的毛巾。"梁再冰回忆说。

在李庄,一家人的生活水平明显下降。居住的房间以木板和竹篾抹泥为墙,老鼠和蛇常常出没其间,木床上的臭虫成群结队。但面对战时大后方的艰苦,梁思成、林徽因从未有丝毫彷徨。梁从诫曾回忆:"母亲这时爱读杜甫、陆游后期的诗词,这并非偶然,她从中汲取着中国传统读书人的爱国情操。"

"不顾一切地致力于学术"

在李庄的4年多时间,虽然生活困顿、重病缠身,但林徽因始终坚信抗战必会胜利,相信中国建筑研究事业会继续。这种信念极大地帮助了她。在病床上,她开始读书。

"妈妈开始很认真地阅读《史记》《汉书》等古籍并做笔记,这是后来爹爹主持《中国建筑史》的写作不可或缺的。"梁再冰回忆说,"在李庄如豆的灯光下,他们整理出了多年古建筑研究的资料,后来成为中英文版本的《图像中国建筑史》,那是用他们的血肉之躯换来的。"

正是对中国建筑的赤子之心,支撑着他们度过了艰难的战争岁月。美国哈佛大学教授费正清说:"战后我们曾经在中国的西南重逢,他们都已经成了半残的病人,却仍在不顾一切地、在极端艰苦的条件下致力于学术。"

抗战胜利后的1946年,一家人终于回到了北平。这一走就是9年。走时他们都还年轻、健康,回来时却成了苍老、衰弱的病人。在北平复校的清华大学成立建筑系,聘梁思成为系主任。

不久,梁思成应邀赴美讲学。创办建筑系的工作落在了系里聘请的第一位教师吴良镛以及林徽因身上。她躺在病床上,全力支持吴良镛的工作,事无巨细,出谋划策,确保开学后第一班学生能正常上课。

清华大学教授朱自煊,是建筑系第一班学生,他回忆道:"林先生从1947年1月开始授课。当时的建筑系设在水利馆二楼,台阶很高,生病的林先生根本上不去,我们就到她家里听她讲课。"

1947年夏天,梁思成回国,决

定把建筑系改为营建系。"林先生自然积极地支持、参与这一切。"朱自煊说,"他们的一生都奉献给了同一个事业。我们平常都称他们为'梁林'。梁先生的图比林先生画得好,而林先生的文笔比梁先生更流畅,文学味道更浓醇。"

但同时,林徽因的健康状况在恶化。1947年冬天,她接受了摘除受感染的肾脏手术。

"国徽的红色中也有妈妈的一小滴血"

1949年新中国成立后,林徽因迎来了一个忙碌的新时期,病情再重也压不住她的工作热情。"林徽因是国徽的主要设计者之一。"清华大学建筑学院原院长秦佑国说。国徽在形成过程中,经历了数次的讨论、修改。当时"我家客厅好像变成了国徽设计'工作间',沙发和桌椅上到处都摆满了金、红两色的国徽图案,妈妈全神贯注地埋头工作,完全忘记了自己是病人。我常觉得,那国徽中的红色也有妈妈的一小滴血。"梁再冰说。

在得知设计的国徽通过决议时,林徽因已经无法站起来了。这时的林徽因体重只有50多斤。

即便在这样的身体条件下,林徽因还是一起参与了人民英雄纪念碑的设计。毕业于营建系的关肇邺回忆说:"林先生不能持笔,需要我帮助她绘图和跑腿。当时,林先生完全靠记忆列出了一个书目,令我去图书馆借来。林先生的学识极广,谈论问题总是旁征博引而且富有激情。"关肇邺还记得,有一次他把纪念碑上浮雕的线条画得太柔弱了,林徽因看了,幽默地说:"这是乾隆切 taste(品位),怎能表现我们的英雄?"

"万古人间四月天"

但还未来得及亲眼看到人民英雄纪念碑的落成,1955年4月1日,林徽因就走完了51年的人生路。梁再冰曾回忆母亲临终前与父亲的生离死别:"1955年3月31日晚上,妈妈病危。爹爹拉着妈妈的手放声痛哭。我一生从没有见过爹爹流泪,此时见到他一边哭一边喃喃不断地说:'受罪呀,徽,受罪呀!'"

梁思成亲自为妻子设计了墓碑。追悼会上,两位挚友金岳霖和邓以蛰联名写了一副挽联:"一身诗意千寻瀑,万古人间四月天。"

时光流逝,不知是从什么时候开始,总有人喜欢把林徽因捧为唯美、浪漫的"民国女神"。但事实上,真正令她不朽的,是那份坚忍与忠诚,是那铮铮不屈的风骨。正如朱自煊所言:"讲林先生是才女,是美女,都是外表,最难得的是她的高贵品质,一生都处在逆境中,但从不发牢骚,一直在积极为建筑事业做贡献。"

(摘自《环球人物》2014年第18期)

哪国幽默最高级

□东东枪

中国跟日本的幽默是汤,可以**拿来养身暖气**,英国的幽默是茶,主要为了消闲解闷,俄罗斯的幽默则是酒,又浓又厚,闻一鼻子能呛你一跟头,民间所谓"闷倒驴"的是也。

1

我喜欢买各种笑话书,其中有一些是按照笑话的国籍、民族选编的,如日本笑话、犹太笑话、英国笑话等。对比着读,觉得幽默感这东西还真是因种族文化而异。也越看越觉得,在笑话这个领域,无论是比数量还是比质量,我国似乎都不大占优势。

"董永行孝,上帝命一仙女嫁之。众仙女送行,皆嘱咐曰:此去下方,若更有行孝者,千万寄个信来!"——这样的笑话当然是意味深长的好笑话,但要是有人因为这个笑话哈哈大笑起来,我倒也不信。

与此类似的是日本笑话。中日两国的笑话有很多共通之处,有很多民间笑话,似乎是在两国都有流传,因为在各种选本中常互有印证。

日本人不幽默是出了名的,有很多笑话都在编排这一点。比如:据说,一个日本人听一个笑话能笑三次:第一次是听笑话的时候,第二次别人跟他解释这个笑话的时候,第三次是一个星期后,真正理解这笑话是什么意思的时候。

2

倒也读到过一则跟日本有关的好笑话,但实际上说的却是俄罗斯人——有一位日本技术员和一位俄罗斯技术员在谈论汽车的密闭性问题。日本技术员说:我们国家为了测试车子的密闭性,会把一只猫放在汽车里关一夜,如果第二天打开车门,发现猫已经窒息而死,那就表示密闭性没问题。俄罗斯技术员说:在我们国家,为了测试汽车的密闭性,也会把一只猫放进汽车里关一夜,如果第二天打开车门,发现猫还在车里,那就表示密闭性没问题。

这则笑话是哪国人编出来的,我不清楚。不知道有没有哪位能给考证出来。要让我猜,我会猜是俄罗斯人自己干的。

都说英式幽默高级,在我眼里,俄国人的幽默才是一流的幽默,至少是跟英国人不相上下。中国跟日本的幽默是汤,可以拿来养身暖气,英国的幽默是茶，主要为了消闲解闷，俄罗斯的幽默则是酒，又浓又厚，闻一鼻子能呛你一跟头。

3

可以举几个例子——

某国总统在苏联一家专门为外国人开放的工厂里参观。工人们该怎么回答总统提出的问题，有人早已作了交代。总统问工人，你们过得幸福吗？工人伊万回答说：是的，总统先生，我很幸福，我在乡下有一栋别墅，里边有很多值钱的家具，每天早晨我都开着我的基尔牌新轿车上班。总统听了很吃惊：真的吗？那么，接下来，还有什么贵重的东西是你想买的吗？伊万想了想，说：一双鞋。

有人问拉宾诺维奇：拉宾诺维奇，你经常读报纸吗？拉宾诺维奇说：当然啦！要不我怎么知道我们正过着幸福的生活？

两个犯人在牢房里交谈，一个说：你被判了7年徒刑，你就真不担心你老婆在这7年里改嫁别人，甩掉你跑了吗？另一个说：你怎么会有这种愚蠢的想法？你显然一点也不了解我老婆。第一，她是个规规矩矩的好女人。第二，她特别地爱我。第三，她被判了9年。

4

这几则笑话当然不能代表俄罗斯笑话的最高水平，网上也有一些俄罗斯笑话，尤其是苏联时期的政治笑话流传，但那些也并不是俄国笑话的全部。我手边有本《俄罗斯笑话与幽默》。全书共分十七章，"政治笑话"只是最后一章而已。

我自己的感受是，接触那些俄罗斯笑话越多，越觉得其他很多民族根本都不配讲笑话。"战斗民族"的笑话根本不是那些酸文假醋的文人们搞出来的文字游戏，更不是市井无赖茶余饭后站在街角巷口对着邻居家的大姑娘小媳妇甩出的猥琐怪话。他们的笑话，就是每天要面对的全部世界，他们笑话中的荒谬，就是每天从清晨到日落的真实生活。

有人为赋新词强说愁，也有人为编笑话故意制造阶级矛盾，伟大的俄罗斯人才不必费这个力气。

（摘自《南都周刊》2014年第36期）

今日说法

个人的教育和知识越高，他们的见解和趣味就越不相同，而他们赞同某种价值观的可能性就越小。如果我们希望找到具有高度一致性和相似性的观念，必须降格到道德和知识标准比较低级的地方去，在那里比较原始和"共同"的本能和趣味占统治地位。

——哈耶克说过的话

男女睡眠各不同

□胡楚青

男女在生理结构、激素分泌、生物钟等方面有许多不同,因此在睡眠问题上也存在诸多差异。如果想要提高睡眠质量,男人和女人要从自己的性别特点下手,才能有的放矢,事半功倍。

女人要睡好,男人要睡足。美国睡眠学会公布的一项研究成果显示,就平均睡眠时间来说,女性比男性更长,但女性十分怕睡眠过程被打断。因此,女性对周遭环境要求较高,居室要幽静、空气新鲜、温湿适宜,床铺舒适,家人尽量保持安静,更不要中途叫醒她们。睡前尽量不要喝太多水,以减少起夜次数。相比之下,男性需要保证充足的睡眠时长,睡前不要从事过于剧烈的活动,也不要饮酒、喝茶,可以泡脚、喝杯牛奶等。即使平时睡眠不足,也不要等到周末补觉,以免加重睡眠紊乱,最好在午间补一觉,以恢复脑力。

女人少想心事,男人别睡太晚。研究表明,女性比男性更易受到抑郁症和焦虑症的困扰,患失眠的可能性比男性高出50%左右。因此,女性要想一夜酣眠,平时就要"难得糊涂",把心放宽,不要斤斤计较,睡前最好保持心情愉快,可以听相声或看小品,都有助入睡。由于生物钟的差别,男性比较喜欢熬夜,为保证睡眠充足,建议男性早点睡,并通过睡前调暗光线、清晨增加亮度的方式调整睡眠周期。比如,卧室装饰以暖色为主,床头摆放一个可调节亮度的台灯,早上醒来马上拉开窗帘等。

女人更能应付缺觉。宾夕法尼亚州立大学医学院精神病学教授亚历山德罗斯·弗贡查斯的研究显示,缺觉后,女性的恢复力要好于男性。这可能是因为她们的深度睡眠时间更长、质量更高。

女人更容易失眠。虽然睡眠质量高,但女性患上失眠的可能性比男性高50%左右。有研究者称,女性比男性更易受到抑郁症和焦虑症的困扰,而这些都可能导致失眠。

夫妻同床,睡得更踏实。美国匹兹堡大学调查统计发现,与爱人同床共枕,会提高男女双方的睡眠满意度,因为"爱人在旁边的安全感和稳定感,弥补了睡眠质量变差的不足"。因此,建议夫妻二人不要盲目追求分床睡,应同睡同起,相互陪伴。但夫妻不要面对面睡,否

用笔写字有助身心健康

□轲之心 译

网络时代,需要动笔写字的机会越来越少。不过,研究发现,"动动笔头"不仅能帮助记忆,还会保持大脑敏锐,也会令人更快乐。

2005年澳大利亚新南威尔士大学的一项研究显示,身心受创者如果能通过写作宣泄出来压力。在4个月内写作2~5次,每次15~20分钟,记下自己的痛苦、委屈乃至愤懑等情感,身心健康便会有所改善。很多相关研究也表明,通过写作宣泄情感和压力,对关节炎和慢性疼痛患者、医学生、重犯、犯罪受害人以及产后妇女都有着心理健康上的好处。

经常写日记的人,也会相对更快乐,更不容易患感冒等疾病。

2008年的一项调研发现,使用纸笔写作者比用键盘打字者,对个人角色定位会更明确。很多知名作家如杜鲁门·卡波特(代表作《蒂凡尼的早餐》)、弗拉基米尔·纳博科夫(代表作《洛丽塔》)等人表示,比起打字,他们更喜欢手写。

美国华盛顿大学2009年的一项研究发现,小学生用笔写作文不仅比用键盘打字的同学写得更长,写作速度也会更快,并且完整的句子会更多。

2013年,新西兰奥克兰大学研究人员发现,写作甚至能促进老年人的伤口愈合。这是由于通过写作宣泄了负面情绪,放松了身心,改善了睡眠,并且增强了免疫系统反应,从而促进了伤口愈合。

写作还能帮助记忆定位。有研究表明,想记住新信息的最好方法就是通过手写记录,这就是所谓的"好记性不如烂笔头"。

神经学家表示,训练书写技巧有助于提高我们的认知功能。从笔迹的变化可以帮助判断我们的记忆功能正常与否,如果你近来笔迹突然明显变差,便可能是你的记忆功能出了问题。这一点在老年人身上表现得尤其明显。

(摘自《羊城晚报》2014.10.21)

则长时间吸入对方呼出来的"废气",会导致氧气不足,影响睡眠中枢,使人睡不踏实或多梦。

如果长期睡不好或失眠,不要随意服用安眠药,应该先尝试心理调适,并服用神经营养类药物调理。

(摘自《半月选读》2014年第22期)

本期邮购书目：精选优秀名家文学作品，8折包挂号邮费，欢迎读者向本社读者服务部选购。

书名	作者/译者	价格
日本散文经典	谢大光	29.80元
法国散文经典	谢大光	29.00元
俄罗斯散文经典	谢大光	29.00元
铁凝散文精品赏析	红 孩	25.00元
徐志摩散文全编	梁永安	48.00元
上海素描	程乃珊	36.00元
上海大亨	沈寂 戴敦邦	48.00元
雨水中的库恩巴	马如箭	18.00元
筱原令看中国	（日）筱原令著 杨锡坤译	25.00元

学林出版社读者服务部
邮政编码：200235　电话：021-64084572　传真：64844088
地址：上海市徐汇区钦州南路81号　联系人：何　亮
账号：工行上海市习勤路支行
　　　1001228119006514881

图书在版编目(CIP)数据

为什么我们需要友情／《读者参考丛书》编辑部编．—上海：学林出版社，2015.2
（读者参考丛书／林雨主编；121）
ISBN 978-7-5486-0804-2

Ⅰ.①为… Ⅱ.①读… Ⅲ.①文摘—中国 Ⅳ.①Z89

中国版本图书馆 CIP 数据核字(2014)第 292892 号

本书资料除编者据各种资料汇编而成的文字以外，所用其他文字资料均标明出处及作者。转录文字均酌付稿酬。有未及奉达者，请即与我编辑部联系。

为什么我们需要友情

读者参考丛书(121)	2015 年 2 月出版
编辑:《读者参考丛书》编辑部	执行主编:林 雨
责任编辑:严 梧	封面设计:周剑峰

出　　版——上海世纪出版股份有限公司　　学林出版社
　　　　　　　地址：上海钦州南路81号　　电话/传真：64515005
发　　行——中国图书进出口上海公司
　　　　　　　地址：上海市广中路88号　　电话：36357888
字　　数——28万

ISBN 978-7-5486-0804-2/Z·56

www.ingramcontent.com/pod-product-compliance
Lightning Source LLC
Chambersburg PA
CBHW070530090426
42735CB00013B/2933